살짝 미치면
시민이 즐겁다

7선 시의원 손태화의 삶,
지방자치,
그리고 창원의 미래

7선 시의원 손태화의 삶,
지방자치,
그리고 창원의 미래

살짝 미치면 시민이 즐겁다

7선 시의원 손태화의 삶,
지방자치,
그리고 창원의 미래

손태화 지음

추천사

손태화 창원시 의장의 인생 여정

손태화 창원시 의장의 인생 여정은 끊임없는 도전과 열정의 연속이었다.

- 도내 최다선(7선) 시의회 의원
- 국내 최초·최연소 기계가공 기능장
- 도시재생 분야로 부동산박사 학위 취득 등

30여 년의 세월 동안 기업 경영과 의정 활동을 펼치면서도, 자기 계발을 소홀히 하지 않았음을 여실히 증명하는 것이리라.

손태화 창원시 의회 의장의 『살짝 미치면 시민이 즐겁다』는 남다르다. 대부분의 정치인이 선거 출마를 앞두고 출사표의 일환으로 저서를 출간하는데, 그는 7선의 시의원을 마무리하는 시점에서 그동안의 의정 활동을 되돌아보는 소회를 남겼다. 나는 이 책이 우리 시의 사료로서도 손색이 없는 소중한 자산임을 믿어 의심치 않는다.

내가 처음 손태화 의장을 만난 것은 2013년 3월경이었다. 청와대 행정자치비서관을 마치고 2013년 1월에 경상남도 행정부지사로 부임한 후, 도청 직원, 도·시의원 및 지역 인사들과 유대관계를 맺던 시점이었다. 당시 간담회를 같이 한 시의원 중에 유독 손태화 의원의 식견과 안목이 남달랐다. 경남도의원 중에도 저런 분이 많으면 경상남도 발전에 큰 도움이 되겠다는 느낌을 지울 수가 없었다.

2016년 초, 나는 3년의 부지사 임기를 마친 후 우여곡절 끝에 마산회원구 국회의원 출마를 요청받았다. 당시 외교통일위원장이자 3선 국회의원을 상대로 치러진 경선은 말 그대로 다윗과 골리앗의 싸움이었다. 비관적인 분위기였지만 손태화 의장의 조언이 커다란 도움이 되었다. 그는 지금도 내가 3선 국회의원으로서 국가 발전을 위한 의정 활동에 전념할 수 있도록 지원을 아끼지 않고 있다. 그래서 나는 손태화 의장에게 필설로 형용할 수 없는 고마움을 늘 간직하고 있다.

지역사업을 할 때, 국회의원이 중앙정부에서 예산을 확보해오면 시의원은 시나 도를 상대로 사업 타당성과 실행 가능성을 검토하고 추진상황을 견제, 감시하는 역할을 한다. 손태화 의장과 나는 그럴 때마다 손발이 척척 맞았다. 일일이 열거할 수는 없지만 지역의 소규모 사업부터 팔용공원 조성, 회성동 행정복합타운 조성 등의 많은 일들을 함께 추진해 왔다. 손태화 의장과 내가 지역과 지역민을 위해 함께 호흡을 맞추었던 순간들은 쉽사리 잊히지 않을 것이다.

창원 시정(市政) 역사의 산증인이라 할 수 있는 손태화 의장은 7선의 지방의원 활동을 마무리하는 시점에 와 있다. 이러한 때에 그는 이 책을 통해 28년이라는 긴 세월의 부침을 회고함과 동시에, 기초의원의 정당공천제 폐지 및 선거제도 개선을 통한 대한민국 기초단체의 올바른 미래상도 제시하고 있다.

강산이 거의 세 번이나 바뀌었을 정도로 길었던 그의 여정에 무한한 찬사와 격려를 보낸다. 이제 존경받는 지역의 어른으로서, 시민들과 동료 후배들의 앞날을 환히 밝혀 주는 등대로서 항상 함께해 주시기를 기원한다.

2025년 초하의 문턱에서
국회 정무위원회 위원장 윤한홍

추천사

삶과 철학, 학문, 의정 활동과 정치인으로서의 고뇌와 희망 등을 진솔하고 재미있게 엮은 책

지역의 자부심이자 자랑인 7선의 손태화 창원시의회 의장님의 『살짝 미치면 시민이 즐겁다』에 추천사를 쓰게 되어 개인적으로 무한한 영광임을 말씀드림과 동시에, 부족한 제가 과연 그간 의장님께서 행하신 수많은 정책과 성과, 그리고 경륜의 깊이를 모두 표현할 수 있을지 걱정도 됩니다. 그러나 먼저 의장님께서 30여 년의 의정 활동을 책으로 담으신 것 자체를 진심으로 축하드립니다.

지역 의정에 뜻을 둔 젊은 세대는 용기와 희망을 얻고, 지역 주민들께서는 큰 감동과 함께 의장님을 더욱 굳건히 지지하실 것으로 믿습니다. 이에 용기를 내어 축하와 추천사를 써보고자 합니다.

저는 약 5년 전 창신대학교의 교육 고문을 할 때부터 손 의장님의 인품과 능력, 그리고 지역에 대한 특별하신 헌신과 사랑에 대해 말씀을 들었습니다. 이후 창신대학교 총장으로 부임하여 여러 차례 손 의장님을 직접 뵈면서 의장님에 대한 이러한 평가가 조금도 과하지 않았다는 사실을 알게 되었고 존경하게 되었습니다. 손 의장님의 이러한 살아있는 지역 활동과 의정 활동, 그리고 소신과 철학이 이 한 권의 책으로 탄생했으니 정치 후배와 지역 주민, 그리고 청년들은 이 책을 통해 많은 간접 경험과 교훈을 얻을 수 있다고 확신합니다.

이 책을 읽으면서 저는 크게 세 가지 부분에서 큰 감동을 하였습니다.
먼저 손 의장님의 강인한 정신력과 불굴의 의지입니다. 이는 누구도 따라 할 수 없는 의장님만의 특별한 인품이자 정신력이라고 믿습니다. 긴 정치 역정에서 낙선도 하셨고, 무소속으로도 출마하였고 소속 정당이 바뀌기도 했지만, 오로지 지역민을 위한 의정만 생각하면서 어려움과 좌절을 이겨내시고 지역 정치인의 길을 꾸준히, 그리고 끝까지 이어오신 것은 손 의장님이셨기 때문에 가능한 일이었다고 확신합니다. 실패와 시련의 과정에서 다른 사람이라면 당연히 포기했거나 다시 일어서기까지 많은 시간이 걸렸겠지만, 의장님만의 강인한 정신력과 행복한 정치를 하신 경험으로 인해 다시 시작하시고 도전하신 점은 정말 이 시대의 청년 세대가 배워야 할 점이라 생각합니다. 이러한 정신력과 의지 덕분에 7선이라는 드물고도 자랑스러운 기록을 세울 수 있었다고 생각합니다.

두 번째로 손 의장님의 끊임없는 향학열입니다. 현대 사회의 가장 큰 특징은 우리 삶과 사회에 직접적으로 영향을 끼치는 과학기술이 인간의 상상을 넘어서는 속도로 변하고 발전한다는 사실입니다. 의장님께서는 이러한 시대적 흐름을 맞이하여 지역사회가 필요로 하는 학문과 기술에 대해 지속적인 관심을 가질 뿐 아니라, 실제로 공부하고 연구해 오셨습니다. 이것은 참으로 놀라운 일입니다. 설계뿐 아니라 시공까지 모든 과정을 해결하는 기계 가공 엔지니어 출신인 의장님께서는, 도시계획 분야의 도시재생을 전공하여 부동산학 박사학위를 취득하셨습니다. 이 전공 분야는 의장님이 후미진 지역 곳곳을 안전하게 설계하고 정비하고 재생하실 때마다 큰 도움을 주었습니다. 그런데 최근에는 스마트 무인항공학과에서 공부하고 계십니다. 이를 통해 항공 및 방산에 특화된 우리 지역의 산업에도 직접 연관된 의정 활동을 하시려는 의장님의 뜻을 알 수 있습니다. 게다가 드론 조종사 자격증까지 취득하고 100시간 비행을 마쳤으니 그야말로 첨단기술과 공학에 의장님의 끝없는 학문적 열정을 입힌 실제라 할 수 있습니다.

끝으로, 7선 기초의원으로서 의장님의 정치 소신과 역할에 큰 존경의 마음을 느낄 수 있었습니다. 결심하시면 얼마든지 광역의원이나 국회의원의 길을 선택할 수도 있었고, 그렇게 하셨다면 분명 성공하셨을 것으로 확신합니다. 그럼에도 불구하고 의장님께서는 지역의 주민을 만나고 이웃을 위해 일하시는 기초의원의 길을 끝까지 선택하셨습니다. 의장님께서는 기초의원으로서 지역을 위한 봉사와 노력에 최선을 다하셨고, 이런 사실을 다 알고 있는 주민들은 의장님께서 7선이라는 금자탑을 쌓을 수 있도록 지원해 주셨습니다.

또한 의장님께서는 지역의 소명과 역할을 넘어 지방자치법 개정으로 인한 인사권 독립, 의회 회의의 전자문서화, 기후 위기에 대응하는 탄소 감축과 지속가능한 발전에 대한 인식 제고와 전문성 강화에 크게 이바지하셨습니다. 이는 창원 특례시의회 의장으로 실행한 주요한 역할로서, 의회 회의와 행정 및 교육역량 제고에 큰 획을 그은 성과라 할 수 있습니다.

손 의장님께서는 『살짝 미치면 시민이 즐겁다』을 통해 그간 걸어오신 삶과 철학, 학문, 의정 활동, 정치인으로서의 고뇌와 희망 등을 매우 진솔하고도 재미있게 서술하셨습니다. 이 책을 통해 지역 주민 분들은 손 의장님을 좀 더 가까이 이해하시게 되고, 청년 세대는 좌절을 극복하고 희망을 갖게 될 것으로 생각합니다.

지역을 사랑하고 주민을 위해 30여 년을 헌신하신 의장님의 성과와 노력에 주민들께서 큰 응원과 지지를 보내실 것이라고 믿어 의심치 않습니다. 그리하여 앞으로 8선, 9선, 10선까지 활동하시기를 진심으로 소망합니다. 감사합니다.

창신대학교 총장 최경희

추천사

본질을 꿰뚫는 통찰이 담긴
현장 보고서이자 정치 교과서

정치란 누구를 위한 것인가? 정치인이란 무엇을 해야 하는가?

이 책은 그에 대한 명쾌하고 따뜻한 해답을 제시하고 있다.

『살짝 미치면 시민이 즐겁다』는 단순한 자서전이 아니다. 7선 시의원이자 창원시의회 의장으로서 한평생 지역에 헌신해 온 손태화 의장의 삶과 철학, 그리고 대한민국 지방자치의 본질을 꿰뚫는 통찰이 담긴 현장 보고서이자 정치 교과서이다. 7선 시의원의 정치적 경륜과 지방자치의 현장 경험, 그리고 인간 손태화의 인생 역정이 하나로 어우러진 보기 드문 기록이다.

때로는 한 사람의 삶이 곧 하나의 시대를 보여주기도 한다. 손태화 의장의 삶이 바로 그러하다. 수십 년 동안 마산과 창원을 삶의 무대로 삼아 온 그는 항상 '이웃을 위해 무언가 해주는 일'에 고민했고, 그 마음이 주민들의 지지로 이어졌으며, 그 지지가 오늘날 그를 시의회 의장이라는 자리로 이끌었다.

　그의 이야기는 밀양의 가난한 농촌 소년에서 시작된다. 보리 이삭을 주워 저축왕이 되었던 어린 시절부터, 한국폴리텍Ⅶ대학(창원기능대학) 졸업과 전국 최연소 기능장 합격, 창업, 그리고 시민의 선택을 일곱 번이나 받은 시의원이 되기까지, 그의 삶은 줄기차게 이어진 도전과 개척의 연속이었다. '단순히 생존을 위한 몸부림'이 아닌, '지역을 위해 무엇을 할 수 있을까'를 끊임없이 고민해 온 흔적이 곳곳에서 느껴진다. 그는 "정치는 재미있어야 한다"고 말한다. 실제로 그에게 정치란 '주민을 위해 하고 싶은 일을 나랏돈으로 하는 일'이며, 주민의 삶을 실질적으로 바꾸는 가장 현실적인 방법이었다.

　1부에서는 7선 시의원을 하고 있는 그의 정치역정을 담고 있으며, 2부에서는 지방자치의 구조적 문제를 통렬하게 지적하였고, 3부는 인생의 고락을 솔직히 담아낸 기록이다. 정치 입문부터 7선까지, 책 곳곳에는 그가 왜 지방의원이 되어야 했는지, 왜 그 일이 보람이었는지가 생생하게 담겨 있다. 그는 시의원을 "광역과는 달리 자기 동네, 자기 이웃을 위해 일할 수 있는 자리"라고 말한다. 그의 정치는 사업이라기보다 봉사에 가까웠고, 실적보다는 애정에 기반을 두었다. 그 애정은 가로등 하나, 주차장 하나, 공원 하나에까지 세심하게 깃들어 있었다.

　그러나 이 책은 개인의 성취에 머물지 않는다. 그는 경험에서 얻은 통찰을 바탕으로 지방자치의 병폐와 구조적 한계에 대한 냉철한 진단을 내린다. 특히 기초의원의 정당공천제 문제, 공업용지의 아파트 전환, 마산 몰락의 교훈 등은 단순한 회고가 아니라 정책적 대안이 담긴 제언이다.

　무엇보다 이 책은 뿌리 깊은 헌신과 따뜻한 인간미가 곳곳에 배어 있다. 낙선의 좌절과 창업의 몰락, 새벽 네 시에 일어나 원고를 다듬던 날들, 그리고 그 모든 고통을 '지역에 대한 사랑'으로 승화시킨 그의 진심이 고스란히 전해진다. 한 문장, 한 단락을 넘길 때마다 그가 걸어온 시간의 무게가 느껴진다.

손태화 의장은 이 책을 통해 자신을 자랑하려 하지 않는다. 오히려 "나처럼 걸어가라"는 당부 대신 "자기 지역을 사랑하며, 작은 일에도 성실히 임하라"는 겸손한 조언을 전한다. 풀뿌리 민주주의를 구현하고자 하는 모든 이들에게 이 책은 매우 실용적인 지침이 될 것이다.

특히 이 시대에 자치와 분권의 가치를 되새기고자 하는 이들, 기초의원을 꿈꾸는 이들, 그리고 지역의 소멸을 막고 싶어 하는 모두에게 이 책은 귀중한 등불이자 나침반이 되어줄 것이며, 분명 깊은 울림과 실질적인 용기를 줄 것이다.

정치의 진정한 '재미'는 권력이나 이권이 아닌, 오직 시민의 삶을 변화시키는 데 있음을 이 책은 감동적으로 보여준다.

한국폴리텍Ⅶ대학 권역대학장 조상원

추천사

지역에서 발로 뛰며 축적한 경험에 기반하여 집필된 책

손태화 창원특례시의회 의장님의 『살짝 미치면 시민이 즐겁다』의 출간을 진심으로 축하드립니다.

비수도권 유일 인구 100만 특례시인 창원특례시의 7선 시의원 손태화 의장님의 삶과 지방자치, 그리고 창원의 미래 등을 담아낸 『살짝 미치면 시민이 즐겁다』. 이 책은 의장님의 인생과 시의원으로서의 역정(歷程)을 통하여 창원 지역과 기초의회의 역사, 풀뿌리 지방자치가 나아가야 할 방향 등을 폭넓게 내다볼 수 있는 보고(寶庫)가 되어줄 것이라고 확신합니다.

지난 30여 년 동안 지방자치 현장의 중심에서, 지역 시민과 함께 호흡해 오셨던 의장님의 풍부한 경륜을 공유하는 책이 되길 빕니다. 또한 정치를 넘어 자치로, 지방을 넘어 지역으로 향하는 시대적 과제의 건실한 바로미터로서, 높은 가치와 역할을 인정받는 저서가 되길 바라마지 않습니다.

오늘날 심화되고 있는 대한민국의 인구절벽 문제, 수도권 쏠림현상 및 일극체제, 그에 따른 지역소멸 위기론 속에서 지역·국토·국가균형발전을 요구하는 목소리가 커지고 있습니다. 수도권 집중이 가속화된다면 지역소멸뿐 아니라 국가 소멸을 걱정해야 한다는 지적까지도 나오고 있습니다.

이처럼 국토의 10%밖에 안 되는 수도권이 한국 사회의 모든 것을 블랙홀처럼 빨아들이고 있는 상황에서, 지방분권과 균형발전, 지역자치·주민자치의 중요성을 거듭 상기하지 않을 수 없습니다.

이와 같은 관점에서, 지역에서 발로 뛰며 축적한 경험에 기반하여 집필된 손태화 의장님의 저서가 지방자치와 지방 의정의 진정한 의미를 되짚고, 동시에 지역 중심 국가 미래 발전의 마중물 역할을 다해주길 희망합니다.

다시 한번 손태화 의장님의 저서 출간을 축하드리며, 독자 여러분과 함께 지역사회의 더 큰 성장과 도약을 한 뜻으로 기원합니다. 감사합니다.

2025년 6월 국립창원대학교 총장 박민원

추천사

'살짝 미치면 시민이 즐겁다' 추천사

안녕하십니까? 창원상공회의소 회장 최재호입니다.

창원특례시의회 손태화 의장님의 자서전 발간을 진심으로 축하드립니다.

'살짝 미치면 시민이 즐겁다'라는 자서전의 제목에서 보듯이 손태화 의장님은 창원시 발전을 위해 헌신적으로 노력해 온 리더입니다. 그는 시민들의 목소리를 귀 기울여 듣고, 이를 바탕으로 창원시의 정책을 만들어가며 변화를 이끌어 왔습니다. 그러한 열정과 책임감이 담긴 이 책은 단순한 회고록이 아니라, 앞으로 나아갈 길을 함께 고민하게 만드는 귀중한 나침반이 될 것입니다.

한 도시를 이끌어가는 것은 단순한 행정적인 업무를 수행하는 것 이상의 의미를 지닙니다. 그것은 시민과 함께 고민하고, 현실을 직시하며, 미래를 계획하는 과정입니다. 손태화 의장님은 오랜 시간 동안 창원시를 위해 고민하고 헌신하며, 시민이 원하는 변화를 실현하기 위해 끊임없이 노력해 온 지도자입니다. 그가 걸어온 길은 정치라는 영역을 넘어 시민과 함께 호흡하며 사회를 바꿔 나가는 여정이었습니다.

그래서 이 책은 단순한 자서전이 아닙니다. 창원시의 변화와 발전을 위한 한 리더의 신념과 철학이 담긴 기록이자, 시민과 함께 만들어간 역사의 흔적입니다. 손태화 의장님은 정책을 수립하고 실행하는 과정에서 언제나 시민과의 소통을 최우선으로 삼았습니다. 시민의 목소리를 정책으로 구현하는 것이야말로 가장 의미 있는 정치라고 믿었으며, 그러한 신념을 바탕으로 누구보다도 적극적으로 현장에서 시민들과 소통해 왔습니다.

의장님이 걸어온 길을 돌아보면 창원시의 발전을 위해 얼마나 많은 노력이 필요했는지 알 수 있습니다. 정치란 때때로 어렵고 복잡한 선택을 요구하는 과정이지만, 손태화 의장님은 언제나 원칙을 지키며 올바른 방향으로 나아가고자 했습니다. 그는 창원시의 발전을 위한 다양한 정책을 추진하면서도, 그 중심에는 항상 시민의 행복이 있었습니다.

진정한 리더란 단순히 앞서 나아가는 사람이 아니라, 주변의 목소리에 귀 기울이며 함께 성장하는 사람입니다. 손태화 의장님은 바로 그러한 리더입니다. 언제나 시민의 편에서 그들의 목소리를 듣고, 지역사회 발전을 위해 최선을 다해 왔습니다. 이 책은 그의 발자취를 담은 기록이자, 한 도시를 변화시키기 위해 얼마나 많은 노력과 헌신이 필요한지를 보여주는 살아있는 증거입니다.

무엇보다 그는 단순히 정책을 실행하는 행정가가 아니라, 시민의 삶 속으로 직접 뛰어들어 함께 고민하는 정치인이었습니다. 창원시의 미래를 고민하며 누구보다 앞장서서 해결책을 모색했고, 때로는 어려운 길을 선택하며 시민의 행복을 최우선으로 생각했습니다. 그 과정 속에서 그는 소통의 중요성을 강조했고, 시민과 함께 만들어가는 정책이야말로 가장 성공적인 정책이라는 신념을 실천해 왔습니다.

　이 책을 통해 손태화 의장님의 정치철학과 가치관을 깊이 있게 이해할 수 있을 것입니다. 의장님이 지나온 길을 따라가다 보면 우리가 사는 도시가 어떻게 변해왔는지, 그리고 앞으로 어떻게 나아가야 하는지를 고민하게 될 것입니다.

　정치란 단순한 법과 제도의 운용이 아니라, 시민들과 함께 만들어가는 과정 그 자체입니다. 손태화 의장님은 그 과정을 누구보다 진심으로 걸어왔습니다. 그의 행보는 많은 사람들에게 영감을 줄 것이며, 이 책은 단순한 자서전이 아니라 미래를 고민하는 모든 이들에게 귀중한 가르침을 줄 것입니다.

　그의 지난 노력과 헌신을 담은 이 자서전이 많은 이들에게 의미 있는 기록으로 남길 바랍니다.

창원상공회의소 회장 최재호

프롤로그

정치를 넘어 자치로, 지방을 넘어 지역으로

나는 대한민국의 7선 지방의원입니다

저는 1991년에 처음 출마해서 낙선하고, 95년과 98년, 2002년에 당선된 뒤 2006년에 한 번 낙선했습니다. 그후 2010년부터 2022년까지 네 번의 선거에서 내리 당선되었습니다. 그리고 지금은 창원시의회 의장을 맡고 있지요.

저처럼 일곱 번이나 당선된 의원은 대한민국에 몇 분 안됩니다. 지방의원은 물론이고 국회의원도 마찬가집니다. 그래서 많은 분들이 물어보십니다. 7선이나 한 비결이 뭐냐고요. 그럴 때마다 말씀드렸던 내용을 이 책에 담았습니다.

제 자랑을 하려는 의도는 없습니다. 제가 30여 년간 시의원으로서 걸어온 길을 보여드리고, 7선 의원으로서 지방자치의 현안과 문제에 대해 말씀드리며, 기초의원을 꿈꾸는 분들과 초선의원 분들에게 도움을 드리고 싶었을 뿐입니다. 더 나은 지방자치를 위한 해답은 학자들의 논문 속에도 있지만 저처럼 오랫동안 현장에서 고민한 사람의 경험에도 있으니까요.

또한 전국 7대 도시였던 마산이 몰락한 이유와 과정을 지방소멸 시대의 반면교사로 삼고, 롤러코스터 같던 제 삶의 여정을 기록으로 남기고 싶은 마음도 있었습니다.

정치와 자치는 재미있어야 합니다

저는 의정활동이 재미있습니다. 너무 재밌어서 30여 년이나 하고 있습니다. 제가 하고 싶은 일을 나랏돈으로 하는 재미가 쏠쏠하기 때문입니다.

"자기가 하고 싶은 걸 나랏돈으로 한다고? 손태화 당신 큰일 날 사람 아냐?"

물론 나랏돈을 제맘대로 쓴다는 뜻이 아닙니다. 제가 하고 싶은 주민자치 사업을 나랏돈으로 한다는 말입니다. 나랏돈으로 육교와 가로등을 놓아드리고, 주차장과 도시가스 배관을 설치해 드리며, 답답하고 위험한 담장을 허물고 새 도로를 놓아드리는 일, "요람부터 무덤까지"란 컨셉으로 공원도 조성하고, 이런 일들을 한다는 뜻입니다.

이렇게 하니까 주민들이 일곱 번이나 뽑아주셨습니다. "손태화 일 잘한다!"라고 칭찬해 주시면서요. 물론 그런 말씀 들으면 기분 억수로 좋지요! 하지만 주민들이 알아주지 않아도 좋습니다. 제 생각과 아이디어대로 잘 완료된 사업 자체가 저에겐 보상이니까요.

　이와 같이 제가 의정활동을 하는 첫 번째 이유는 재미가 있어서이고, 두 번째는 이번 사업도 야물게 똑디 단디 했다는 자부심이며, 마지막 세 번째가 주민들께 칭찬받는 것입니다.

　그래서 정당이 다르다는 이유로 저를 싫어하는 분들도 제가 무능하다고 공격한 적은 없습니다. 부정부패는 물론이고요. 시의원으로 일하는 것 자체가 재밌는 사람에게 뭐라고 하겠습니까?

　실제로 저는 1995년에 첫 의정활동을 시작한 이후, 어두운 골목길에 보안등을 설치하고 소방도로변 하수관로의 정비로 환경을 개선하였으며, 녹슬고 오래된 노후 수도관을 교체하여 맑은 물을 공급하고 어린이 놀이터를 정비하여 어린이 숲 공원으로 조성해 왔습니다. 그밖에도 수많은 사업들을 기획하고 추진하고 감시·감사해 왔지요.

　그러한 저의 의정 활동 덕분에 우리 동네 이웃들의 삶이 행복해지고, 생활이 편리해지고, 환경이 깨끗해졌다면 주민들보다 제가 더 행복합니다. 다른 사람이 아닌 제 눈과 머리와 손으로 만들어낸 것이니까요.

　제 아이디어로 구성하고 정책제안을 하여 하나하나 완성해 나갈 때의 즐거움! "내가 멋지게 해냈다!"라는 성취감과 보람! 이것들은 그 어떤 쾌락보다 달콤하고 짜릿합니다. 식욕 성욕 수면욕보다 강하고 술 담배 도박보다 중독적이죠.

　정치하시는 분들이 이 재미에 빠진다면 우리나라가 좀 더 살기 좋은 곳이 되지 않을까요?

나는 자랑스러운 기초의원입니다

"손태화 의원! 도의원이나 국회의원은 와 안합니까?"

"시의장도 되셨으니 더 큰물로 나가셔야죠?"

이런 질문을 자주 들어요. 그럴 때마다 저는 웃으며 말씀드립니다.

"국회의원은 깜이 안돼서 못하고, 광역의원은 하고 싶은 일을 못하니까 안 합니다."

"하고 싶은 일을 못한다니 그게 무슨 소립니까?"

"광역의원은 도 전체와 관련된 일을 합니다. 경상남도 전체를 보고 일하는 거죠. 하지만 기초의원은 자기 동네 일만 합니다. 내가 사는 내 지역 일을 내 이웃들과, 내 이웃을 위해서 하는 사람, 그것이 기초의원이지요."

"지역의, 지역에 의한, 지역을 위한 일인 셈이네요."

"맞습니다. 비교적 작은 일들이지만 내손으로 해낸다는 보람과 체감이 남다르지요. 그래서 재미있고요. 광역의원이나 국회의원들은 이 재미를 모릅니다."

얼마 전에도 어느 당직자가 다음 지방선거에 경남도의원으로 출마하시라고 권유하더군요. 광역의원이 연봉도 천오백만 원 많다고 유혹(?) 하면서요. 그때도 저는 이렇게 말했습니다.

"나는 광역의원이 되면 내 능력을 발휘할 수 없어요. 나를 필요로 하는 곳은 기초의원입니다. 특히 창원은 저 같은 사람을 갈수록 더 필요로 하고 있어요. 지역쇠퇴를 넘어 지역소멸까지 현실화되고 있는데다 수많은 현안들이 누적되어 있으니까요.

이럴 때일수록 30여 년 동안 지역을 개발하고 미래를 설계해 온 경험과 노하우가 절실히 필요합니다. 정책·대안제시의 달인으로서의 역할 말이죠.

그러니까 당에서도 배려해 주세요. 제가 계속 기초의원으로 활동할 수 있도록."

사실 기초의원은 박봉입니다. 국회의원은 물론이고 광역의원에 비해서도 모든 점이 열악합니다. 그래서 2014년에는 11명이나 되는 시의원이 중도 사퇴하고 경남도의원 출마를 했습니다.

그래도 저는 힘이 닿는 한 기초의원을 계속할 것입니다. 크고 대단한 사업이나 정책이 아니라 작고 소중한 일을 내 손으로 해나가는 재미를 놓치기 싫으니까요.

반평생을 봉사와 희생으로 지방자치를 아름답게 승화시켜 왔다는 긍지와 자부심 때문이기도 합니다.

이 책의 개요

이 책은 크게 세 부분으로 구성되어 있습니다.

1부에서는 1991년부터 시작된 저의 정치 역정을 담았습니다.

저는 1991년 3월에 치러진 기초의원 선거에 출마하여 낙선했습니다. 4년 동안 절치부심하여 1995년에 무소속으로 당선되었고, 1998년에는 무투표 당선되었습니다. 2002년에도 무소속으로 당선되었으나 정당공천제가 도입된 2006년에는 무소속으로 출마하여 떨어졌고, 2010년과 2014년에는 민주당으로, 2018년과 2022년에는 자유한국당과 국민의힘으로 출마하여 당선되었습니다.

이 과정에서 정말 많은 일이 있었습니다. 기쁜 일도 많았고 힘든 일도 많았습니다. 화나는 일도 억울한 일도 있었습니다. 이 책을 통해 간접 경험을 얻으셨으면 좋겠다는 생각으로 최대한 객관적으로, 꼼꼼히 쓰려고 애썼습니다.

2부에서는 대한민국 지방자치의 문제점과 해결책에 대해 말씀드렸습니다. 무엇보다 기초의원의 정당공천을 폐지해야 합니다. 저는 진보정당과 보수정당 모두에서 출마해봤고 무소속으로도 출마해봤습니다. 그래서 분명히 말씀드릴 수 있습니다. 기초의원의 정당공천이 대한민국 지방자치를 망치고 있다고요.

기초단체장에 대한 견제와 감시도, 기초의원들끼리의 토론과 협력도 불가능해지고 있습니다. 당이 같으면 검은 것도 희다 하고 당이 다르면 흰 것도 검다 합니다. 아전인수와 내로남불이 날로 심해지고 있습니다. 민생(民生)이 아니라 당색(黨色)이 판단의 기준이 된 지 오래입니다. 이제는 바뀌어야 합니다.

이를 위해 초선 의원들에게 도움이 될 노하우와 팁을 담았습니다. 팁이라고 했지만 꼼수나 지름길은 아닙니다. 무릇 나랏일을 하는 사람이라면 항상 큰길로 당당히 걸어가야 하는 법이니까요.

3부에서는 제 개인의 인생 이야기를 담았습니다. 저는 성공도 크게 해보고 실패도 크게 해봤습니다. 수억 원짜리 기계가 즐비한 기업체를 세 개나 운영할 때도 있었지만 끼니거리가 없어서 밥을 굶기도 했습니다. 천당과 지옥을 오간 셈입니다. 하지만 주민분들이 "손태화가 없으니 동네가 엉망진창이다!"라며 출마를 종용하셨고 덕분에 재기할 수 있었습니다. 정치에 뜻을 둔 것이 제 인생을 나락으로 떨어뜨렸지만 다시 날아오를 수 있게 해준 것입니다. 이러한 과정을 기록으로 남겨서 많은 분들과 나누고 싶었습니다.

부인자 기욕입이입인 기욕달이달인

논어의 옹야(雍也) 편에 이런 구절이 있습니다.

"무릇 어진 자는 자기가 서고자 함에 다른 사람도 서게 하고, 자기가 도달하고자 함에 다른 사람도 도달하게 한다."

(夫仁者 己欲立而立人 己欲達而達人)

이 책을 읽고 계신 여러분이 저와 같은 곳에 도달했으면 좋겠습니다. 저처럼 다선(多選) 의원이 되시라는 게 아닙니다. 기초의원으로서 민생을 살뜰히 돌보고, 풀뿌리 민주주의를 발전시키는 재미를 깨우쳐 달라는 것입니다.

지지율이나 당선 가능성과 상관없이 시의원으로서의 성취 자체에서 보람과 보상을 찾으셨으면 좋겠습니다. 그렇게 하면 주민들의 지지와 감사, 그리고 재선이 자연히 따라올 테니까요.

지방의정에 뜻을 세우고 30여 년간 많은 일을 겪었습니다. 이제 70을 바라보는 지금, 더 많은 분들이 저와 같이 지방의정을 사랑하고, 즐거운 마음으로 지역을 위해 헌신하는 계기가 되기를 간절히 바라는 마음에서 이 책을 썼습니다.

만약 한 분이라도 그렇게 해주신다면, 매일 새벽 네 시에 일어나 이 책을 쓴 보람이 가득할 것입니다.

CONTENTS

추천사 ··· 4
프롤로그 ·· 19

1부. 7선 시의원 손태화의 의정활동 연대기

1장. 정치의 시작 - 생애 첫 출마와 좌절 ················ 38

나는 이렇게 정치를 시작했다 ······························· 39
인생을 바꿀 단 하나의 고민 ··································· 42
우리가 찾는 바로 이 사람 ······································ 45
몰라도 너무 몰랐던 정치 초년생 ···························· 49
지피지기면 백전불태 ·· 51
오리동의 수수께끼 ·· 53
4년 동안의 유쾌한 와신상담(臥薪嘗膽) ·················· 56
표에 굶주린 한 마리 표범처럼 ······························· 59
마산 빌게이츠와 시간 빌게이츠 ····························· 62
전설의 화랑문고 독서 경진대회 ····························· 64
한 그루의 사과나무를 심는 마음으로 ····················· 67
김영삼 대통령과 유관순 누나 ································ 70

2장. 1995년 - 최연소 당선과 초기 의정활동 ········· 72

합동연설회와 신문기사 ···73
와신상담의 보람을 느끼다 ···77
원칙을 지키는 깐깐한 초선의원 ·······································79
하수도를 정비하고 어린이 공원을 만들다 ·························82
폐정수장을 시민공원으로 개장하다 ··································85
야생화 테마공원을 조성하다 ···88
야생화처럼 피어난 작은 기적 ··91
기막힌 민원들 ··93
선(先) 육교 후(後) 확장 ··97
단군 이래 이런 육교는 없었다 ··100
육교도 문제지만 도로도 문제였습니다 ····························104
애들 밥 먹이는 건 양보 못합니다 ···································109
SBS 공익 기능장려 캠페인에 출연하다 ····························111
다른 사람은 몰라도 손태화는 못 이긴다 ·························116
여성·아동·청소년을 위한 조직개편 모범사례 ····················120
정의감에 불타는 열혈 재선의원이 되다 ···························123

3장. 2000년대 - 발로 뛰는 젊은 시의원 ········· 126

3선 의원의 꿈★이 이루어지다 ·······································127
새벽 두 시에 찾아온 민원인 ···129
집단 민원 처리의 달인이 되다 ··131

음해를 은혜로 갚다 ··· 133
담장 허물기의 귀재가 되다 ·· 136
설득은 공무원도 춤추게 한다 ·· 138
가족을 협박하는 노점상에 맞서다 ·· 142
소계천 정비사업 추진과 예산 확보 과정 ································ 145
팔용터널 옆 도로와 옹벽 이야기 ·· 148
소중한 우리 주민들 비 맞지 마시라고 ···································· 150
인생 최악의 위기가 시작되다 ·· 152

4장. 2010년대 - 재기의 순간이 찾아오다 ································· 156

백만 원이 없어서 이사도 못 갈 뻔하다 ·································· 157
하늘이 준 기회 (1) 아수라장이 된 양덕천 ···························· 159
하늘이 준 기회 (2) 중선거구제가 준 기회 ···························· 162
하늘이 준 기회 (3) 원외 지역구 위원장협의회 회장의 등장 ········· 167
"손태화는 창원으로 도망간 놈이다." ······································ 174
시장에서 확인한 밑바닥 민심 ·· 177
하늘도 울고 땅도 울고 마산도 울었다 ···································· 180
월급을 압류당하는 시의원 ·· 183
굴러온 돌이 판세를 잘 읽다 ·· 185
손태화가 주민들에게 복수하는 방법 ·· 188
양덕천은 하루아침에 바뀌지 않았다 ·· 192
무소의 뿔처럼 꿋꿋이 밀어붙여라 ·· 196
아파트 한 동이 물 위에 떠오르다 ·· 199

버스 노선 만드는 노하우 …………………………………………… 206
내 지역구에 산사태는 없다 …………………………………………… 209
민생은 디테일에 있다 …………………………………………………… 211
한번 시작하면 끝장을 보라 …………………………………………… 214
어르신들의 관절까지 생각한 경로당 ………………………………… 217
언제나 아픈 손가락, 대현프리몰 창원점 …………………………… 221
구암2동에 헌신했던 4년의 기록 ……………………………………… 223
15년 끈 마산문화원 신축을 3개월 만에 해결하다 ………………… 230
나는 철새가 아니라 노새이고 싶다 ………………………………… 236
자유한국당으로 출마하여 당선되다 ………………………………… 238
구암1동의 실패한 1호 도시재생 뉴딜사업 ………………………… 241

5장. 2022년 - 선거와 미래 창원의 발전을 위하여 …………… 244

재건축 대신 공공개발을 추진하다 : 봉암연립주택 이야기 ……… 245
30년 전에 한 일을 또 하라고요? …………………………………… 247
강산이 세 번 바뀌니 사람도 세 번 바뀌네 ………………………… 249
창원특례시의회 의장에 취임하다 : 순환보직과 직무교육의 필요성 250
창원 최대의 어린이 체험 공원을 설계하다 ………………………… 253
창원의 미래 먹거리 : 상섬 드론 스포츠 센터 추진 ……………… 255
잘못된 교육제도가 불러온 나비효과 ………………………………… 259
결론은 한국폴리텍대학 ………………………………………………… 263

2부. 손태화의 지방자치 이야기

1장. 마산이 몰락한 열 가지 이유 ······ 268

마산의 전성기와 7대 도시 시절 ······ 270
마산이 몰락한 첫 번째 이유 : 교통 발달이 낳은 아이러니 ······ 273
마산이 몰락한 두 번째 이유 : 인프라도 떠났고 사람도 떠났다 ······ 275
마산이 몰락한 세 번째 이유 : 주력산업의 몰락과 신산업 유치 실패 277
마산이 몰락한 네 번째 이유 : 공장 대신 아파트만 지은 죄 ······ 279
마산이 몰락한 다섯 번째 이유 : 지방자치제 도입의 나쁜 예 (1) ······ 282
마산이 몰락한 다섯 번째 이유 : 지방자치제 도입의 나쁜 예 (2) ······ 285
마산이 몰락한 다섯 번째 이유 : 지방자치제 도입의 나쁜 예 (3) ······ 288
마산이 몰락한 여섯 번째 이유 : 졸속으로 이루어진 마창진 통합 ··· 294
마산이 몰락한 일곱 번째 이유 : 마산 앞바다 부실 매립이 키운
인재(人災) ······ 298
마산이 몰락한 여덟 번째 이유 : 팔용터널과 잘못된 정책 결정 ······ 301
마산이 몰락한 아홉 번째 이유 : 무분별한 매립 추진 (1)
가포해수욕장 ······ 304
마산이 몰락한 아홉 번째 이유 : 무분별한 매립 추진 (2)
용도변경 특혜 ······ 308
마산이 몰락한 열 번째 이유 : 잘못된 도시계획의 후유증들 ······ 311

2장. 마산의 새로운 도약 ··· 316

　마산의 새로운 도약 첫째 : 마산해양신도시 조성과 연계한
　마산만 해안선 조망권 회복 ··· 317
　마산의 새로운 도약 둘째 : 마산 회성동 자족형 복합행정타운 완성　320
　마산의 새로운 도약 셋째 : 창원교도소 이전과 이전부지
　직·주·락 개발 ··· 322
　마산의 새로운 도약 넷째 : 마산역 환승센터 건립과 마산역세권 개발　326
　마산의 새로운 도약 다섯째: 마산자유무역지역 국유지 전환사업과
　봉암연립 비즈니스센터 전망대 조성 ··································· 328
　마산의 새로운 도약 여섯째 : 마산의 일반상업지역 130만 평
　용도지역 재조정과 지구단위 계획을 수립을 통한 콤팩트시티 추진　330
　마산의 새로운 도약 일곱째 : 마산로봇랜드컨벤션센터 활용과
　상설드론 스포츠센터 구축 ·· 332
　마산의 새로운 도약 여덟째 : 폐점한 롯데百 마산점을 공공
　복합 교육시설로 활용 ·· 334

3장. 창원특례시의 현재와 미래 ··· 336

　통합창원시의 날개 없는 추락 : 민선시장 4명 중 2명 중도 사퇴 ······ 337
　통합으로 인한 "불이익 배제의 원칙"은 사기였다 ························ 339
　창원특례시의 미래를 향한 발걸음 첫째 :
　스타필드창원의 조속한 준공으로 대도시로의 위상 제고 ············· 344
　창원특례시의 미래를 향한 발걸음 둘째 :
　창원 문화복합타운(창원SM타운) 정상운영 ································ 346

창원특례시의 미래를 향한 발걸음 셋째 :
창원시청 청사 신축과 창원 중앙동 오거리 콤팩트시티 조성 ········· 348
창원특례시의 미래를 향한 발걸음 넷째 : 진해 육대 부지의 활력 ··· 350
창원특례시의 미래를 향한 발걸음 다섯째:
통합전 분산된 고속·시외버스 터미널 통합 ······························ 352
창원특례시의 미래를 향한 발걸음 여섯째 : 창원의 엔진 기업들······ 354
변화하는 창원의 엔진과 미래 ·· 358

4장. 기초의원의 정당공천을 폐지하라 ··· 361

빛좋은 개살구가 되어버린 대한민국 지방자치 ························· 362
국회의원의 정치적 들러리가 되어버린 기초의원들 ···················· 365
우리가 남이가?에 병들어가는 지방자치 ·································· 368
'가' 받으면 살고 '나' 받으면 죽는다 ·· 372
기초의원에게 점수를 매긴다고요? ·· 375
누구나 참여할 수 있는 '골목 민주주의'를 위하여 ······················ 378

5장. 기초의원의 처우를 현실화하라 ·· 381

기초의원, 숫자는 적게 대우는 높게 ·· 382
재미와 보람을 위해 일하다 ·· 386
정책지원관 제도의 문제점과 대책 ·· 388
디지털 혁신과 ESG 실천··· 392
지방의회 연수 혁신의 필요성 ·· 394
기초의회의 힘을 키워야 하는 이유 ··· 397

6장. 초선의원을 위한 의정활동 가이드 ⋯⋯⋯⋯⋯⋯⋯ 400

피가 되고 살이 되는 의정활동 노하우 ⋯⋯⋯⋯⋯⋯⋯ 401
의정활동의 주제와 과제를 찾는 방법 ⋯⋯⋯⋯⋯⋯⋯ 402
5분 자유발언의 달인이 되는 법 ⋯⋯⋯⋯⋯⋯⋯ 404
시정 질문에서 꼭 기억해야 할 점 ⋯⋯⋯⋯⋯⋯⋯ 406
조례 제·개정의 노하우 ⋯⋯⋯⋯⋯⋯⋯ 408
공무원 및 관계자들과의 협업 비결 ⋯⋯⋯⋯⋯⋯⋯ 409
젊은 기초의원을 위한 7계명 ⋯⋯⋯⋯⋯⋯⋯ 411
현장의 목소리를 들어라 ⋯⋯⋯⋯⋯⋯⋯ 416
골목길 도시가스 민원 해결 예시 ⋯⋯⋯⋯⋯⋯⋯ 419
담당 공무원이 스스로 하게 만들어라! 그리고 될 때까지 하라! ⋯⋯ 421
기획력이 있어야 인정받는다 ⋯⋯⋯⋯⋯⋯⋯ 423
지방의원들이여! 전문가가 됩시다 ⋯⋯⋯⋯⋯⋯⋯ 425

7장. 기초의원들께 드리는 말씀 ⋯⋯⋯⋯⋯⋯⋯ 430

지방의원의 세 부류 ⋯⋯⋯⋯⋯⋯⋯ 431
테마와 스토리가 살아 숨쉬는 지역 만들기 ⋯⋯⋯⋯⋯⋯⋯ 435
도심 지방의원이 다선(多選)하기 힘든 이유 ⋯⋯⋯⋯⋯⋯⋯ 439
강단과 청렴을 겸비한 지방의원이 되자 ⋯⋯⋯⋯⋯⋯⋯ 442
성실 근면은 모든 일의 기본 ⋯⋯⋯⋯⋯⋯⋯ 445
봉사하는 자는 즐기는 자를 이기지 못한다 ⋯⋯⋯⋯⋯⋯⋯ 448

3부. 기능장, 사업가, 그리고 정치인 : 나의 인생 이야기

1장. 밀양 빈농의 아들로 태어나 일류 엔지니어가 되다 452

보리 이삭 주워서 저축왕이 되다 453
아이스케키로 선거운동 했던 정치 DNA 456
한 시간의 체육수업이 인생을 바꾸다 459
피에 젖은 팬티를 입어보지 않은 자 인생을 논하지 마라 463
학교의 전설이 되다 467

2장. 취업과 결혼, 그리고 창업 469

고등학교를 졸업하고 제2의 고향, 마산에 오다 470
25살의 나이에 대한민국 2호 기능장이 되다 473
오기로 맺어진 평생의 최고 반려자 478
5년의 강제복무, 3년의 경영수업, 그리고 창업하다 483
독고다이와 도전 부장을 아십니까 486
늦둥이 아들을 위해 선거판에서 뛰어다닌 울 엄니 490

3장. 내 인생의 암흑기 494

잘나가던 청년 사업가 시절 495
"정치하다 회사 부도 낸 놈은 사람 취급도 안 한다" 501
생의 좌절과 새로운 도전 : 눈물 젖은 빵을 먹어본 사람! ... 505

4장. 소소하고 소중한 일상 이야기 ⋯⋯⋯⋯⋯⋯⋯⋯⋯⋯⋯⋯⋯⋯⋯ 510

　새싹 정치 아카데미에 후원하세요 ⋯⋯⋯⋯⋯⋯⋯⋯⋯⋯⋯⋯ 511
　목공예에 꽂혀 100개의 도마를 만들다⋯⋯⋯⋯⋯⋯⋯⋯⋯⋯ 514
　새로운 기술, 드론과 사랑에 빠지다! ⋯⋯⋯⋯⋯⋯⋯⋯⋯⋯⋯ 518
　사랑하는 내 아들 딸에게 ⋯⋯⋯⋯⋯⋯⋯⋯⋯⋯⋯⋯⋯⋯⋯⋯ 522

　에필로그 - 지방자치의 새벽을 열기 위하여 ⋯⋯⋯⋯⋯⋯⋯⋯ 525

1부

7선 시의원 손태화의
의정활동 연대기

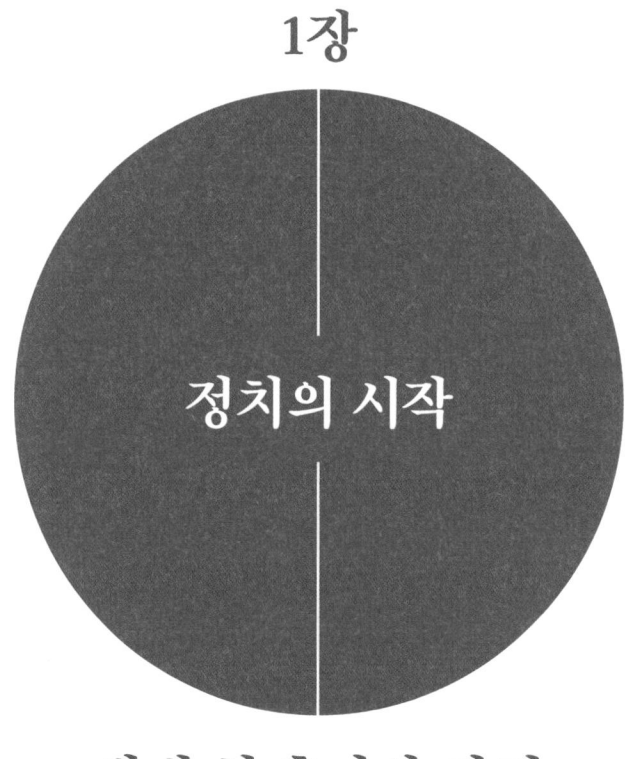

1장

정치의 시작

생애 첫 출마와 좌절

나는 이렇게
정치를 시작했다

1987년 6월 29일, 노태우 전 대통령이 6.29 선언을 했습니다.

6.29 선언의 주요 내용은 대통령직선제 개헌 수용, 언론, 집회, 결사의 자유 보장, 지방자치제 확대, 김대중 전 대통령 사면 및 복권, 인권보호조치 강화 등이었습니다.

그런데 6.29 선언에 의해 생겨난 단체가 하나 있습니다. <사단법인 한국청년지도자 연합회>가 바로 그것입니다. 당시 박철언 장관과 강재섭 사무총장 두 분이 주축이 되어 전국 조직을 만든 것입니다. 제가 속한 마산시 지회가 전국 1호 지회로 등록되었습니다. 제가 그때 서른 살쯤 되었는데, 민정당 청년 중앙위원이었습니다.

(사)한국청년지도자연합회 경남지부가 부곡 하와이에서 교육을 세 번 실시했는데 저는 1차에 참여했죠. 교육을 다 받고 정식 회원이 되었

습니다.

청년 손태화의 정치 인생이 시작된 것입니다.

(새)한국청년지도자연합회는 청년지도자들의 역량 강화 및 교류 촉진, 국가 및 사회 발전을 위한 청년의 역할 증진, 청년 인재의 발굴 및 육성, 청년층의 건전한 가치관 정립과 사회참여 확대 등, 청년지도자들의 상호 교류와 협력을 통해 청년층의 역량을 키우고, 국가와 사회 발전에 기여하는 것을 목적으로 설립되었습니다.

그리하여 1991년쯤엔 명실상부한 전국 조직으로 성장하였습니다. 제가 속해 있던 마산 지회도 〈사단법인 한국청년지도자연합회 경상남도 지부 마산시 지회〉라는 공식 명칭을 얻었고요.

저는 1990년 말에 마산시 지회 회장 선거에 출마하여 당선되었습니다. 그때 경쟁이 아주 치열했어요. 선거운동도 했고 연말에 호텔을 빌려서 후보자 연설도 했죠. 지방의원 선거만큼이나 뜨거운 선거였는데 제가 당선이 되었어요. 돌이켜보면 이 과정에서 정치적으로 많은 성장을 했습니다. 그래서 35년이 지난 지금도 당시가 또렷이 기억납니다.

선거가 끝나고 1990년 12월 31일에 강삼재 국회의원 사무실에 갔습니다. 신임 회장으로서 임원들과 함께 인사차 방문한 것입니다. 역대 회장들이 연말에 국회의원 사무실에 인사하러 가고, 연초에 또 가서 시무식에 참석하는 전통이 있었거든요.

의례적인 인사와 덕담이 끝나고 내가 물었습니다.

"3월 26일 날 지방선거를 위해 저희가 해야 될 역할이 뭡니까?"

강삼재 국회의원께서 저를 똑바로 쳐다보며 말했습니다.

"무슨 소리 하노? 손 회장이 나가야지!"

그 말을 듣는 순간 띵했습니다. 요즘 말로 벙찐 거지요. '뭐지? 뭐지?' 그때 마산시 지회 임원들이 같이 있었는데 별 반응이 없었습니다. 하지만 저는 그 말이 억수로 충격이었죠. 저는 그냥 당을 위해서, 조직을 위해서, 출마자들을 위해서 무엇을 해야 할까, 내가 어떻게 도와드려야 할까만 생각했는데 직접 출마하라는 말을 들었으니까요. 그때는 아무 말 안 하고, 아니 못하고 그냥 나왔습니다.

인생을 바꿀
단 하나의 고민

며칠 뒤인 1월 3일, 저는 제 자가용이었던 기아 포텐샤를 몰고 속리산 법주사로 향하고 있었습니다. 한국청년지도자연합회 경상남도 회장님과 임원들을 태우고 갔지요.

갈 때는 별생각 없었는데 행사를 치르고 나서 크게 고무되었습니다. 전국에서 수백 명의 청년 지도자들이 몰려와서 열기가 뜨거웠거든요. 거기서 제가 삘(feel)을 세게 받은 거예요. '와 이 조직이 이게 대단하잖아?!!'라고요.

그래서 내려오는 길에 차에 계신 분들에게 여쭤봤습니다.

"아니 형님, 아래 연말에 강삼재 의원님께 인사하러 갔는데요, 아니 3월달에 한청이 해야 될 역할이 뭐냐고 물었더만은 손 회장 당신이 나가야지 카시는데, 내가 머리가 띵해서 아무 대꾸도 못하고 나왔습니다. 이 거 어째야 좋습니까?"

하니까 역대 회장들과 경남지부 회장께서 "그래 손회장이 나가라! 우리 경남지부에서 회장 출신들이 여럿 준비해야 되지 않나?"라고들 말씀하셨습니다.

"그래요? 회사가 바쁘긴 한데 함 고민해 볼게요."

그날이 1월 5일쯤이었습니다. 선거는 3월 26일이고요. 요즘에는 지방선거가 6월이지만 그때는 3월 26일 날 선거가 잡혀 있었거든요. 집에 와서 열흘 정도 고민했습니다.

'본격적으로 정치가의 길을 걸을 것인가? 험악한 정치판에서 잘할 수 있을까?'

그때 저는 자신감이 충만해 있었어요. 대한민국 제1회 기능장 시험에 당당히 합격했으니까요. 그것도 스물다섯 어린 나이에 대한민국 최초, 최연소로 합격한 거였습니다.

3년 뒤인 28살 때는 공장이 있는 제조업체를 창업했어요. 요즘 말로 하면 스타트업입니다. 지금은 여성도, 장애인도, 고등학생도 창업을 하지만 그때만 해도 젊은 사장이 거의 없었어요. 회사 사장은 산전수전 다 겪은 중년들이 하는 거라는 사회적 인식이 있었으니까요.

그런 시대에 20대 흙수저 청년이 창업 3년 만에 봉암공단에 100평 규모의 자가 공장을 신축한 거예요. 게다가 창원국가산업단지 소재 10대 대기업에 1차 벤더로도 등록되었죠. 아시는 분은 아실 거예요. 대기업 1차벤더 되기가 얼마나 어려운지. 게다가 대기업의 신규 상품을 개발하는 일이었어요. 남들이 못 만드는 제품, 세상에 없는 제품을 만들었기 때문에 부가가치도 높았죠.

회사가 빠르게 성장하기 시작했습니다. 함안군 법수면에 2,000평 공장 부지도 매입했어요. 1,500평 공장을 신축하기 위해서였죠. 이 정도면 자신감이 충만할 만하지 않나요?

그래서 저는 결심했습니다. 지방의원 선거에 출마하자고요.

그때 제 나이 서른셋이었습니다.

우리가 찾는
바로 이 사람

출마를 결심하자마자 선거사무실을 계약했습니다. 저는 한번 결심하면 몰아치는 스타일이거든요. 하나에 꽂히면 주위를 못 보는 거죠. 그때가 1991년 1월 15일이었습니다.

사무실을 계약하니까 동네에 소문이 났습니다. 손태화가 시의원 선거에 출마한다고요. 제가 그때 동네에서 공장을 하고 있었거든요. 아니 새파랗게 젊은 놈이 동네 안에 공장을 갖고 있었는데 또 너무 잘돼! 동네에 소문이 안 날 수 없겠죠? 그런 사람이 시의원에 나왔으니 동네 사람들이 관심을 많이 주셨죠.

하지만 정작 저는 동사무소가 어딨는지도 몰랐어요. 그때는 인터넷도 없었으니 주변에 물어봤죠. 우리 동네 동사무소 어딨냐고요.

그렇게 찾아가서 동장님을 만났습니다. 동장님은 최현락 씨라고 고성 출신인데 아주 점잖고 중후한 분이셨어요. 퇴직이 얼마 안 남은 분이었습니다. 그때는 동장만 해도 고을 원님이었죠.

그런 동장님을 청해서 마주 앉았습니다. 그리고는 왼손에 수첩, 오른손에 모나미 볼펜 들고 말했습니다.

"동장님! 제가 이번에 출마하게 된 손태화입니다!"
"그렇습니까?"

저는 의자를 당겨 앉으며 질문을 퍼붓기 시작했습니다. 인구는 몇 명이고 면적은 얼마나 되고, 동네에 뭐는 어떻고 이런 걸 물었죠.

나중에 들었는데 동장님이 제가 기자인 줄 아셨답니다. 손태화라는

1991년 3월 26일 기초의원 선거 거리 현수막

젊은 친구가 다짜고짜 찾아와서 오만 거를 다 캐묻는데, 기자가 물어도 그렇게는 못 물을 거라며 혀를 내두르셨대요. 이것도 동네에 소문이 났습니다.

근데 출마를 했으니 홍보물(공보물)도 만들고 현수막도 만들고 해야 하잖아요? 근데 광고회사가 어디 붙어 있는지도 몰랐어요. 동사무소가 어디 있는지도 모르고 출마했는데 홍보물을 어떻게 만드는지, 플래카드는 어디서 만드는지 어떻게 알겠습니까. 그래서 한청 회장단 선거 때 함께했던 친구들을 불렀어요. 덕분에 어찌어찌 홍보물과 플래카드를 만들 수 있었습니다.

근데 이 홍보물들이 흥행에 도움이 됐어요. "우리가 찾는 바로 이 사람!", "시대가 능력 있는 청년을 부릅니다!", "눈물 젖은 빵을 먹어본 사람!", "피로할 줄 모르는 태양은 매일 매일 창조력을 발휘하면서 오늘도 양덕1동에서 힘차게 떠오르고 있습니다." 이런 레시피로 카피를 써서 인쇄물을 만들었지요.

특히 "우리가 찾는 바로 이 사람"이라는 캐치프레이즈가 제일 잘 먹혔습니다. 저는 선거 홍보물을 만들 때 '차별화'를 제일 중요하게 생각했

이요. 어떻게 차별화를 할지 고민하다가 "우리가 찾는 바로 이 사람"이라는 문구를 생각해 냈는데 호응이 좋았죠.

그때 관내 양덕초등학교 운동장에서 합동연설회가 열렸습니다. 나름 선거 경험이 있던 저는 힘차게 연설을 했죠. 지켜보던 주민들이 환호하던 모습이 눈에 선합니다.

몰라도 너무 몰랐던
정치 초년생

후보 등록을 하려면 선거사무장도 있어야 하고 회계책임자도 있어야 됩니다. 저는 그런 기본적인 것조차 몰랐어요. 그래서 회계는 후보 본인! 사무장은 마누라! 이렇게 등록했습니다. 그랬더니 지인들이 와서 묻더군요. "손회장! 사무장 누구 했노?" "집사람 했습니다." "아이고 그라몬 안 되지 이 사람아! 동네에 유명한 사람을 시켜야 그 사람이 표를 갖고 올 거 아이가?" "그, 그렇습니까?"

투표가 얼마 남지도 않아서 바꾸지도 못했어요. 바꿀 수 있는지 없는지도 몰랐죠. 그냥 밀고 가는 수밖에요.

선거 구도는 4대 1이었습니다. 동네 아버지뻘 되시는 세 분과 경쟁하게 된 셈이죠. 그런데 후보 기호를 추첨으로 뽑는다고 하더군요. 이때는 정당공천이 없어서 후보자 기호를 추첨으로 뽑았거든요. 별생각 없었

1991년 지방선거 최초 벽보

는데 덜컥 1번을 뽑았습니다. 기호 1번이 되니 기분이 좋더군요. 당선될 것 같은 느낌이 팍 왔죠.

경쟁자 세 분 중 한 분은 통일주체대의원에 당선되셨던 분이고, 나머지 분도 재력이 든든한 동네 유지분이셨습니다. 당시 양덕1동은 마산의 신도시 개념으로 새로 조성된 동네였습니다. 그래서 돈 있는 분들이 많았죠.

선거운동 기간이 끝나고 투·개표가 시작되었습니다. 결과는 2등. 낙선이었죠. 정말 아쉬웠습니다.

지피지기면
백전불태

　1991년 마산시 의회의원선거 양덕1동 선거구 당선자는 김필두 씨였습니다. 방금 말씀드렸듯이 통일주체대의원을 지낸 분이셨죠.
　전두환 전 대통령 때 체육관 선거로 대통령을 뽑았습니다. 전국에서 선발된 사람들이 체육관에 모여서 투표를 했지요. 이 사람들이 바로 통일주체대의원들입니다.
　지금으로서는 상상도 하기 힘든 간접 선거가 버젓이 치러진 셈입니다. 그래서 노태우 대통령은 직접선거로 전환하겠다고 약속했어요. 그게 바로 6.29 선언입니다.
　즉 김필두 씨는 이미 몇 년 전에 통일주체대의원 선거에 출마해서 당선됐던 것입니다. 인지도와 선거 경험에서 상대가 될 리 없었죠. 게다가 재력도 좋았고 수십 년간 양덕1동에서 살아온 토박이였어요. 애초에

'체급'이 달랐던 겁니다.

그 동네가 당시에 신생 부촌이었거든요. 당시 선거에는 양덕동 유지 분들이 다 나온 겁니다. 물론 저도 어엿한 기업인이었지만 업력이 짧고 나이도 어리고 인지도도 낮은데 선거운동 기간까지 짧았고요. 낙선한 게 당연했죠.

적을 알고 나를 알면 위태롭지 않은 법인데(知彼知己 百戰不殆) 적도 모르고 나도 몰랐던 셈입니다.

참고로 '지피지기 백전불태'의 전문(全文)은 이렇습니다.

지피지기 백전불태
부지피이지기 일승일부
부지피부지기 매전필태
知彼知己 百戰不殆
不知彼而知己 一勝一負
不知彼不知己 每戰必殆

적을 알고 나를 알면 백번 싸워도 위태롭지 않다
적을 모르고 나를 알면 한 번 이기고 한 번 지며
적을 모르고 나를 모르면 싸울 때마다 위태롭다

오리동의
수수께끼

그래도 가능성은 확인한 선거였습니다. 쟁쟁한 지역 유지들과 진검 승부 끝에 2등을 했으니까요.

와신상담이라는 말을 떠올리며 일찌감치 다음 선거를 준비하기 시작했지요. 제일 먼저 한 일은 패인 분석이었습니다. 득표수를 되짚어보자 중요한 사실이 밝혀졌습니다. 투표소 다섯 개 중에 네 개는 50표에서 100표 차이로 졌는데, 유독 한 곳에서 800표나 뒤졌던 것입니다. 그곳은 바로 오리동인데 저소득층 비중이 높은 편이었어요. 당시에 제가 살던 곳과 가장 먼 곳이었으며 팔용산 비탈 동네였습니다.

참고로 오리동은 정식 행정명은 아니고 오리가 많다고 해서 오리동으로 불렀습니다. 양덕천 주변, 산 쪽에 있는 집들이 오리나 닭을 많이 키웠거든요.

그런데 어느 순간부터 오리장이나 닭장 놓던 곳을 집으로 개조해서 세를 주더군요. 부엌 하나에 방 하나, 방 하나에 부엌 하나씩 만들어서 월세를 받은 겁니다.

가축을 치던 데니까 얼마나 냄새나고 열악하겠습니까? 근데 그런 집도 없어서 난리였어요. 그때 마산에 자유무역지역 들어오고요, 한일합섬 잘나가고요, 경남모직 본사 들어오고요, 난리도 아니었거든요?

그러니 거기 집주인들이 돈을 얼마나 벌었겠어요? 실제로 지금도 제가 공방으로 쓰는 별채가 18평인데, 여기도 원래 방 하나 부엌 하나 있는 월셋집 자리였어요. 당시에 집주인이 그러더군요. "손 사장 나 월세 놔서 돈 많이 벌었어요. 창동에 상가건물 사서 이사 갑니다." 그런 시절이었죠.

하지만 집주인들만 돈 벌었고 세입자들은 여전히 가난했어요. 패배한 원인을 냉철하게 분석해서 전략을 세우기 시작했습니다. 사실 선거운동 전에 했어야 했는데, 준비 기간이 워낙 짧다 보니 낙선한 뒤에야 시작한 것입니다.

가장 큰 문제는 오리동과 인연이 없었다는 점이었습니다. 인연(因緣) 말고 인연(人緣), 즉 사람들과의 연결고리가 없었어요. 한 마디로 양덕동 주민들과 학연도, 지연도, 혈연도 없었습니다. 그렇다고 오랜 시간을 함께해온 것도 아니었고요. 제가 양덕동에 살게 된 건 1977년 연말, 창원공단에 취직했을 때부터였으니까요.

물론 그걸 모르진 않았어요. 그래서 합동연설 때 이렇게 외쳤죠.

"지는 중학교까지 고향 밀양에서 살았고! 고등학교는 부산에서 나왔으며! 서울에서 전문학교를 다녔고! 1977년에 창원공단에 취업이 되면서 마산 양덕동에 둥지를 틀었습니다! 제 고향 밀양에서 15년을 살았고! 여기 양덕동에서 15년을 살았으니! 제2의 고향이 바로 여기 양덕동 아입니까 여러분!!"

지금 생각해도 억지춘향이 따로 없네요. 경쟁 후보들이 대부분 50년 넘게 살아온 마산 토박이들이라서 더욱 비교가 되었습니다.

참고로 22대 국회의원 중 창원특례시 국회의원은 모두 다섯 분입니다. 이 중에 세 분이 마산고등학교를 나왔고 한 분은 마산중앙고등학교를 나왔습니다. 홍남표 시장도 마산고등학교를 나왔고요. 이 정도면 지연 혈연 학연 중에 학연이 으뜸이 아닐까요? 믿음 소망 사랑 중에 사랑이 으뜸인 것처럼요. 적어도 지방 정치판에서는 그런 것 같습니다.

이런 생각을 할 때마다 '부산공고 말고 마산고등학교를 갔으면 어땠을까?'하는 생각을 하곤 합니다. 중학교 선생님이 마산고등학교에 지원하라고 추천해 주셨거든요. 그때는 마산이 어딨는지도 몰라서 부산으로 갔었죠.

하여튼 아무리 곱씹어봐도 이길 수 있는 선거가 아니었습니다.

'내가 너무 안일했구나.'

반성하며 각오를 다졌습니다.

'다음 선거는 무조건 승리한다!'

4년 동안의 유쾌한 와신상담(臥薪嘗膽)

많은 정치지망생이 청운의 뜻을 품고 정치에 입문하지만 한두 번 낙선하면 낙심하고 맙니다. 그래서 다음 선거 직전까지 전혀 활동을 하지 않다가 선거 5~6개월 전에야 활동을 재개하는 경우가 많습니다. 출마할까 말까 고민하다 막판에 움직이는 셈이죠. 하지만 이러면 대부분 낙선합니다. 유권자들이 가까이서 지켜보는 기초의원 선거에서는 더 그렇습니다.

그렇다면 4년 내내 선거운동을 하면 어떨까요? 반드시 당선되지 않을까요? 당선되지 않을 이유가 없으니까요.

그게 바로 저의 선거 전략이었습니다. '선거 4년 전부터 선거운동을 시작한다!' 눈앞이 밝아지는 느낌이었습니다. 패배의 충격에서도 벗어날 수 있었습니다. 한두 달 지나니 마음이 완전히 정리되어 편안해졌고, 실제로 선거운동에 돌입했습니다. 아무도 모르는 '나만의 선거운동'인 셈입니다.

무슨 놈의 선거운동을 4년이나 하냐고요? 제가 말하지 않았습니까? 저는 한번 꽂히면 끝까지 간다고요. 불광불급(不狂不及)! 미치지 않으면 미칠 수 없다! 이런 마음가짐이 지금의 저를 만들었다 해도 과언이 아닙니다.

당시에 제 회사가 세 개였습니다. 30대 초반에 세 개의 회사를 경영하고 있었던 겁니다. (그랬는데 약 15년 뒤에는 돈이 없어서 끼니를 거르게 됩니다.) 마산에 한 개 있고 함안에 2개 있었는데 아침 여섯 시에 출근해서 회사를 점검했습니다. 핵심은 제가 없어도 알아서 잘 돌아가게 만들어 놓는 거였죠.

그렇게 세 군데를 돌고 아침 아홉 시에 퇴근했어요. 회사 조업은 그때부터 본격적으로 시작인데 사장은 퇴근하는 겁니다. 퇴근하고 나서 뭘 하느냐? 한량 백수처럼 동네를 돌아다녔어요. 동네 식당이 문 열면 가서 인사하고, 이발소나 미용실이 문 열면 말 붙이고 커피 얻어먹고, 경로당이나 동네 시장 가서 사는 이야기 하고, 그러고 하루 종일 돌아다녔죠.

처음에는 뭐야 이놈은? 하던 주민들과 시나브로 친해졌습니다.

"니 머 사업한다메?"
"요 앞에 공장 합니더."
"돈 마이 벌었나?"
"묵고 살만치 벌지예."

"니 공장 구경 함 가자."
"하하 그라입시다!"

　이렇게 공장 구경도 오고 집에도 놀러 왔죠. 한 달에 몇 번씩, 2~30명씩 집에 초대해서 양주 대여섯 병씩 까고 놀았습니다. 돈이야 뭐 자고 일어나면 돈이던 때니까 신경도 안 썼죠. 그렇게 몇 년을 했더니 동네에서 뭐라고 하는지 아세요?

　"우리 동네에서 손태화한테 밥 한번 못 얻어묵고 술 한 잔 못 얻어마신 놈은 사람도 아니다."

표에 굶주린
한 마리 표범처럼

    그렇게 '나 혼자 선거운동'을 하던 어느 날이었어요. 저는 표에 굶주린 '킬리만자로의 표범'처럼 오리동을 어슬렁거리고 있었습니다.

    다른 곳보다 더욱 정성 들여 선거운동을 했어요. 1991년 선거 때 다른 동네는 50표 100표 졌는데 오리동에서만 800표나 졌으니까요. 다음 선거에서 이기려면 반드시 공략해야 하는 지역이었죠.

    주민들과 인사하며 돌아다니다 보니 작은 전파상이 보였어요. 당시에는 전기장판 팔고 '테레비' 파는 구멍가게가 많았거든요. 거기 들어갔더니 처음 보는 주인장이 대뜸 그러더군요.

    "우리 아파트 세 쫌 놔 주이소."

그분이 말하는 아파트는 마산 양덕동 경남아파트였어요. 80년대 중반에 외국인 아파트를 재개발해서 만든 아파트였는데 91년에 입주를 시작했죠.

세를 놔달라는 말은 세입자를 소개해 달라는 뜻이었어요. 그 말을 듣자마자 이거다! 싶었습니다.

"내한테 세 주이소. 내가 들어갈게요."

그리고는 그 자리에서 가계약까지 해버렸어요. 아까도 말씀드렸지만 저는 한번 꽂히면 일사천리거든요. 집에 돌아와서 가족들에게 말했습니다.

"짐 싸라. 이사 가자."

아내가 화를 냈어요. 아이들은 어리둥절했고요. 다음 날 가보니 집이 예상보다 작아서 또 한 번 혼나고, 짐이 다 안 들어가서 이사를 못하게 되어서 또 한 번 혼났죠. 제 책장이랑 책상, 책 등의 짐이 많았거든요.

그래서 살던 집에 짐을 좀 남겨놓고 이사를 갔어요. 살던 집은 동서에게 주고요. 그때 동서가 회사에 과장으로 있었는데 "다른 데 가지 말고 여기 와서 살아라."하면서 공짜로 내준 겁니다. 아내는 또 화를 냈죠.

그날 이후 우리 회사에 전통이 생겼어요. 과장 진급하면 아파트 한 채씩 해주는 전통! 사서 주든지 세를 얻어서 주든지 하여튼 과장만 되면 다 구해줬어요.

그래서 그런지 공장이 잘 됐어요. 그때 이익이 60%씩 나고 그랬죠. 매출의 6할이 영업이익이라니 대단하지 않습니까? 성장 속도도 빨라서 돈 걱정이 없었죠. 안 그랬으면 '나 홀로 선거운동' 같은 건 꿈도 못 꿨을 겁니다.

근데 그 아파트에 하자가 많았어요. 입주민들이 맨날 하자 고쳐 달라고 사정하는데 건설사들이 말을 들어주나요? 하자보수 같은 개념도 잘 없던 시대였는데.

보통 사람이었으면 미치고 팔짝 뛰었겠지만 저는 이거다! 이거야말로 기회다!라고 마음속으로 외쳤어요.

저는 하자로 고통스러워하는 입주민들을 모아서 건설회사에 찾아갔습니다. 그리고는 주먹을 휘두르며 외쳤죠. "아파트 하자 웬말이냐! 건설사는 책임져라! 책임져라!!" 한참 소리치다 열두 시 땡 하면 식당 가서 밥 먹었습니다. 주민들 식대도 제가 계산했지요.

그렇게 고충을 함께했더니 제 팬들이 생기기 시작했어요. 시의원 당선자는 쳐다보지도 않는데 낙선한 손태화는 함께 아파하고 같이 항의해 줬으니까요.

오리동에 변화의 바람이 불기 시작했습니다.

마산 빌게이츠와
시간 빌게이츠

　그건 일부에 불과했어요. 주민들의 고민에 귀를 기울였고 힘든 일이 있으면 사비를 들여서 도와드렸어요. 뿐만 아니라 크고 작은 사업을 벌이며 주민들의 마음을 얻으려고 노력했죠. 저는 회사가 세 개나 되는 '마산 빌게이츠'인데다 나홀로 선거운동 중인 '시간 빌게이츠'였으니까요.
　요즘 젊은 세대는 시간이 많은 사람을 '시간 빌게이츠'라고 하더군요. 마이크로소프트 전 회장 빌게이츠처럼 시간이 많다는 뜻이라나요? 지금은 70을 바라보는 나이지만 젊은 의회 직원들과 파스타도 먹으러 다니고 유행어도 배우곤 합니다.
　하지만 제가 단지 '시간 빌게이츠'라서, 즉 시간이 남아돌아서 동네 분들을 도와드린 건 아닙니다. 돈 많고 시간 많으면 골프 치고 낚시를 하지 왜 동네를 돌아다니겠습니까? 단순히 다음 선거 때문도 아니었어요.

제가 만약 선거를 위해 동네를 돌아다녔다면 석 달도 못했을 겁니다. 힘들고 짜증나고 귀찮아서요. 제가 가볍고 유쾌하게 적었지만 사실 되게 힘든 일이에요. 쉬운 일이었으면 제 도움이 필요하지도 않았겠죠? 도움이 필요한 주민들을 돕는다는 명분은 좋았지만 아무나 할 수 있는 일은 절대 아니었습니다.

그런데도 제가 4년 동안 그렇게 할 수 있었던 이유, 그건 앞에서 말씀드렸듯이 재미가 있어서였습니다. 정말 그게 다였어요. 동네 분들 만나서 이야기하고 고민과 불평을 들어드리고, 해결할 수 있는 건 같이 뛰며 해결해 드리고, 데모도 같이하고 화투도 같이 치고, 같이 울고 웃는 모든 과정이 너무나도 재미있었습니다. 수학을 좋아하는 학생이 어려운 수학문제를 푸는 순간 짜릿한 쾌감을 느끼는 것처럼요.

전설의 화랑문고
독서 경진대회

그중에서도 특히 '화랑문고'가 기억에 남습니다. 삼국시대 신라 화랑제도에서 이름을 따왔는데 한 마디로 사립(사설) 도서관이었죠.

학생들에게 책 세 권을 무료로 빌려주는 거예요.

선거구 내의 초등학교 인근에 50여 평 되는 2층 건물을 임차한 다음, 7천여 권의 책을 구입해서 대출을 실시했어요. 학생 한 명당 세 권씩 무료로 빌려주었죠. 다음 해인 1992년에는 화랑문고 운영단체가 만들어졌고, 관내 주민 20여 분이 자원봉사자로 활동하기 시작했지요.

여기서 멈추지 않고 매년 화랑문고 독서 경신대회를 개최했습니다. 대상은 관내 양덕초등학교 학생 3천여 명과 인근 중고등학교 학생들이었고요. 경진대회를 하면 상금을 줘야겠죠? 매년 천만 원씩 사비를 털어 상금을 줬습니다. 당시 1,000만 원은 꽤 큰돈이었어요. 고기 100g에 5백

원, 담배 한 갑 오백 원, 택시 기본요금이 천 원 할 때니까요.

경진대회 때마다 2천여 명의 학생들이 참가했습니다. 심사는 초등학교 선생님들이 해주셨고요. 대상, 최우수상, 우수상, 화랑문고 회장상이 있었는데 화랑문고 회장상은 4~5백 명이나 줬습니다. 화랑문고 회장은 물론 손태화였지요.

1993년에 시작해서 1997년 IMF 전까지 5년 동안 2천여 명의 학생들이 '화랑문고 회장 손태화' 명의의 상장을 받았습니다. 책값, 임대료, 상금을 합쳐 억대의 돈이 나갔지만 재미있고 보람찼습니다. 전국의 그 어떤 지방의원도, 국회의원도 못(안) 하는 일을 내가 한다는 자부심도 컸고요.

그보다 더 큰 기쁨은 아이들과 학부모님들이 화랑문고를 기억해줄 때입니다. 최근에도 어느 학부모님이 그러시더군요. 그분 딸이 시집갈 때 '화랑문고 독서 경진대회 회장 손태화 상'을 챙겨서 갔다고요. 그런 말씀을 들을 때마다 가슴이 벅차오르곤 합니다.

화랑문고 운영 덕분에 주민들로부터 굳건한 지지와 변함없는 사랑을 받고 있다고 생각합니다. 30년 전에 초등학교 다니던 아이들과 학부모들이 화랑문고를 통해서 제 지지자가 되었으니까요. 물론 이사 가신 분들도 많고 돌아가신 분들도 많지만 상관없습니다. 처음에는 제 이름 석 자를 알리고 표를 얻기 위해 시작했지만 지금은 그 자체가 제 보람이고 자부심이기 때문입니다.

유일한 문제는 책이 자꾸 없어진다는 것! 대출해줄 때 이름만 적어놓고 해줬더니 제대로 반납을 안 하는 겁니다. 조그만 사설 도서관이다 보니 공공도서관처럼 관리가 안 되었던 거죠. 나중에 확인하니 4분의 1이나 없어졌더군요. 그래도 뭐 어쩝니까. 책도둑은 도둑이 아니라는 말도 있잖아요?

그래도 화랑문고 덕분에 상도 받았습니다. 아래 사진이 그건데요, 95년 9월 29일에 '독서 경진대회 기관 운영부문 최우수상'을 받는 장면입니다. 제가 1995년도에 당선된 후 7월 14일에 처음으로 의회에 등원했는데, 불과 두 달만에 수상한 셈입니다.

문화체육부 장관상이었기 때문에 선거 공보물에도 항상 넣어 왔습니다. '문화체육부장관 표창 (화랑문고 운영)'이라고요. 흔해빠진 그 한 줄 안에 이렇게 많은 이야기가 담겨 있다는 사실! 모르시는 분들은 상상도 못하시겠죠?.

문화체육부장관 표창수여식

한 그루의 사과나무를
심는 마음으로

제 지역구인 양덕1동에는 다섯 개의 대중목욕탕이 있었습니다. 이 다섯 개의 목욕탕에 매주 갔습니다. 일주일은 7일인데 목욕탕은 다섯 군데니까 어떤 데는 한 번, 어떤 곳은 두 번 갔지요. 결벽증이 있어서가 아니라 주민들이 있어서였습니다.

당시에 동네 목욕탕에는 가식과 껍데기를 훌훌 벗어놓고 친해지는 분위기가 있었습니다. 물론 'MBTI가 극 E인' 제 친화력도 빛을 발했고요. 목욕탕에 오신 많은 분들과 흉금을 터놓고 친해져서 형님 동생 한 게 몇 분인지 모르겠습니다. 목욕하고 나와서 순댓국도 먹고 집에서 소주 맥주도 까고…. 그중에서도 특히 친해진 형님 동생들과 의기투합하여 동심회라는 조직을 만들었지요. 회원은 20여 명이었고요.

동네 이발관도 빼놓을 수 없죠. 그때 대여섯 군데가 있었는데 3주에

한 번씩 번갈아 찾아가서 머리를 깎았습니다. 이발사님들과 사모님들, 손님들을 나의 지지자로 만들었고 당연히 형님 동생이 되었습니다.

식당도 마찬가집니다. 제가 운영하던 회사가 관내에 있어서 한 달에 한 번씩 직원들 회식을 했는데, 관내 소재 식당을 번갈아 이용해 가며 식당 주인들을 지지자로 만들었지요.

이와 같이 지역 민원의 현장에서 해결에 앞장섰고 동네 주민들과 모임을 만들어서 나름의 조직을 강화해 나갔습니다.

'조직'이라고 하니 팔일회를 빼놓을 수 없네요. 1991년 3월 26일에 기초의원 선거가 있었고 1991년 6월 28일에 광역의원 선거가 있었는데, 당시 선거 때 저를 지지했던 동네 각 단체의 회장님과 회원님들 20여 명이 찾아와서 광역의원 선거에 출마해보라고 하시더군요.

진지하게 검토해봤지만 결국 출마하지 않았습니다. 동네 사람들과 몸으로 부대끼는 기초의원을 하고 싶었으니까요. 그때 모인 20여 분을 주축으로 만들어진 모임이 바로 팔일회입니다. 팔일회는 팔용산의 '팔'자와 양덕1동의 '일'자를 따서 지은 이름이에요. 지금도 그 모임이 35년째 지속되고 있습니다. 그 모임을 통해 동네 새마을금고 이사장이 되었고 현재도 계속하고 있습니다.

이렇게 표가 있는 곳이면 어디든지 달려가서 어떻게든 만나고, 엮고, 모임을 만들고, 목욕탕, 이발소, 식당 관계자분들을 지지자로 만들고, 민원이 있는 곳이라면 어디든지 달려가서 해결을 위해 함께 고민하며 호연지기를 쌓았습니다. 그 결과 수십 년간 변함없이 지지해 주시는 분들이 생졌고 전국에도 몇 없는 7선 지방의원으로 장수하게 되었다고 생각합니다.

중요한 건 생각이 아니라 실행이고 각오가 아니라 실천입니다. 사실 4년 내내 선거운동 하겠다는 생각 자체는 누구나 한번쯤 해볼 수 있습니다. 하지만 저처럼 실제로 4년 내내 하는 분은 별로 없습니다. 낙선한 경우는 더더욱 그렇지요.

하지만 저는 치밀하게 4년을 준비했습니다. 앞에서 말씀드렸듯이 단지 표를 위해서가 아니라 너무 재미있었기 때문입니다. 동네 사람들과 부대끼며 울고 웃고 땀 흘리는 게 도박보다 짜릿하고 담배보다 중독적이었으니까요.

이 4년이 저를 한 사람의 지방정치인으로 키워냈습니다. 91년도에 덜컥 당선되었다면 이런 과정을 겪지 못했을지도 모릅니다. 4년 동안 시의원 활동 열심히 하다가 '할 만큼 했다.'라고 생각하고 훌훌 털어버렸을지도 몰라요. 저는 하나에 깊이 빠져들었다가 다른 분야로 관심을 돌리는 경우가 종종 있거든요.

즉 91년부터 95년까지, 4년의 시간이 없었다면 인생의 절반을 지방정치인으로 활동하지 않았을지도 모릅니다. 그렇게 생각하면 새옹지마이고 전화위복일지도 모르겠네요.

그래서 저는 힘들어하시는 기성 정치인이나 입문하시는 정치 초년생을 보면 조언을 아끼지 않습니다. 힘든 때일수록 초심으로 돌아가 열심히 활동하면 된다는 걸 아니까요.

"목표를 가지세요. 그 목표에 도달할 때까지 죽기살기로 노력하세요. 그러면 반드시 목표에 도달할 수 있습니다."

김영삼 대통령과
유관순 누나

아까 '조직'이라는 말이 나와서 말인데, 제가 조직에 대해서는 일가견이 있습니다.

1992년에 제14대 대통령 선거 때는 경남이 울산하고 분리되기 전이었어요. 그래서 경남에 지구당이 스물세 개, 지구당도 국회의원도 스물세 명이었지요.

이때 여당은 민주자유당이었는데, 민자당 경남도당에 특별청년위원회를 만들어서 제가 총무를 했습니다. 경남도당은 23개 경남지부를 총괄하는 헤드쿼터였어요.

그래서 경남에 있는 스물세 개 지부를 다 다니면서 청년 조직을 만들었고, 이미 청년 조직이 있는 경우엔 더 좋은 조직으로 만들었습니다.

저를 포함한 청년 조직원들과 당직자들이 열심히 뛴 덕분에 고(故)

김영삼 대통령이 정권 재창출에 성공하셨어요. 당선 직후에 천안 유관순 기념관 근처에 있던 민자당 연수원에 가서 축하연도 하고 연수도 받았습니다.

이렇게 저는 정당 조직에 많은 경험이 있었습니다. 앞에서 말씀드렸듯이 87년 6.29 선언 때부터 정치에 뜻을 두었고, <사단법인 한국청년지도자 연합회> 마산지부 회장도 지냈습니다.

물론 둘 다 청년 조직이었고 중앙당의 베테랑들에 비할 순 없겠지만, 동네에서 작은 조직을 만드는 정도는 눈 감고도 할 수 있었습니다.

그렇게 4년이 지난 1995년 6월 27일,
제1회 전국동시지방선거가 실시되었습니다.

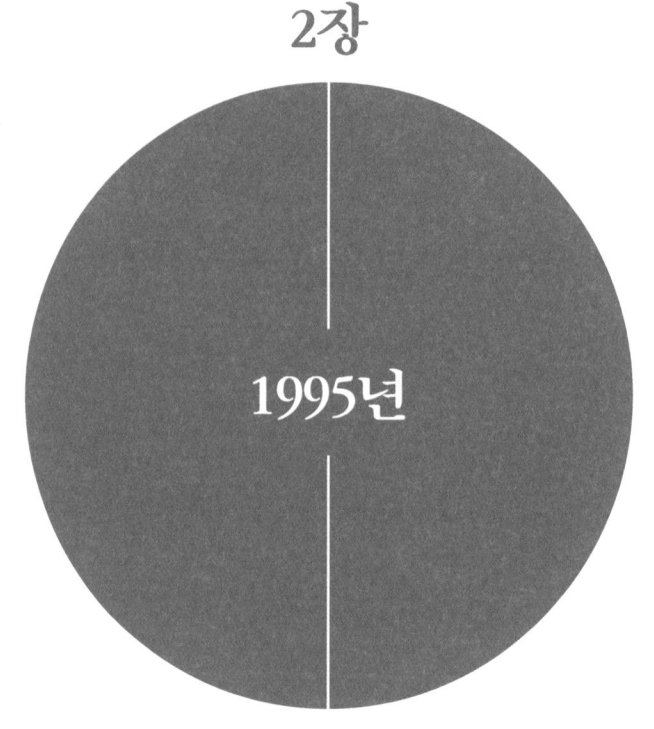

2장

1995년

최연소 당선과 초기 의정활동

합동연설회와
신문기사

    4년 전인 91년에는 추첨으로 기호 1번을 받았지만, 이번에는 2번을 받았습니다. 현역 시의원이 1번을 받았으니 자동으로 2번이 된 겁니다. 이번에는 현역 시의원이랑 저, 이렇게 달랑 두 명밖에 없었으니까요.

    나머지 후보들은 처음부터 출마를 안 했습니다. 현역 프리미엄을 가진 후보와 4년 동안 선거운동을 하는 미친 후보! 이런 동네에 어떻게 출사표를 내겠습니까? 차라리 다른 동네에서 출마하는 게 낫죠.

    물론 말이 그렇다는 거고 정말로 다른 동네에서 출마하는 기초의원이 있다? 웬만해서는 당선되기 어렵습니다. 기초의원 선거는 국회의원 선거와 다르기 때문입니다. 지방선거는 동네 선거고, 동네 선거는 우리 동네 사람인지가 굉장히 중요합니다.

    그래서 저는 저만의 필살 전략을 구사해 왔습니다. 이른바 '지역 밀착형 선거 전략'!! 1978년 12월 10일에 결혼한 이래로 총 스물한 번 거주지를 옮겼고, 그중 절반을 지역구 내에서 이사했습니다. 이사 간 곳마다 제 텃밭으로 만들었고 주민들과 이웃사촌이 되었죠.

이 동네들은 제가 이사 간 뒤에도 저를 찍어주었습니다. 제가 민주당으로 나와도 찍어주고 자유한국당으로 나와도 찍어주셨습니다.

2006년까지는 소선구제라서 지역구가 1개 동이었는데, 2010년부터 중선거구제가 도입되어 6개 동이 되었습니다. 제도가 어떻게 바뀌든 저는 항상 승리했습니다. 기초의원 정당공천제에 대한 항의의 뜻으로 무소속 출마했다가 낙선했던 2006년을 제외하면요.

지역이라는 게 이렇게 무서우니 무리를 해서라도 여러 동네에 이사를 다닐 수밖에 없지 않습니까?

뭐하러 그렇게까지 하느냐, 너무 심한 거 아니냐고 하실지도 모르겠습니다. 하지만 간절해야 합니다. 꿈이 있고 원하는 게 있으면 할 수 있는 모든 방법을 동원해야 합니다. 이것은 오래 전부터 제 천성이자 소신이었습니다. 기능분야의 박사학위라 불리는 기능장 자격증을 사상 최연소로 딸 수 있었던 이유가 여기에 있습니다.

그래서 저는 "이 정도면 됐어."라는 말을 제일 싫어합니다. 자신과의 타협이기 때문입니다. 의정활동을 할 때도, 지역구 내 공사 감독을 할 때도 타협하지 않고 원칙을 지켰습니다. 초등학교 앞 신축 육교의 용접이 덜 되었으니 뜯어내게 하고, 수도관 공사할 때 콘크리트 타설 똑바로 안 했다고 다 파내게 한 이유가 여기에 있습니다.

본격적인 선거유세가 시작되었습니다.

1995년 6월 합동연설회 장면

이때는 합동연설회라는 게 있었어요. 학교 운동장 같은 데서 후보자들이 모여서 연설을 하는 거죠. 그 밖에 개인 연설회도 따로 했습니다.

요즘은 공천 제도가 있지만 이때는 정당 공천이 없었어요. 그래서 진정한 인물 선거가 가능했죠. 우리 지역 우리 동네를 위해 정말로 열심히 일할 사람인가, 깨끗한 사람인가, 생각이 올바로 박힌 사람인가 그런 것만 보고 기초의원을 뽑았습니다. 사람보다 정당이 먼저인 지금보다 훨씬 나았죠.

이때 제가 서른일곱 젊은 나이였고 기능장에 회사 대표다 보니 기자들이 좋게 봐줬어요. 그래서 '기호 2번 손태화' 플래카드가 찍힌 사진을 신문에 넣어주고 그랬어요.

그때는 선거 현수막을 도로 위로 걸었어요. 도로를 가로질러서 걸게 한 거죠. 그래서 후보자들의 현수막이 대로 위에 걸려 있었습니다. 기자들이 제 현수막만 보여주면 얻어 맞으니까 다른 후보 것도 넣어주되, 제 것이 돋보이는 구도로 찍어줬어요. 맨 앞에 손태화 거, 그 뒤에 타 후보 것, 이런 식으로요.

그런 사진 한 번 나가면 몇백 표가 추가되는 겁니다. 예전에는 신문·방송의 힘이 막강했으니까요. 제가 해달라고 한 적 없는데 그렇게 해주셔서 감사했던 기억이 납니다. 어쩌면 그 기자님은 별 생각 없었는데 저만 이렇게 생각하는 건지도 모르겠네요.

요즘은 선거법이 엄해서 이런 경우가 거의 없습니다. 그 대신 5분 발언이나 시정질문을 통해 언론의 주의를 환기하지요. 지역 현안이거나 중요한 문제면 기자들이 기사로 내주니까요. "내가 이렇게 열심히 일합니다."라는 선전 효과를 누릴 수 있습니다만 이제는 별로 의미가 없어지고 있습니다. 얼마나 일을 잘하냐보다 특정 정당의 공천을 받을 수 있느냐가 더 중요해졌으니까요.

와신상담의
보람을 느끼다

이번 선거는 현역 시의원과 손태화의 1대 1 데스매치였습니다. 4년 간의 와신상담 끝에 성사된 리벤지 매치이기도 했고요.

현역 프리미엄, 마산 토박이 프리미엄, 마산상업고등학교 학연, 혈연은 대단했습니다. 제가 그렇게 노력했는데도 개표소마다 50표, 100표 밖에 이기지 못했으니까요. 제일 많이 이긴 곳도 200표가 안 됐을 정도였죠.

하지만 백 표를 이기든 한 표를 이기든 이긴 건 이긴 것! 모든 투표소에서 제가 앞서는 게 확인되자 제 지지자 중 한 분이 그분에게 말했습니다.

"인자 포기하시지예?"

"어데예? 개표 아직 안 끝났습니더."

그분이 믿는 구석은 바로 오리동이었습니다. 4년 전에 8백 표 이상 이겼던 달콤한 기억! 그 기억 때문에 포기하고 싶어도 포기할 수 없었던 겁니다. 아니, 이길 거라고 확신하고 계시더군요. 다른 개표소에서 4~5백 표 지고 있어도 오리동에서 8백 표 이기면 승리하는 거니까요.

하지만 그분의 기대는 미안할 정도로 박살나 버렸습니다.

제가 1천 표나 이겼기 때문입니다.

4년 전에 8백 표 차이로 졌던 오리동에서 1천 표 차이로 승리한 것입니다. 4년 동안의 선거운동이 빛을 발하는 순간이었습니다.

"손태화가 이겼다! 손태화가 양덕1동 시의원이다!!"

지지자들이 진심으로 축하해 주셨습니다.

원칙을 지키는 깐깐한 초선의원

전체 득표수는 6대 4 정도였습니다. 4년 전에 큰 차이로 진 곳에서 박빙이 아닌 대승을 거머쥔 것입니다. 그것도 마산회원구 최연소인 37세의 나이로요. 전국적으로도 30대 시의원은 많지 않았습니다.

95년 7월부터 마산시의회에 등원하기 시작했습니다. 집행기관인 마산시의 업무부터 알아야겠다고 생각해서 내무위원회에 지망했지요. 내무위원회는 여러 개의 상임위원회 중 시정(市政)과 관련된 위원회였습니다.

매일같이 집행기관 사무실을 방문해서 차담을 나누며 공직자들의 의견과 애로사항을 들었습니다. 첫 1~2개월은 비(非) 회기였는데 그 기간 동안 소관 부서들을 다 돌아보았죠.

아침 아홉 시 조금 지나서 과에 가보면 일부 간부 공무원들은 근무

시간이 시작되었는데도 신문을 보거나 노닥거리는 걸 볼 수 있었습니다. 그밖에도 기강이 해이해진 모습을 여러 차례 목격했어요.

'아! 공직사회는 민간 기업과 달리 이렇게 느슨한 면도 있구나!'

공직사회를 폄하할 생각은 없습니다. 하지만 당시에 제가 거래하던 삼성그룹 계열사 두 곳과는 너무나도 비교되더군요.

당시 제 회사는 삼성그룹의 계열사 2곳에 1차벤더로 참여하고 있었습니다. 삼성그룹과 직거래할 정도로 기술력과 경쟁력을 인정받았다는 뜻이죠. 어쨌든 납품과 거래를 하기 위해서는 삼성그룹에서 매년 실시하는 해외연수나 국내 워크숍에 참여해야 했습니다. 참여도나 연수 성적에 따라 평가 점수를 부여받고, 그 점수에 따라 지속거래 가능성, 납품대금 결제방법, 추가물량확보 등의 혜택을 주었거든요.

그런 시스템을 경험하다 보니 자연스럽게 삼성의 철학과 일하는 방식을 배울 수 있었습니다. 90년대 지방 공직사회와는 차이가 크더라고요. 그래서 지방자치단체의 운영을 삼성그룹에 맡겨 보면 좋겠다고 생각하곤 했습니다. 공직사회가 좀 더 투명하고 효율적으로 변할 거라고 생각했죠. 물론 평소에 입버릇처럼 말한 것에 불과했지만, 5분 발언 등을 통해 공식적으로 제안해본 적도 있습니다.

저는 내무위원회 활동을 통해 마산시 공직자들을 감시하고 견제했습니다. 잘못된 점이 있으면 따끔하게 지적했는데 이때 공무원들의 반응이 둘로 나뉘었습니다. 어떤 공무원들은 잘못을 인정하고 "앞으로 잘하겠다."라며 반성했는데, 어떤 공무원들은 잘못을 인정하지 않고 끝까지 잡아떼는 것이었습니다.

전자의 경우는 대부분 덮어주고 넘어갔지만 후자의 경우는 끝까지 추궁하고 징계를 요구했습니다. 앞에서도 말씀드렸듯이 저는 뭐든지 대충 하는 걸 싫어하기 때문입니다. 취미든 회삿일이든 시의회 일이든, 일단 시작했으면 제대로 해야 하며 끝을 봐야 한다는 게 제 신조니까요.

그 결과 마산시의회와 마산시 공직사회에서 철두철미한 의원으로 정평이 나기 시작했습니다. 소신 있는 의원, 불의와 타협하지 않는 의원으로 평가받게 된 것입니다.

대부분의 공무원들은 그런 저를 높이 평가했지만 징계 또는 시정을 당한 일부 공무원들은 저를 비난했지요. 하지만 저는 눈도 깜짝하지 않았습니다. 저는 그 누구보다 열심히 의정활동을 했고 모든 일을 주민들의 입장에서, 주민들의 편의를 위해 했기 때문입니다.

그리고 신바람이 나 있었기 때문이기도 합니다.

뭐가 그렇게 신이 났냐고요?

하수도를 정비하고
어린이 공원을 만들다

1991년에 낙선한 이후, 4년 동안 제 사비를 털어 동네 일을 해왔다고 말씀드린 바 있습니다. 특히 화랑문고는 큰돈이 들어갔었죠.

그런데 이제는 나랏돈을 쓸 수 있게 됐잖아요. 신나는 게 당연하지 않나요?

저는 예산을 받아서 다양한 사업을 시작했습니다. 어두운 골목길에 가로등을 너무 많이 심는 바람에 주민들이 너무 밝다고 불평할 정도였습니다. 도로변에 깔린 하수구를 준설해서 오물을 퍼내고 환경을 정비했지요. 쓰레기와 담배꽁초로 꽉 막힌 하수구 때문에 홍수, 장마 때마다 거리가 엉망진창이 되곤 했거든요.

그런 일이 있을 때마다 시의원이 되면 저것부터 해야지!라고 결심했는데 그 꿈☆이 이루어진 것입니다. 초선의원이었지만 집행부와 의회에 강력히 요청해서 예산을 따냈고, 공사가 시작된 뒤에는 매일 몇 시간씩 둘러보며 진행 상황을 체크했습니다. 토목이나 건축 전문가는 아니었지만 큰 구조물이나 기계를 많이 만들어봤기 때문에 어렵지 않게 내용을 파악할 수 있었습니다. 설계도나 도면에 익숙하다는 점도 큰 도움이 되었고요.

위 사진처럼 도로변을 파내서 썩은 것들을 싹 끄집어낸 다음, 우측 사진처럼 측구(도로변)를 깔끔하게 덮었습니다. 겉과 속이 다 같이 깨끗해진 셈이죠.

제가 듣기론 이 동네가 생기고 최초로 준설을 했다고 합니다. 준설이 끝나고 거리를 걸을 때마다 너무 뿌듯하고 속이 시원했지요.

하수도 준설 사업은 시작에 불과했습니다. 저는 동네 놀이터를 어린이 공원으로 업그레이드하기 시작했습니다.

아래 사진과 같이 썰렁하던 놀이터 두 곳에 3억 원씩 들여서 어린이 공원으로 탈바꿈시켰습니다. 400~500평 정도 되는 공간에 각종 놀이기구를 들여놓고 바닥을 정비해서 아이들이 안전하고 즐겁게 놀 수 있게

1991년 어린이 놀이터

1998년 경 어린이 놀이터

만들었지요.

위 사진은 당시에 찍은 사진인데 요즘엔 더 좋아졌습니다. 진짜 공원처럼 소나무, 느티나무가 심어져 있고 남녀노소 누구나 할 수 있는 운동기구들이 설치되어 있으니까요.

모래가 포설되어 있던 어린이 놀이터 두 곳을 숲속의 어린

2025년 최근 어린이 공원 모습

이 공원으로 조성한 것은 마산시 최초였습니다. 당시 부모님들과 아이들에게 좋은 반응을 얻었고 "역시 손태화!"라는 말도 들었습니다.

하지만 최근 들어 변화가 생겼습니다. 저출산과 학원, 방과후학교 등으로 어린이들을 보기 힘들어진 것입니다. 많은 어르신들이 쉼터로 이용하고 계시지만 씁쓸하고 안타까운 건 어쩔 수 없네요.

폐정수장을
시민공원으로 개장하다

　팔용산 중턱, 등산로 옆에 폐정수장이 하나 있었습니다.

　5만여 마산시민에게 식수를 공급하기 위해 일제강점기 때 만들어진 시설이었죠. 하지만 세월이 흘러 노후화되어 폐쇄되었고, 오랫동안 흉물로 방치되어 있었습니다.

공원 조성 전, 폐정수장의 모습

　이런 걸 내버려두면 손태화가 아니죠. 확인해 보니 기획재정부 소유였습니다. 국유지라는 뜻이었죠.

　저는 시의회로 달려가 5분 자유발언과 시정질문을 요청했습니다.

동료 의원들과 시장님께 폐정수장을 시민공원으로 조성해달라고 호소했지요.

"양덕동 팔용산 폐정수장 부지 3,000여 평을 지역주민이 찾는 명소로 만들어 주십시오!!"

공무원들과 동료 의원들의 공감대를 끌어낸 뒤, 우여곡절 끝에 기획재정부를 설득하는 데 성공하였습니다. 정수장을 철거하여 안전을 확보하고, 시민들을 위한 공원으로 만든다는 조건으로 '국유지의 무상 사용과 공원

조성 승인'을 받아낸 것입니다. 덕분에 공원 조성이 최종 확정되고 예산도 배정받게 되었습니다.

강삼재 국회의원, 김인규 마산시장과 함께 팔용산 체육공원 준공식 후 투어

공사가 끝나고 공원 조성이 마무리되었습니다. 공원 부지의 절반에 인조 잔디를 깔았고 숲길과 데크, 계단, 쉼터와 운동시설 등도 설치되었지요. 이때 명칭은 〈팔용산 체육공원〉이었던 걸로 기억하는데 지금은 〈팔용산 근린공원〉으로 되어 있습니다.

앞 사진은 폐정수장 체육공원 준공식 때 모습입니다. 우리 지역 국회의원이셨던 강삼재 집권당 사무총장님과 김인규 마산시장님이 계시네요. 구청장님과 저도 보이고요. 이런 쟁쟁한 분들이 한자리에 모이는 건 결코 쉽지 않은 일이었어요.

제가 팔용산 체육공원을 기획할 때만 해도 큰 기대를 하지는 않았습니다. 마산은 도심 속 체육공원이 거의 없다 보니 하나쯤은 꼭 있어야겠다는 생각으로 만들었을 뿐이었지요.

팔용산 근린체육공원 전경

그런데 공원이 개장하자 놀라운 일이 벌어졌어요. 시간당 200명이나 되는 시민들이 공원에 몰려온 겁니다. 이 공원이 없을 땐 어떻게 살았나 싶을 정도로 호응이 뜨거웠지요. 저도 놀라고 공무원들도 놀라고 팔용산 산신령도 놀랐습니다.

그 이후로 선거기간만 되면 팔용산 공원에 갔습니다. 동네 사람들을 다 만날 수 있으니까요.

지금도 팔용산 공원은 '우리 동네 핫플레이스'로 사랑받고 있습니다.

야생화 테마공원을 조성하다

팔용산 근린공원 밑에 300평 정도 되는 관사가 붙어 있었어요. 일제강점기 때 정수장 관리인들이 숙식하던 관사였지요.

관사와 정수장의 단차, 즉 높이 차이가 2m 정도 되었는데 뭘 하면 좋을지 고민이 되더군요. 고민 끝에 내린 결론은 흉가 같은 관사를 싹 밀어버리고 야생화 테마공원을 만들자는 거였습니다. 100여 종의 야생화가 가득 피어나면 얼마나 예쁘겠습니까? 모두들 좋다고 했지요.

저는 직접 꽃씨를 심기 시작했습니다. 인건비를 아끼려는 마음도 있었지만 내 손으로 꽃밭을 만들고 싶은 마음이 컸습니다. 어떤 꽃씨는 제 사비를 털어서 사고, 어떤 꽃씨는 기증을 받고, 어떤 꽃은 야생화 그대로 캐내서 심었습니다.

야생화 씨뿌리기

2025년 봄, 야생화 테마공원

　　공원 조성만이 아니라 주변 나무들의 수종 갱신에도 온 정성을 기울였습니다. 편백나무 숲을 만들고 체육공원 주변과 등산로변에는 벚나무를 심었죠. 매년 4월 5일마다 식목일 행사로 나무를 심었는데 최근에는 벚꽃단지가 조성되었습니다. 그래서 4월이 되면 양덕동 벚꽃축제의 장소로 이용되고 있기도 합니다. 어엿한 지역 명소로 자리 잡은 거죠.

　　이렇게 많은 일에 제 돈이 꽤 들어갔습니다.
　　당초 야생화 테마공원의 기본 조성은 마무리했으나 법면(경사면) 등은 예산 부족으로 미완성이었죠. 시장님께 말씀드리니 일부 예산을 주셨는데 그래도 턱없이 부족했습니다.
　　그래도 저는 야생화 테마공원을 계속 만들어갔습니다. 문제는 소나무였어요. 야생화와 달리 소나무는 업자에게서 사와야 했거든요.

　　"사장님 제가 원래 소나무 백오십만 원 드리기로 했잖아요."
　　"그랬지예."

"근데 시에서 돈을 팍 깎아버렸네요. 팔십에 주시면 안되겠습니까?"
"마 그라입시다."

그렇게 80만 원 주고 갖다 심어놨는데 지금 가서 보면 멋지게 잘 컸어요. 심은 지 한 30년 됐는데 수형(樹形)이 아주 예뻐요. 전지만 잘해도 2천만 원은 받을 수 있다고 합니다. 사실 그 당시에도 이삼백만 원은 줘야 되는 거였는데 사정사정해서 그렇게 깎은 거였죠.

제 돈과 시간을 들인 건 소나무뿐이 아닙니다. 공원 안의 석등도 제가 사다 넣었습니다. 진주 인사동 골목에 직접 가서요. 이것도 60만 원 달라는 걸 30만 원만 주고 업어왔습니다.

야생화처럼 피어난
작은 기적

이렇게 정성들여 가꿔놨더니 사람들이 와서 구경하고 사진 찍고 그랬어요. 뿌듯했지만 꽃들이 상하더군요. 예쁘다고 뽑아가는 사람들도 있고요. 큰 나무도 뽑아가는데 꽃은 뭐 쉽잖아요? 그래서 펜스를 쳐놓고 잠 귀놨어요. 펜스 밖에서 눈으로만 봐도 충분하니까요.

그래놓고 관내 초등학교나 유치원에서 견학오면 열어주고 그랬어요. 요즘 같으면 시에서 관리할 텐데 그땐 안 해줬죠. 돈도 한 푼 안 줬고요.

근데 제가 의원 노릇하랴 회사 운영하랴 좀 바빠요? 3부에서 자세히 이야기하겠지만 IMF 이후부터 제가 휘청거리기 시작했거든요. 자연히 관리하기 힘들어져서 에라 모르겠다 하고 문을 열어뒀어요. 야생화 테마파크를 만든 지 3년쯤 됐을 때였죠.

근데 예상치 못한 일이 벌어졌어요. 어떤 사람들이 한밤중에 차를 몰고 와서 차떼기로 파내가버린 겁니다.

그때 야생화가 105종이 심어져 있었는데 20~30종은 흔했지만 나머지는 쉽게 못 구하는 희귀종이었어요. 그걸 싹 다 쓸어가 버린 겁니다. 희귀종은 팔고 흔한 꽃들은 버렸겠지요. 참 나쁜 사람들입니다.

그런데 작은 기적이 벌어졌어요.
팔용공원을 이용하던 주민분들이 꽃밭을 살리자고 나서주신 겁니다. 뒤늦게 정신 차린(?) 시에서도 관심을 갖기 시작했고요.
그래서 '야생화 동산'이라는 이름으로 꽃밭이 다시 살아났어요. 편백나무 숲도 '1000만 그루 나무심기'라는 이름으로 넓히고 정비했고, 숲해설가도 양성하기 시작했죠.
2011년도에는 마산시와 마산회원구청 주도로 '플라워-아트 갤러리' 조성사업이 실시되기도 했습니다. 이 사업은 공원 내부가 아니라 공원 입구 진입로에 화단을 놓고 벽화를 그리는 사업이었지만요.

이렇게 멋진 일들이 "일제시대 폐정수장을 공원으로 만들자."는 제 아이디어에서 비롯되었으니, 제가 어떻게 재미와 보람을 느끼지 않을 수 있겠습니까?

기막힌
민원들

저는 민생사업뿐만 아니라 집행부 견제와 조례제정도 열심히 했습니다. 초선의원이었지만 탁월한 본성과 실력이 드러나기 시작했달까요?

내 얼굴에 금칠하는 것 같지만 실제로 그랬습니다. 다른 의원들과 비교하면 더욱 두드러졌죠. 저처럼 진심으로, 열심히 의정활동하는 의원이 거의 없었으니까요.

그분들이 게을러서가 아니었어요. 시스템 자체가 그랬습니다. 돈을 안 주는데 어떻게 전념할 수 있겠습니까? 그때만 해도 시의원은 무보수 명예직이었어요. 조선시대 향리들이 부패했던 이유도 녹봉이 안 나와서 아니었습니까?

물론 출석일수에 따른 수당은 있었지만 액수가 턱없이 적었죠. 그래서 대부분의 기초의원들이 겸직을 했습니다. 말이 좋아 겸직이지 자기

본업이 우선일 수밖에 없었어요. 일단 먹고 살아야 했으니까요. 시의원 일은 본업을 하다 시간이 남으면 하는 게 당연시되었죠. 이런 상황이니 애향심에 불타던 초선의원들도 시들해질 수밖에요.

하지만 저는 달랐어요. 여러 차례 말씀드렸듯이 제가 좋아서 의정활동을 했으니까요. 월급쟁이나 자영업자가 아니라 회사 대표라는 점, 그 회사가 최소한의 관리만 해주면 알아서 돌아갔다는 점도 중요했지요.

저는 매일 아침 일찍 공장 두 곳에 출근해서 작업을 지시하고, 결재를 완료한 다음 의회에 등원했습니다. 의회 내 사무실에 앉아 지역의 발전을 위해 무엇을 할 것인지 고민하고 검토하기 위해서입니다.

제 지역구인 양덕1동은 단독주택이 많은 도심이었습니다. 고속버스터미널과 시외버스터미널, 마산역이 반경 500m 이내에 위치해 있어 사통팔달 교통이 편리한 지역이었죠.

주민들의 목소리를 들어보니 골목길 가로등 설치 민원이 가장 많았습니다. 시외버스 터미널 뒤쪽 동네에서 특히 많았는데, 다름아닌 퍽치기들 때문이었어요. 시외버스 터미널 뒤쪽에 500m쯤 되는 길에서 퍽치기 범죄가 많았거든요. 형사들이 퍽치기들 잡으러 동네 돌아다니고 그랬습니다.

그래서 마산시에서 가장 먼저 가로등 예산을 확보해서 관내에 설치하기 시작했지요. 전임 시의원은 4년 임기 동안 열 개도 못 달았는데 저는 몇 배나 많이 달아줬어요.

그랬더니 동네끼리 싸우기 시작하더군요. "우리 동네 먼저 해주소!" "머라카노 우리 동네가 먼저다!" "저 동네는 저래 밝은데 우리 동네는 와

안해주노?"

"아이고 만다꼬 싸웁니까? 걱정 마이소. 내 임기 4년 안에 싹 다 달아드릴께예."

그때 가로등 하나 세우는 데 100만 원쯤 들었어요. 100등 달아봤자 1억밖에 안 되잖아요.

그래서 100미터에 하나씩 설치되어 있는 가로등을 50미터마다 세워드렸어요. 그렇게 동네 전체를 다 해드렸더니 밤에 안심이 된다며 좋아들 하시더군요.

요즘엔 이렇게 못합니다. 제가 의욕이 떨어져서가 아니라 세상이 변했습니다. 가로등 하나 달려면 온갖 동의 다 받아야 되고 참 복잡합니다. 옛날에는 관에서 한다고 하면 순응하는 그런 게 있지 않았습니까? 그게 좋다는 게 아니라 분위기가 바뀌었다는 말씀을 드리는 것뿐입니다.

그러던 어느 날 주민 한 분이 전화로 항의하시더군요.

"아니 이거 가로등 때문에 밤에 밝아서 미치게쓰요!"
"아 주무시는데 방해가 됩니까?"
"그기 아이고 밤일을 몬한다 아입니까! 우리는 밝으면 안 된다고요!"

지어낸 얘기가 아니라 100% 실화입니다. 가로등을 끄든지 치우든지, 창문에 페인트를 발라주든지 해달라고 화를 내시더군요.

하는 수 없이 그집 창가 가로등은 껐던 걸로 기억하는데, 나중에 생각해보니 암막커튼 같은 걸 달면 되지 않나? 싶긴 하던데, 하여튼 그 분 입장에서는 심각한 일이었던 거지요.

그런데 이보다 더 황당한 민원도 있었습니다.

"손태화 의원! 왜 우리집 앞에 가로등을 달아줍니까?"
"네??"
"내가 해달라 소리도 안 했는데 와 해주냐고!"

알고 보니 이분은 전임 시의원의 친구였습니다. 전임 시의원에게 가로등을 놔달라고 부탁했는데 안 해주더랍니다. 그런데 친분도 없는 제가 가로등을 놔드렸더니 뭔가 기분이 나쁘셨나 보더라고요.

"아니 앞에 시의원이 내 친군데, 내가 가로등 놔달라 할 때는 돈 없어서 못해준다 카더니, 당신은 왜 해달라는 소리 안 했는데 해주노 이 말이다!"

참으로 황당했습니다. 민원을 안 들어준다고 화내는 사람은 봤어도 해준다고 항의하는 사람은 처음 봤으니까요. 하지만 그분은 진지하고 강경했습니다. 가로등을 세우던 공사 책임자가 빨리 와보셔야 할 것 같다고 전화를 했을 정도였으니까요.

저는 "그분은 그분이고 저는 접니다."라고 말씀드리며 가로등 사업의 당위성을 설명드렸어요. 다행히 그분도 금세 수긍하셨던 기억이 납니다.

선(先) 육교
후(後) 확장

2024년 3월 1일 기준, 양덕초등학교 학생 수는 526명입니다. 하지만 90년대에는 3,000명이 넘었어요. 학생이 너무 많아서 1부, 2부로 나누어 수업할 정도였죠.

아이들이 위험하게 횡단하는 모습

문제는 학교 앞 4차선 도로였습니다. 등·하교 시간마다 초등학생들이 몰려들었는데, 신호등만으로는 사고를 막기 어려웠지요. 그래서 학부모들과 지역 주민들이 육교 설치를 강하게 요구했습니다.

사실 전임 의원도 이 문제를 해결하려고 했지만, 끝내 육교 설치를 하지 못했습니다. 이유는 간단했어요. 당시 해당 도로는 4차선이었는데, 몇 년 내로 6차선으로 확장될 예정이었거든요.

그래서 공무원들이 육교 설치가 불가능하다고 한 거였습니다. 6차선 확장이 완료되어야 육교를 설치할 수 있다는 거였죠. 토지보상 같은 복잡한 문제도 얽혀 있었고요.

하지만 저는 받아들일 수 없었습니다. 토지보상이나 도로 확장이 얼마나 걸릴지 몰랐으니까요. 사고의 전환이 필요했습니다.

저는 공무원들에게 이렇게 제안했습니다.

"어차피 도로 확장을 하려면 이 앞에 있는 건물들을 보상해야 하지 않습니까? 그렇다면 보상을 먼저 하고 육교부터 설치하는 것이 맞지 않습니까?"

육교 쪽 토지 보상을 먼저 한 다음 6차선에 맞게 육교를 설치하면 되지 않느냐는 뜻입니다. '선(先) 육교, 후(後) 도로확장'인 셈이죠.

이 주장이 받아들여져서 1996년 12월 15일에 육교 설치가 확정되었고, 1년 반 만인 1998년 3월 21일, 양덕초등학교 앞에 설치되었습니다.

당시 육교 설치 비용은 8억 원이었습니다. 30년 전에 8억이면 꽤 큰돈이었죠. 중앙정부가 아니라 지방정부의, 그것도 한 명의 시의원에 의해 제안된 사업치고는요.

어쨌든 어린이들이 육교로 안전하게 등하교하기 시작했습니다. 90년대 버스나 택시들이 얼마나 빠르고 험하게 다녔는지 기억하시죠? 교통사고와 교통체증도 동시에 줄어들었고요. 그러자 3,000여 명 학생들의 학부모들이 저를 칭찬했고, 지역구 주민들 사이에서 입소문이 빠르게 퍼져나갔습니다.

"손태화 글마, 일 억수로 잘하네!"

라고요.

단군 이래
이런 육교는 없었다

그런데 이 육교에도 우여곡절이 있었습니다.

1997년 겨울밤, 저는 양덕초등학교 앞 도로변에 서서 육교를 기다리고 있었습니다. 정확히 말하면 육교가 아니라 육교로 설치할 철구조물을 기다리고 있던 거였죠.

시간이 밤이었던 이유는 교통흐름 때문이었습니다. 육교 같은 대형 구조물은 교통량이 적은 밤에 설치하는 것이 원칙이었으니까요.

그런데 예정 시각을 지나 밤이 깊도록 오지 않더니, 자정쯤에야 현장에 도착했습니다. 저는 손전등을 들고 철구조물을 살펴보았습니다. 한눈에 보기에도 문제가 있었죠. 저는 현장 책임자를 불러서 말했습니다.

"이 육교는 설치 몬합니다. 작업하지 마세요."

"네? 갑자기 그기 무슨…?"

황당해하는 현장 책임자에게 설명해 주었습니다. 육교 같은 대형 철구조물은 철판을 교차시켜 용접하거나 리벳을 써서 고정해야 하는데, 외부에서 봐도 용접이 20~30%밖에 안 되어 있다고요. 그러자 현장 책임자가 미심쩍은 표정으로 물었습니다.

당시 실제 육교 내부 사진

"근데 누구십니까?"
"대한민국 최연소 기능장, 이런 쇳덩어리 만드는 회사 사장, 그리고 우리 동네 시의원입니다."

최대한 근엄하게 말했지만 책임자의 반응은 뜻밖이었습니다.

"그래서요?"
"내가 이 육교 만들자고 한 사람이에요."

하지만 현장 책임자는 "니가 뭔데? 니 뭐 돼?"하며 설치를 강행하더군요.

다음 날 아침에 다시 현장을 찾았습니다. 밤사이 육교는 설치되어 있었습니다. 설치하지 말라고 했는데 밤새 작업한 거였습니다.

저는 즉시 마산시청 건설도로과 감독관을 불러 현장을 확인하게 했습니다. 공무원과 업체 관계자들이 함께 논의한 결과 부실 제작이 명백히 확인되었습니다. 저는 강하게 요구했습니다.

"이대로 설치하면 몇 년 내로 붕괴 사고가 발생할 수 있습니다. 철거하고 다시 만들어야 합니다."

하지만 시공사와 감독관들은 공사를 멈추지 않았습니다. 회의를 한답시고 며칠 쑥덕거리더니 "설치된 상태에서 용접 보강을 하겠다."라고 하더군요. 저는 강력히 반대했습니다.

"육교 같은 대형 구조물은 설치된 상태에서 용접을 하면 내부 응력이 생겨요. 뒤틀리고 비틀린다 이 말입니다! 무조건 철거하고 재제작해야 됩니다!"

하지만 제 요구는 받아들여지지 않았습니다. 보강 용접 후 안전진단을 받는 방향으로 결정되었죠.

그후 몇 달간 보수·보강 작업이 이루어졌고, 1,000만 원 정도를 들여서 구조안전진단을 맡겼습니다.

안전진단 첫날, 용역회사에서 구조물 기술사 자격을 가진 전문가가 현장에 나왔습니다. 저는 한 시간 동안 육교의 문제점을 10가지 이상 설명해 줬습니다.

처음에는 "이 사람 뭐지?"하는 표정으로 쳐다보던 기술자에게 기능장 자격증을 보여줬습니다. 그러자 그분의 태도가 확 바뀌었습니다. 기능계의 박사학위라 불리는 최고 권위의 자격증이었으니까요.

그때부터 그 기술자는 제 말에 무조건 동의했습니다. 그분 못지않은 전문가인 제가 조목조목 문제점을 이야기하는데, 어떻게 반박할 수 있겠습니까? 그렇게 안전진단이 싱겁게 끝났습니다. 담당자가 1개월 내로 결과가 나올 거랬는데 3개월이 지나도록 말이 없더라고요. 담당 공무원한테 왜 결과가 안 나오냐고 물어보니 불합격했다 하더군요. 결국 설치되던 육교를 철거하고 재제작하기로 결정되었습니다. 우리나라 최초이자 유일하게 준공되지 못하고 철거 후에 재설치된 육교가 된 것입니다.

이 일은 전형적인 하도급 문제였습니다. 입찰을 통해 진주의 한 업체가 시공을 맡았지만, 이 업체는 다시 삼천포시의 하도급 업체에 공사를 넘겼습니다. 부실공사가 나올 수밖에 없는 구조였던 것입니다.

재시공된 육교의 모습

저는 이 부실공사를 끝까지 밝혀내고 육교를 새로 만들게 했습니다. 안 그랬으면 수천 명의 학생과 시민들이 언제 사고가 발생할지 모르는 위험한 육교를 이용해야 했을 겁니다.

이것은 제가 초선 의원으로서, 공학적 지식과 기술적 직관을 바탕으로 부실공사를 막아낸 사례였습니다. 저에게 전문성이 없었다면 꿈도 못 꿀 일이었지요.

육교도 문제지만
도로도 문제였습니다

저는 제가 예산을 따내거나 기획한 사업은 반드시 직접 확인합니다. 한두 번도 아니고 몇 번이나 가서 직접 보곤 하지요. 심지어 매일 가서 확인한 적도 많습니다.

현장에 가면 항상 사진을 찍습니다. 몇 달씩 걸리는 공사는 최소한 수십 장의 사진이 생깁니다. 휴대폰이 없는 시대엔 디지털 카메라나 일회용 필름 카메라를 이용했지요.

사진을 찍는 이유는 간단합니다. 공정마다, 단계마다 제대로 하는지 확인하기 위해서입니다. 그 자체로 기록이 되기도 하고요. 그렇게 확인해서 문제가 있으면 불러서 시정을 요구했습니다. 기능장인 제가 사진까지 제시하며 요구하면 대부분 잘못을 인정하고 재공사를 하더군요.

물론 그렇지 않은 경우도 많았습니다. 육교가 놓인 양덕초등학교 앞

6차선 확장 공사가 바로 그런 경우였습니다.

앞에서 말씀드렸듯이 도로 확장보다 육교 설치가 먼저 이루어졌습니다. 육교가 완공되고 한참 뒤에 도로 확장이 시작된 것입니다.

일요일에 카메라 갖고 나가보니 공사가 한창이에요. 도로 양쪽에 300㎜ 정도 되는 하수관을 묻는데 콘크리트 타설도 안하고 그냥 6인치짜리 블록 위에 하수관을 놓고 있더라고요.

원래 250㎜가 넘으면 밑에 콘크리트를 깔아야 됩니다. 콘크리트 위에 도마를 놓고 그 위에 하수관을 놔야 돼요. 그렇게 안하고 흙이나 블록 위에 바로 놓으면 처짐 현상이 생겨서 누수 발생 가능성이 커집니다. 하수관 연결부위 같은 데서 구정물이 새는 거죠.

그런 상황이 돼도 알 수가 없어요. 상수도가 터지면 땅 위로 솟아오르지만 하수도가 터지면 땅속으로 스며드니까요. 오수가 땅에 스며들면 당연히 오염되고 썩어버려요. 심하면 지하수가 오염되고 나무나 농작물이 죽어버리죠.

그 지경이 되어 악취가 진동해도 어디가 어떻게 잘못된지도 모릅니다. 위에를 아스팔트나 시멘트로 발라버렸는데 어떻게 압니까?

그래서 제가 공사하는 분들에게 말했습니다.

"그거 그래 하시면 안 됩니다."

"당신 누구요?"

"내가 여기 동네 시의원이요. 이 사업 이거, 도로 확장하는 사업 따온 사람입니다. 여 책임자 좀 불러보세요."

"책임자 지금 없는데?"

"그럼 책임자한테 분명히 이야기하세요. 이따위로 공사하지 말라고요. 세멘(시멘트)으로 기초를 만들어서 안 하고 이렇게 도마만 깔고 하면 안되는 거 모릅니까?"

"……."

"단디 해도 내리앉고 터져뿌리는데 이래 대충하면 우얍니까? 이거 이대로 덮어뿌리면 나중에 파냅니데이? 내가 봤고 사진 다 찍어놨으니 이대로 몬 넘어갑니다. 그니까 중단하세요. 공사 하지 마시라고요."

인부들이 투덜거리기 시작했습니다.

"당신이 뭔데 이래라 저래라 하노?"
"작업 중단돼서 공치면 책임 질끼가?"

그러면서 공사를 계속하더군요.

"알았습니다. 후회할 낍니다."

그렇게 말하고 자리를 떴습니다. 그리고 도시하천 등의 현안을 둘러보고 있었는데, 네 시쯤 되니까 휴대폰에 불이 나기 시작하더군요. 받아보니 시청 공무원들이었죠. 인부들이 감독관한테 연락하고 감독관이 담당 공무원한테 연락했나 보더군요.

"의원님 지금 하는 구간까지만 좀 봐주십시오. 거기 길바닥 파헤친 거 내일까지 안 덮으면 난리 납니다. 안 그래도 도로변 상가들이 매상 떨어진다고 입이 댓발 나와 있는데예, 진짜 난리 납니다."

"거 상가 난리 나는 건 내하고는 볼 일 없고, 나중에 그 하자 그거 누가 책임질 낍니까? 인제는 내가 당신한테 공사 하라캐도 문제고 하지 말라캐도 문제요. 내가 하라 캤다가 문제 생기면 손태화가 하라 캐서 했다고 할 끼고, 하지 말라고 하면 나 때문에 공사 늦어졌다고 할 거 아니오?"

"아니 의원님 그게 아니라요……."

공무원들이 꼼짝 못합니다. 저는 다음 날 바로 현장 가서 공무원들 불러놓고 도면 갖고 따지거든요. 저기 저짝에 함 파 보소. 저 봐라 도면대로 안 했제? 내가 그거 사진도 찍어놨데이. 이거 인제 우얄낀데? 공사 계속할 끼가? 니 감당할 수 있겠나? 이런 사람이거든. 도면도 볼 줄 알고 큰 기계 만드는 회사 사장이고 기능장이니까 제일 아픈 데만 찔러. 내 분야가 아니더라도 조금만 공부하면 다 알고요.

나중에 3부에서 이야기하겠지만 제가요, 중학교 3학년 때 사이클 선수만 안 했으면 인문계 가서 판검사가 됐을 사람입니다. 운동하기 전에는 명문고 갈 성적이 되고도 남았다니까요?

어쨌든 이런 게 시의원의 역할입니다. 국회의원이 중앙정부를 감시하듯 기초의원은 지방정부를 감시해야죠. 두 눈을 시퍼렇게 뜨고 살펴봐야 합니다. 그래야 교묘하게 장난을 못 칩니다. 잘 모르는 분야라고, 귀찮다고, 좋은 게 좋은 거라고, 자치단체장과 정당이 같다고 견제 감시 안

하면 누가 피해 봅니까? 주민들이 보지 않습니까?

그런데 참 답답할 때가 많아요. 의욕을 가진 기초의원들이 열심히 해보려 해도 이상한 데서 발목이 잡힙니다. 여러 번 말씀드렸듯이 정당이 기초의원 공천권을 가져서 그렇습니다. 지역의 일꾼이 아니라 정당의 일꾼이 되는 거예요. 그게 무슨 지방자치입니까? 중앙정치의 지역 대리점이지.

기초의원들의 전문성과 자질 부족도 문제입니다. 많은 분들이 기초의원들의 갑질이나 추태를 지적하곤 합니다. 잘못하면 욕먹는 게 당연하지만 시스템 자체도 문제입니다. 기초의원에 대한 대우와 처우가 열악하니 유능한 인재가 못(안) 들어오고 있어요. 다양한 경험과 경력을 가진 청렴한 인재들이 지방의회에 들어오게 해야 합니다. 기초의원 연봉이 예전보다는 올랐지만 최저생계비 수준에 불과합니다. 의원들이 겸직이나 부정부패의 유혹에 취약할 수밖에 없죠.

이런 부분들은 2부에서 다시 말씀드리겠습니다.

애들 밥 먹이는 건 양보 못합니다

1990년대 중반부터 학교 급식이 시작되었습니다. 그전에는 대부분의 학생들이 도시락을 싸갖고 다녀야 했습니다.

전면급식이 시작되자 초등학교 급식소가 생겨났습니다. 그런데 제 지역구에 있는 양덕초등학교는 아직 안 된다지 뭡니까?

그때 제 고향 밀양에 계시는 집안 형님이 경상남도 교육위원을 하고 계셨어요. 그분께 좀 알아봐 달라고 부탁드리니까 "학교의 규모에 따라 순서가 있는데, 그 때문에 양덕초등학교의 급식소 순서가 뒤로 밀린 거야."라고 하시더라고요.

"형님 저는 순서 그딴 거 모르겠고 우리 애들 밥 먹여야겠습니다. 도와주십쇼."

그분이 손을 써서 양덕초등학교 급식이 앞당겨지게 됐어요. 그런데 이번에는 양덕초 교장이 거부하더군요. 왜 거부하시냐 했더니 정해진 순서를 무시하고 먼저 시작하면 교장 모임 같은 데 가서 눈치 보이고 욕먹는다 그러시더라고요.

저는 교장선생님을 설득하면서 경상남도 교육위원께 부탁드렸어요. 끝까지 추진해 달라고요. 이렇게 우여곡절 끝에 급식이 시작됐습니다.

2부제를 했으니 3천 명의 학생들이 아침에 1,500명, 오후에 1,500명씩 등교했는데 오후반 아이들은 밥을 먹고 왔어요. 그러니까 1,500명분만 만들면 되는데, 500명씩 세 번에 걸쳐서 밥을 먹였습니다.

마산회원구 양덕초등학교의 최초 급식 모습

애들 밥 먹는 거 한번 보세요. 정말 뿌듯하지 않습니까? 저는 빈농의 아들이고 푼돈 벌려고 보리이삭 줍던 촌놈이라 밥 먹는 거에 민감합니다. 체질상 소식하는 편이지만 밥 굶는 건 진짜 싫거든요.

SBS 공익 기능장려 캠페인에 출연하다

    1991년부터 2006년 6월 말까지는 지방의원의 보수가 없었습니다. 무보수 명예직이었던 셈이죠.

    다만 회의참석 때마다 7만 원을 줬습니다. 1년에 회의일수가 80일이었으니 전부 출석하면 560만 원을 받을 수 있었지요. 사실상의 무료봉사였는데 이걸 3선에 걸쳐 11년 동안 했습니다.

    이와 같이 의원 활동이 지역사회에 대한 봉사의 개념이였기에 겸임이 가능했습니다. 하지만 겸임을 이유로 기초의원 활동을 등한시하거나, 의정활동 과정에서 얻은 고급 정보를 사적인 이익을 위해 이용하거나, 자신이 소유하거나 밀접한 관계가 있는 회사에 몰아주는 등의 폐단이 만연했습니다.

    그러나 저는 전혀 그런 일이 없었습니다. 황금알을 낳는 거위를 가

화성정공㈜ 개업식에서

졌는데 뭐하러 그런 쩨쩨한 짓을 하겠습니까? 28세에 창업한 화성정밀은 날로 번창하고 있었고, 덕분에 함안에 대지 2천 평을 현금박치기로 구입해서 공장을 세웠습니다. 이 회사가 바로 〈화성정공 주식회사〉입니다.

화성정밀과 화성정공㈜ 모두 승승장구했습니다. 그래서 잘나가는 청년사업가로서 지역의 찬사를 받았습니다. 실로 제 인생의 황금기라 할 수 있는 시기였지요.

한편 1996년 말부터 1997년 초까지, SBS에서 〈임꺽정〉이라는 드라마를 방영했습니다. 당시에 제일 핫한 드라마였죠. 본방은 일주일에 두세 번 해줬고 유선방송에서 하루 다섯 번씩 재방송을 해줬어요. 그러다 보니 많은 사람들이 이 드라마를 봤죠.

그 당시에 노동부 산하 한국산업인력관리공단에서 공익광고를 SBS에 줬는데, 임꺽정이 제일 잘나가니까 임꺽정에 넣었어요. 공익광고가 드라마 시작 전에 한 번, 끝나고 한 번 나갔는데 그중에 한 편이 바로 제 이야기였어요.

이 공익광고의 제목은 〈기능장려캠페인-기능인 손태화편〉이었습니다.

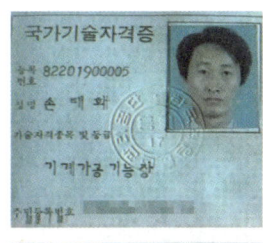  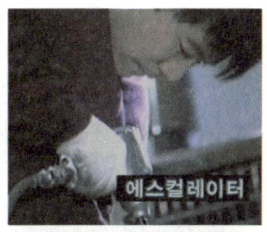
 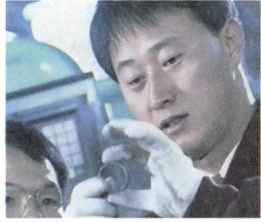 

　맨 처음 기계가 돌아가고 "그들의 손이 세상을 만들어간다."라는 자막이 뜹니다. 그리고 "기술 하나를 밑천으로 시작했습니다."라는 제 목소리와 함께 기계가공 기능장 자격증 등이 오버랩되었죠.
　"기능대학을 졸업하고 14년 만에 이룬 그의 공장."이라는 여성 성우의 나레이션과 함께 공장에서 일하는 모습이 보였고, 어두운 공장을 배경으로 "미래가 암담하고 불안할 때 여기서 해답을 얻었습니다."라는 제 목소리가 다시 나왔습니다.
　다음 장면에 제 딸들이 나와서 "아빠 사랑해요." "아빠 자랑스러워요."라고 국어책 읽듯이 말했고, 아내가 "존경합니다."라고 딸들보다는 자연스럽게 대사를 쳤습니다. 그리고 온 가족이 백화점에 가는 모습, 피아노를 치는 모습 위로 "기술 하나로 가족의 행복까지 얻었습니다."라는 나레이션이 흘러갔지요.
　다음 장면은 제가 지구본을 돌리며 "언젠가는 이 기술로 세계를 움직일 겁니다."라고 말하는 모습이었고, "기능인 여러분의 어깨에 우리의 내일을 맡깁니다."라는 여성 성우의 목소리, "SBS 기능장려 캠페인, 한국산업인력공단과 함께했습니다."라는 남성 성우의 목소리와 함께 영상이 끝났습니다.

지금 보면 모든 면에서 유치하지만 좋은 추억으로 남아 있습니다. 게다가 정치인으로서 인지도를 높이는 데 큰 도움이 되어주었죠. 드라마 〈임꺽정〉의 인기가 좋아서 굉장히 많은 분들이 이 광고를 보셨거든요. "정치인은 자기 부고(訃告)만 아니면 모든 언론 노출을 좋아한다."는 말도 있지 않습니까? 그때 정말 많은 분들이 알아봐 주시고 격려해 주셨습니다. 방송의 힘을 실감했었죠.

SBS 촬영팀이 회사로 와서 일주일 정도 찍었는데 제작비가 1억 5천 들었다고 하더군요. 공장을 찍다 보니 자연스럽게 회사 기계들이 노출되었는데, 그중에 제일 큰 기계가 바로 아래 사진의 기계입니다.

독일산 양문형 발드리치지겐사 프레이너

이 기계는 독일 '발드리치-지겐(Waldrich-Siegen)사(社) 양문형 프레이너'라 불리는데 무게가 500톤이나 되었어요. 기둥 한 개가 50톤이었고 가로 4미터, 세로 4미터 정도였지요. 이렇게 큰 기계는 당시 중소기업에 거의 없었습니다.

설비가 큰 만큼 공작물의 크기도 컸습니다. 폭 4미터, 높이 4미터, 길이 10미터씩 되는 제품을 올려서 제작하는 거였어요.

제가 정치를 하지 않고 회사만 했다면, 저 큰 기계들로 사업만 열심히 했다면 지금쯤 재벌이 돼 있을 텐데, 라고 가끔 생각하곤 합니다.

다른 사람은 몰라도
손태화는 못 이긴다

1998년도 지방의원 선거철이 다가왔습니다.

저는 이번에도 당선을 의심하지 않았습니다. 누구보다 열심히 발로 뛰고 손으로 일하고 머리로 들이받으며 일해왔으니까요. 진인사대천명(盡人事待天命)이라는 거창한 말이 필요가 없었죠.

91년 선거 때는 동사무소가 어딘지도 모르고 나왔으니 낙선이 당연했어요. 사실 2등 했다는 게 기적이었죠. 저 같은 후보가 당선이 되었으면 오히려 그게 더 문제였을 겁니다.

하지만 95년 선거는 앞에서 말씀드렸듯이 제가 4년 동안이나 칼을 갈고 와신상담 했잖아요? 이거는 못 이기는 게 이상한 선거였죠.

당선이 되고 나서도 열심히 일했고 동네 사람들 민원도 많이 들어줬어요. 그중에는 사적인 민원들도 많았죠. 회사 어디 취직시켜 달라는 사람도 많았고 아들이 사고를 쳐서 변호사 선임해야 되는데 도와달라는 분들도 있었어요.

"손태화가 베슬(벼슬) 달더니 변했다"는 소리 듣기 싫어서 더 열심히 도와드렸죠. 물론 공권력을 동원하거나 권한을 남용한 적은 없습니다. 제 개인 인맥과 돈이 허락하는 한 최대한 도와드렸고, 해결이 안 돼도 끝까지 들어드리려 노력하는 모습을 보여드렸을 뿐.

제가 사람이 좋고 착해서가 아니라 그 자체가 재미가 있고, 일이 잘되어 고마워하시는 모습에 보람을 느꼈기 때문이에요. 돌이켜보면 저는 그런 종류의 사람인 것 같아요. 어떤 사람은 권력을 얻어서 군림할 때 희열을 느끼고, 어떤 사람은 갈등을 조정하고 중재자 역할을 할 때 만족감을 느끼며, 또 어떤 사람은 멋진 예술작품을 만들 때 기쁨을 느끼잖아요? 저는 다른 사람의 문제를 해결해주고 모두의 인정을 받을 때가 제일 뿌듯하고 행복한, 그런 사람인 것 같습니다.

그래서 98년 지방선거도 걱정을 안 했어요. 워낙 지지율이 높았으니까요. 95년 때보다 더 높았죠.

단 한 가지 아쉬운 점은 임기가 단축되었다는 거였어요. 지방의원의 임기는 4년인데 3년으로 줄은 겁니다. 99년이 아니라 98년에 지방선거 하고, 2년 뒤인 2000년에 국회의원 선거를 하자, 이렇게 된 거지요.

'이 재밌는 걸 3년밖에 못하다니…' 아쉬웠지만 어쩔 수 없었습니다. 그때는 중앙정부와 국회의 힘이 아주 강했으니까요. 사실 지금도 크게 달라지진 않았습니다. 한국의 지방자치는 역사도 짧고 조선시대로부터 이어져 내려온 강력한 중앙집권적 전통이 너무 강하니까요.

어쨌든 선거철이 다가오던 1998년, 후보 등록 시점을 한 달 남겨놓고 강삼재 국회의원이 저를 불러 말했습니다.

"손태화 의원 이제 도의원 해라. 내가 밀어줄게. 경남도의원 할 사람 없다."
"행님, 아니 의원님 지는 시의원 계속하고 싶습니다."
"그래…? 하는 수 없지."
"……??"

알고 보니 저를 도의원으로 올리고 다른 사람을 시의원으로 밀어주려는 거였더군요.
저는 지역구 국회의원실이 아니라 경남도당으로 입당한 지 오래였고, 한국청년지도자연합회(한청) 활동 등을 통해 인맥도 두터웠습니다. 그래서 경남도당 행사에 가면 주역으로 대우받았는데 지역구 당직자들의 눈에는 위험해 보였나 봐요. 어느 순간부터 지역구 행사장에 가면 찬밥 취급을 하기 시작하더군요. 낙동강 오리알이 따로 없었죠.

"손태화가 똑똑하고 일 잘한다고 소문이 자자하다."
"키도 크고 돈도 많고 당에 아는 사람도 많다 아이가? 시의원 두어 번 하고 나면 반드시 국회의원 할라칼 끼다."
"손태화 저거 키워주면 안 된다."

이런 소문이 쫙 퍼져서 이렇게 탄압을 받았어요.
알고 보니 그런 움직임은 91년부터 이미 있었더군요. 티가 날 정도는 아니었고 제가 둔해서 모르고 있었던 것뿐!

하지만 95년에 당선되어서 시의원 일을 기똥차게 해내고, 98년 선거까지 출마하려고 하자 본격적으로 견제가 들어오기 시작한 겁니다.

어쨌든 우여곡절 끝에 98년에도 시의원으로 출마했습니다. 손태화가 나온다고 하니까 아무도 출마를 안 했어요. 다들 "손태화 저거는 못 이긴다"라고 생각한 거죠.

그래서 무투표로 당당히 당선되었습니다.

여성·아동·청소년을 위한 조직개편 모범사례

1998년 6월 4일에 치러진 제2회 전국동시지방선거(광역단체장, 기초단체장, 교육감, 광역의회의원, 기초의회의원)에서 무투표 당선되었습니다.

재선에 성공한 것입니다.

그로부터 한 달 뒤인 98년 7월에는 마산시의회 내무위원장으로 선출되었습니다. 31명의 시의원 중 세 번째로 어린 41살의 나이로 상임위원회 위원장이 된 것입니다. 이러한 기세를 타고 더욱 활발한 의정 활동을 전개할 수 있었습니다.

약 3개월 후인 98년 10월 임시회에 마산시 조직개편안이 올라왔습니다. 그러자 시청 직원들이 내무위원장의 면담을 요청했어요. 마산시 공무원 조직에 여성, 아동, 청소년 담당부서가 없으니 조직개편때 꼭 반영해 달라는 요청이었습니다.

당시 마산시 인구수는 50만6,330명이었고 합포구와 회원구가 설치되어 있었습니다. 당시 이홍원 행정국장님을 내무위원장 방에 오시게 하여 여성·아동·청소년과 신설을 골자로 하는 조직개편을 요청했습니다. 하지만 국장님은 검토는 해보겠지만 불가하다고 하시더군요.

"91년도에 지방의회가 생긴 이래로 의회에서 이런 요청을 하는 건 처음입니다 위원장님."

하지만 저는 물러서지 않았습니다. 제 제안이 관철되지 않으면 이번 임시회에 조직개편안을 상정하지 않겠다고 강경대응에 나섰지요. 하지만 집행기관인 마산시장은 불가 방침을 고수했습니다. 결국 10월 임시회의에는 조직개편안이 상정되지 않았고, 시간이 흘러 98년 마지막 정례회의가 다가왔습니다.

정례회의 개시 10여 일 전부터 행정국장께서 계속 찾아오셔서 조직개편안을 원안대로 통과시켜 달라고 요청하셨습니다. 하지만 저는 단호했습니다. 여성, 아동, 청소년과를 설치하지 않고는 통과시킬 수 없다고 맞섰지요.

회기 시작 4~5일 전에 마지막 협의가 시작되었고, 시장님의 결단으로 여성·아동·청소년과가 포함된 조직개편안이 통과되었습니다.

그런데 마산시청 본청이 협소해서 여성·아동·청소년과 사무공간이 없었습니다. 당시 윤봉현 의장님과 상의 끝에 의회동 1층에 신설과의 사무공간을 만들어 드렸지요.

당시 여성계장은 김정화, 아동계장 강금수, 청소년계장 오봉재 님이었습니다. 조직개편 요청 때 같이 왔던 7급 복지직 공무원은 사무관으로 승진한 뒤, 석전동 행정복지센터 동장으로 근무하고 있지요.

이 일은 지방의회가 주도한 모범적인 조직개편 사례였습니다.

정의감에 불타는
열혈 재선의원이 되다

    1995년에 처음 당선된 후, 임기 후반기에 마산시의회 내무위원회 간사가 되었습니다. 지금은 내무위원회가 기획행정위원회로 바뀌었고 간사는 부위원장이라고 부릅니다.
    1998년에 재선되고 난 후, 7월 1일부로 내무위원장이 되었습니다. 재선을 하고 나니 마음에 여유도 생기고 전체적인 판을 읽을 수 있겠더군요.
    그런데 재선인데도 불구하고 마산시의원 중에 세 번째로 어렸습니다. 나이가 마흔하나인데 저보다 젊은 의원이 거의 없었죠. 그래서 자연스럽게 소장파를 대표하는 의원으로 인식되기 시작했습니다.
    젊은 패기에 재선이라는 경험이 더해지자 무서울 게 없더군요. 소장파의 거두(?)답게 옳은 일엔 쌍수를 들고 환영하고 잘못된 일에는 지위고하를 막론하고 쓴소리를 쏟아냈습니다. 물론 마산시장도 예외가 아니었습니다.

그런데 하필 그때 마산시장이 뇌물죄로 기소가 됐습니다.

당시 마산시장과 저는 형님 아우하는 사이였어요. 시장으로 당선되신 분은 (새)한국청년지도자연합회 고문이었거든요. 그래서 저와 오래 전부터 잘 알고 지내는 사이였죠.

그분은 1995년에 치러진 첫 지방동시선거에서 무소속으로 나와서 마산시장에 당선되었어요. 3년 뒤인 98년에는 한나라당 공천을 받아 재선되었고요.

제 입장에서는 친한 형님이 마산시 시장이 되신 겁니다. 그런데 얼마 후에 뇌물죄로 기소가 된 거예요.

앞에서 말씀드렸듯이 이때 저는 정의감에 불타는 열혈 청년, 아니 장년이었습니다. 그래서 시장 방에 찾아가서 말했습니다.

"행님 사표 내이소!"

"뭐라꼬? 야 이놈아! 니가 내를 행님이라 카고 내가 니를 제일 아끼는 아우라꼬 하는데! 그런 놈이 내한테 우째 이랄 수가 있노? 마산시민 12만 명이 내가 무죄라고 탄원서 써준 거 모리나?"

"행님 내한테는 진실을 말씀해 주이소. 뇌물 받았습니까 안 받았습니까?"

"나가라! 다시는 행님이라 부르지 마라!"

"알았습니다. 갈게요."

저는 시장실을 나가다가 돌아보며 말했습니다.

"시장님이 아마 노후에 자서전 쓰실 텐데, 자서전에 손태화 이름이 꼭 한 줄 들어갈 겁니다!"
"안 나가나 자슥아!"
"내가 본회의장 가서 발언할 겁니다. 시장 사퇴하시라고."
"해라 인마!"

얼마 뒤에 열린 본회의에서 실제로 말했습니다.

"시장님 사퇴하세요!"
"내는 죄가 없기 때문에 사퇴 몬합니다!"
"그래요? 그럼 하지 마세요!"

당시 시장님은 당선무효형이 확정되어 시장직에서 물러났습니다.

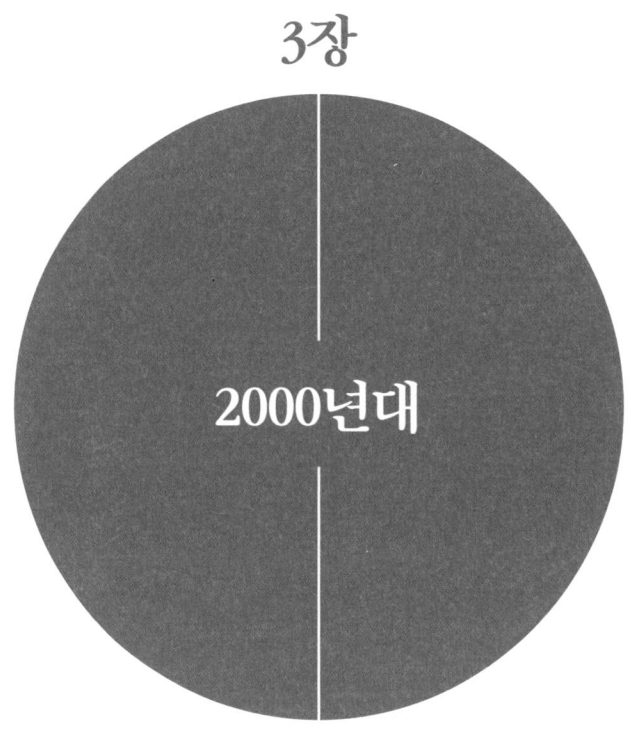

3장

2000년대

발로 뛰는 젊은 시의원

3선 의원의
꿈★이 이루어지다

    2002년 6월 13일, 목요일에 치러진 제3회 전국동시지방선거에서 여유롭게 당선되었습니다. 세 번 다 무소속이었지요.

    저는 마산시 대로변과 중앙분리대에 화단을 설치하자고 제안

2002년, 2006년 선거벽보

했고, 봉암동 봉암공단 봉양로 주변 녹지대 조성도 건의하여 반영시켰습니다.

또한 골목길 가로등 예산을 마산시에서 가장 많이 확보하여 '가장 밝은 양덕1동'을 만들었고, 우수관로(속칭 하수도) 정비사업을 서둘러 마무리해 32개 읍·면·동 중 으뜸이 되었습니다.

이러한 의정활동의 결과로 지역주민들의 지지가 더욱 확고해졌습니다.

이것을 잘 보여주는 예들을 소개하겠습니다.

새벽 두 시에 찾아온 민원인

어느 날 새벽 두 시쯤 누군가가 집 대문을 두들겼습니다.

쾅쾅쾅쾅쾅!

"의원님! 손태화 의원님 쫌 나와보이소!"
"무슨 일입니까? 술을 자셨으면 발 닦고 주무셔야지 지금이 몇 신데-"
"의원님 지금 주무실 때가 아닙니다! 대충 걸치고 퍼뜩 나오소!"

그분을 따라가니 아파트 공사장이었습니다. 양덕1동 관내에 미군부대 보급창고로 쓰였던 부지가 있었는데, 그곳에 짓고 있던 아파트 현장이었죠.

현장에 가보니 난리도 아니더군요. 수십 명의 주민들이 한 명을 감금하고 고함을 지르며 싸우고 있었습니다. 어떻게 된 일인지 알아보니 기가 막히더군요.

얼마 전, 아파트를 짓는 과정에서 주변 주택 주민들의 피해 민원이 발생했던 적이 있습니다. 제가 그 민원 해결을 위해 중재를 맡아 보상금을 지급받도록 해드렸죠.

그런데 주민대책위원장이 그 보상금 중에서 수백만 원을 가져가고, 일부 비상대책위원들도 백만 원이 넘는 돈을 가져간 반면, 일반 피해 주민들은 20~30만 원밖에 못 받았다는 사실이 밝혀진 것입니다.

분노한 주민들이 준공을 앞둔 아파트 관리동 2층에 주민대책위원장을 감금하고 보상금 재분배를 요구하고 있던 거였습니다. 저는 곧바로 중재에 나섰습니다. 흥분한 주민들을 진정시키고 감금되어 있던 대책위원장을 협상 테이블로 불러낸 뒤, 주민대표들과 밤새도록 협의해서 문제를 해결했습니다.

결국 비상대책위원장과 대책위원들이 가져갔던 보상금을 전액 회수하여 공정히 재분배하기로 합의했습니다.

그리고 저는 아침햇살을 받으며 집에 돌아와 잠자리에 들었습니다.

집단 민원 처리의
달인이 되다

　　2002년 6월 지방선거 당시, 옛 안기부 터에서도 재개발 아파트 공사가 한창 진행 중이었습니다. 이 아파트의 이름은 신성미소지움아파트였고 200세대가 조금 넘는 규모로 기획·설계된 단지였습니다.
　　저는 이 아파트의 정문 방향을 북쪽에서 서쪽으로 변경해 드렸고, 정문 앞 도로 폭을 10m에서 15m로 확장해야 한다고 도시계획 심의에서 강력히 요구한 바 있습니다. 북쪽과 동쪽의 소방도로도 양방향 모두 확장해달라고 요청했고요. 그리고 결정적으로, 200세대 이상으로 설계되었던 아파트 규모를 180세대로 축소함으로써 도시계획 승인을 받게 해 드렸습니다.
　　그런데 그 아파트 주변은 전부 단독주택지였어요. 단독주택에 살던 주민들이 공사 피해 보상을 요구하며 집회를 벌이고 있었죠.

당시 우리 동네에 출마했던 시의원 후보 두 명은 집회 시작부터 참석하고 있었습니다. 하지만 저는 집회가 시작된 지 서너 시간 후에야 현장에 도착했지요.

현장에 도착하니 경찰서 과장, 마산시 공무원, 동사무소 동장과 직원 등 많은 관계자와 주민들이 모여 있었습니다.

저는 마이크를 잡고 말했습니다.

"안녕하십니까 여러분! 시의원 손태화입니다!
아시다시피 저는 주민 여러분의 주거환경을 쾌적하게 만들기 위해 애써 왔습니다! 이 아파트 공사로 인해 주변 주민 여러분께서 피해를 보신 부분이 있다면, 꼭 합당한 보상을 받도록 책임지고 해결해 드리겠습니다!
여러분의 요구사항을 서면으로 전달해 주시면 제가 책임지고 처리할 테니까, 집회를 중단하시고 가정과 생업으로 돌아가 주십시오!"

그 결과 집회는 4시간 만에 중단되었고, 주민들께서는 지역에서 가장 많은 보상금을 지급받았습니다. 물론 제가 노력한 덕분이었죠.

시공사인 대상건설 측은 집단민원이 빠르게 해결된 덕분에 공기를 2개월이나 앞당길 수 있었습니다. 덕분에 수익이 크게 늘었고 감사의 뜻으로 준공 후 지역주민들과 잔치를 했습니다.

그리고 저는 아파트 공사 현장과 관련된 집단민원을 원만하게 처리하는 '집단민원의 달인'으로 인정받을 수 있었습니다.

음해를
은혜로 갚다

　제 지역구인 양덕1동에 대동시장 상가아파트가 있었습니다. 2005년에 이 아파트의 재건축 절차가 진행되었는데, 당시 마산시 도시계획심의위원회에서 네 번이나 부결되는 바람에 진행을 못하고 있었습니다. 만약 또다시 부결되면 사업 진행 자체가 불가능한 상황이었지요. 왜냐하면 재건축 추진 도중에 법이 바뀌었기 때문입니다.

　2003년에 〈국토의 이용에 관한 법률〉이 개정되어 토지의 종류가 세분화되었습니다. 예를 들어 일반주거지역은 1종, 2종, 3종 일반 주거지역처럼 말이지요.

　대동시장 상가아파트는 법 개정 전에는 '준거주지역'에 해당했습니다. 준거주지역의 용적율은 450%였는데, 새 법이 발효되는 2005년부터는 용적율이 220%인 '2종 일반주거지역'으로 바뀌게 되는 상황이었죠.

이렇게 되면 수익성이 나빠져서 재건축이 불가능해질 수 있었습니다.

그런데 재건축조합은 네 번이나 부결되었는데도 제게 도움을 요청하지 않았습니다. 그래서 저도 관련 내용을 잘 모르고 있었지요.

그러던 어느 날, 재건축위원회에서 뿌린 A4 용지에 이상한 얘기가 적혀 있었습니다. 재건축이 네 번이나 부결된 것도, 그 결과로 재건축 자체가 무산될 위기에 빠진 것도, 전부 손태화 시의원이 도움을 주지 않아서 그런 거라는 주장, 아니 음해였습니다.

저는 그런 줄도 모르고 있다가 어느 지지자가 그 종이를 전해줘서 알았습니다. 저는 곧바로 재건축 조합장을 찾아가서 말했습니다.

"내일 총회에서 손태화한테 도와달라고 한 적 없다고 실토하세요. 주민총회에서 공식 사과하고 그 자리에서 도움을 요청하면, 무슨 수를 써서라도 도시계획심의 통과되게 해드리겠습니다."

조합장은 자기의 잘못을 뉘우치고 주민들 앞에서 공개 사과를 했습니다.

앞에서 말씀드렸듯이 5차 도시계획심의회의에서도 부결되면 재건축이 사실상 불가능했습니다. 저는 재건축 조합장과 함께 도시계획심의 위원들을 한분 한분 찾아다니면서 사업의 당위성을 설명했어요. 그리고 왜 자꾸 부결되는지 물어봤습니다.

"도심에 나홀로 아파트가 들어서면 안 됩니다."
"이보세요 위원님! 그 논리대로면 소규모 아파트는 아무데도 못 짓는단 말입니까?"

물론 따지기만 한 건 아니었습니다. 재건축을 해야 하는 당위성을 설명하며 읍소하기도 했지요.

"이 아파트는 마산에서 그중 제일 오래된 아파틉니다. 노후화가 심각한데 재건축 추진과정만 7~8년이 넘어요. 근데도 재건축 할 끼라고 수리도 제대로 몬했습니다. 만약에 이번 심사에서도 부결되면 흉물 아파트가 되어버릴 껍니다!"

제 간절함이 통한 걸까요? 다섯 번째 심의에서 결국 재건축이 승인되었습니다. 새로 지어진 아파트는 180여 세대의 소규모 아파트지만 근처 아파트들의 가격이 폭락할 때도 가격이 유지되었을 정도로 인기가 있었지요.

지금도 유한미소안 아파트를 볼 때마다 '그때 정말 잘했구나!'하는 생각이 들곤 합니다.

담장 허물기의 귀재가 되다

　2002년, 3선 의원이 되어 양덕1동 관내 아파트 6곳의 담장을 허물어 주거환경 개선에 앞장섰습니다. 담장이 있던 자리에는 3억여 원을 들여 멋진 자연석과 조경수를 식재하였고요.

　또한 마산시청을 비롯하여 동부경찰서, 마산세무서, 양덕초등학교의 담장을 모두 철거하고 개방형 공간으로 전환하는 사업을 추진했습니다. 이 사업에는 총 10억 원이 넘는 시비(市費)가 투입됐습니다. 특히 양덕초등학교의 경우 학교 양쪽에 방음벽까지 설치했는데, 설치비가 상당히 많이 들었지만 전액 시비로 진행되었습니다.

　담장을 허물기 전에는 청소년들의 비행이 큰 문제였습니다. 중·고등학생들이 밤늦게 학교 담장을 넘어가 담배를 피우거나 싸움을 벌이곤 했으니까요. 그래서 밤 열두 시 넘어서 경찰차가 오는 경우가 흔했습니다. 일주일에 적어도 두세 번씩 발생했었죠.

하지만 담장을 철거하자 담장 밑 으슥한 공간에서 나쁜 짓을 하기 어려워졌습니다. 학교 운동장 일부를 공원화하고 야외 운동기구를 설치하여 한밤중에도 주민들이 자유롭게 이용할 수 있도록 개방한 것도 효과가 좋았습니다.

더 나아가 학교 뒤편의 낡은 창고와 관사를 철거하여 주차장으로 만들었습니다. 그러자 낮에는 교사들이, 밤에는 주민들이 한결 편하게 주차할 수 있게 되었습니다.

이렇게 학교 공간을 밝고 개방적으로 만들자 청소년들의 일탈 행위가 크게 줄었고, 인근 주민들 또한 한밤중에 경찰차의 사이렌 소리에 잠을 설치는 일 없이 편안한 밤을 보낼 수 있게 되었습니다.

설득은 공무원도 춤추게 한다

옛날에 지어진 아파트들은 아파트 자체도 문제지만 담장도 문제입니다. 오래되다 보니 언제 쓰러질지 모르기 때문입니다. 미관상 안 좋은 건 둘째치고 너무 위험하지요. 그래서 담장도 허물어 버리거나 새로 세워야 합니다. 저는 이 노후 담벼락 문제에도 많은 관심을 기울여 왔습니다.

늘 그렇듯이 문제는 돈입니다. 마산 시절에는 양덕1동에서 담장 허무는 사업을 했었는데 그 사업이 없어져 버렸어요. 그래서 구청 공무원들이 예산 지원을 못 해줬죠. 그렇게 아무 성과 없이 1년 정도가 흘렀습니다.

그 사이에 상황이 바뀌었어요. 노후 아파트들의 담벼락이 기울기 시작한 겁니다. 특히 어느 아파트는 기울어진 게 육안으로 보일 정도였죠. 측정해 보니 5도 정도 기울어져 있었어요.

그 아파트는 200세대가 채 안 되는 영세민 아파트라서 수선충당금도 없었습니다. 그래서 수리 여력이 전혀 없었죠. 하지만 그대로 두면 차량은 물론이고 사람들까지 위험했습니다.

저는 기울어진 담벼락에 노란색 경고줄을 거미줄처럼 쳐 놓은 뒤, 구청장과 관련 공무원들을 소집해서 따졌습니다.

"이 담장 이거 넘어지면 누가 책임질 겁니까? 차량이 파손되거나 사람이 다치면 우짤낀데요?"

현장에서 위급한 상황을 직접 목격한 구청장께 정책 자금이라도 달라고 졸랐습니다. 그 결과 약 1억 원의 예산을 확보할 수 있었습니다. 정부 예산이 아니라 순수 시비(市費)였지요.

그 예산 덕분에 답답하고 흉물스럽던 담장이 사라졌습니다. 그 대신 아래 사진처럼 자연석을 이용해서 시원하고 아기자기하게 조경까지 해 드렸답니다.

예전 담벼락 윗면에는 도둑 방지용 철제 창살이 꽂혀 있었어요. 그런데 워낙 오래되다 보니 녹이 슬어서 위험하고 보기에도 안 좋았습니다. 아시다시피 녹슨 철에 긁혀 상처가 나면 큰일날 수 있거든요.

그랬던 담장을 철거하고 환경을 정비하니 아파트 미관이 좋아졌고, 집값도 올라서 주민들이 아주 좋아하셨습니다.

이번 케이스처럼 예산이 미리 편성되어 있지 않은 사업을 요구하면 대부분의 공무원들은 할 수 없다고 말합니다. "법적으로 할 수 없다는 조항은 없지만 지금까지 안 했기 때문에 못 준다"라고 주장하기도 하고요.

하지만 저에겐 그런 논리가 안 통합니다. 저는 꼭 필요하다고 판단하면 될 때까지 요구합니다. 될 때까지 끈질기게 밀어붙이는 것, 그것이 저만의 예산 확보 노하우인 셈이죠.

방금 말씀드린 담벼락 공사도 예산 편성이 바로 되는 게 아니었어요. 예산 편성은 한 번에 되는 일이 아닙니다. 오늘 이야기한다고 바로 돈이 나오는 게 아니거든요. 올해 안 되면 내년에 요청하고 내년에도 안 되면 내후년에 요청해야 합니다.

그렇게 꾸준히 밀어붙이면 결국 공무원들이 돈을 내줍니다. 공무원이 바뀔 때마다 새로 설득해야 하지만, 제가 오래 버티니까 결국 성과를 내는 거예요. 저는 이런 식으로 많은 사업들을 이끌어 왔습니다.

붙돈 떼를 쓰거나 억지를 쓴다는 말은 아닙니다. 사업의 당위성을 담당 공무원에게 납득시키는 게 중요합니다. 공무원이 스스로 움직이게 만들어야 하기 때문입니다. 창의적인 아이디어와 협상의 기술도 중요하고요.

무엇보다 중요한 건 맞는 일을 하는 겁니다. 틀린 일, 주민들이 아니라 나 자신을 위한 일, 잘못되거나 필요 없는 일을 밀어붙이는 건 민폐일 뿐이니까요.

방금 제가 '될 때까지 밀어붙인다.'라고 말씀드렸는데요, 실제로는 몇 년 내로 공무원들이 제 말이 맞았다는 걸 깨닫는 경우가 더 많습니다. 제가 오래 전부터 "이거 해야 됩니다!"라고 말했을 땐 무시하던 공무원들이 뒤늦게 찾아와서 자문을 구하는 경우가 바로 그것입니다. 그러면 저는 해당 사업을 어떻게 기획하고 실행하면 좋을지 A부터 Z까지 이야기해주곤 하지요.

가족을 협박하는
노점상에 맞서다

　소계천은 창원시 의창구와 마산회원구의 경계선을 가로지르는 지방하천입니다. 정확히는 의창구와 마산회원구의 경계선이 소계천 중앙을 통과하고 있죠.
　과거 통합 이전의 마산시는 소계천의 상류 구간을 복개하여 200여 대를 수용할 수 있는 복개 주차장으로 사용하고 있었어요. 이후 창원시도 소계천 하류 구간을 복개하려고 했지만, 당시 이명박 서울시장이 청계천을 복원하면서 전국 지방자치단체에서 하천 복개 사업을 중단하게 되어 추진되지 못했습니다. 그 결과 소계천의 중·하류 구간은 관리의 사각지대로 방치되었죠.
　2010년에 마산시와 창원시가 통합된 이후, 저는 소계시장 주변의 노점상과 포장마차를 정리하고 소계천을 정비하는 사업을 적극 추진했습니다. 당시 소계시장 및 소계천 주변 도로는 수십 년 동안 불법 포장마차들이 무단 점용해 왔습니다. 그래서 도로의 기능을 제대로 하지 못했고 포장마차에서 발생하는 생활폐수가 소계천에 흘러들어 하천 오염이 심각한 상태였어요.

소계천 포장마차 당시 모습

저는 약 3년 동안 의창구청 및 창원시 지역경제과와 협력하여 정비사업을 준비했습니다. 포장마차 상인들과 끈질기게 대화하고 설득하려 애썼지만 쉽지 않았죠.

이 과정에서 일부 포장마차 사장님들이 야간에 집까지 찾아와서 행패를 부렸습니다. 아내와 딸들이 불안해했고 저도 걱정이 되었습니다. 저야 키도 크고 '깡다구'가 있으니 상관없지만 여자들은 아니잖아요. 험상궂은 사람들이 문을 발로 차고 고함을 질러대자 겁에 질리는 모습이 안쓰러웠습니다.

하지만 저는 물러서지 않았습니다. 앞에서도 말씀드렸듯이 옳다고 믿는 일은 끝을 봐야 직성이 풀리는 성미니까요. 꼭 필요한 일이라면 직을 걸고라도 끝까지 밀어붙이는 성격이었기에 결국 철거가 확정되고 집

소계천 포장마차 정비 후 최근 모습

행이 시작되었습니다.

철거 당일, 경찰서와 소방서를 비상 대기시킨 가운데 철거작업이 진행됐습니다. 쉽지 않은 과정이었지만 3년 동안의 끈질긴 설득과 소계시장 상인들의 적극적인 협조 덕분에 다행히 아무런 사고 없이 깨끗하게 마무리될 수 있었어요. 당시 고생한 관계 공무원들께는 지금도 진심으로 감사한 마음입니다.

소계천 정비사업 추진과
예산 확보 과정

　소계천 하류 정비는 또 다른 문제였습니다. 상류는 복개 후 주차장이 들어섰고 중류는 포장마차 철거 후 일방통행로 및 데크로드 설치가 완료됐지만, 하류 구간은 여전히 심각한 상태였어요.
　의창구 쪽은 자연녹지로 방치되면서 불법 건축물이 난립해 있었고 마산회원구 쪽은 주택가로 둘러싸여 소방도로조차 없는 위험한 상황이었죠. 특히 창원육교 아래 소계천 하부 공간은 전혀 정비되지 않아 안전상 문제가 매우 심각했습니다.
　저는 하류 구간 정비를 위해 낙동강 특별회계 예산 8억 원을 신청했습니다. 그런데 예산 심의 과정에서 문제가 발생했어요. 당시 건설교통위원회 위원장과 부위원장은 "낙동강 특별회계는 낙동강 본류와 지류에만 사용할 수 있다"고 주장했고, 저는 "본류와 지류뿐만 아니라 경상남도

준용하천인 소계천까지도 사용할 수 있다"고 맞섰죠. 이 과정에서 상임위원회 역사상 보기 드물게 고성이 오가고 소란이 이어졌습니다.

건설교통위원회 위원장과 부위원장은 창원 의창구가 지역구였고 저는 마산회원구가 지역구였어요. 창원이 지역구인 위원장과 부위원장은 낙동강 특별회계의 사용 범위를 창원 쪽에 한정시키려 했고, 저는 창원과 마산의 경계인 소계천을 정비하려는 거였습니다.

상황이 쉽게 정리되지 않자 제가 말했습니다.

"일단 예산을 통과시키고, 최종적으로 국토교통부와 법제처에 질의해서 결론을 냅시다!"

하지만 위원장과 부위원장은 만만치 않았습니다. 창원시의회 입법고문(변호사)에게서 받은 자문 의견서를 들이밀며 예산 삭감을 강력히 주장했지요. 물론 그 의견서에는 "소계천 정비에는 낙동강 특별회계를 사용할 수 없다"고 적혀 있었고요.

저는 끝까지 국토교통부와 법제처의 공식 답변을 받아 결정해야 한다고 주장했습니다. 그래서 예결위 표결에서는 삭감 없이 예산이 통과되었는데, 본회의 심의 중에도 소관 상임위 부위원장이 조건부 승인을 요청했습니다.

"추후 관문질의 답변에서 사용 불가라는 답이 오면 예산을 집행하지 않는다는 조건을 넣어주십시오!"

결국 이 조건대로 본회의를 통과했습니다.

얼마 후 국토교통부의 공식 답변이 도착했습니다. 결과는 "낙동강 특별회계는 낙동강 본류와 지류뿐만 아니라 경상남도 준용하천 정비사업에도 사용할 수 있다"는 저의 주장대로였죠.

이 일을 통해 지방의원으로서 중요한 교훈을 얻었어요. 입법 자문이나 법률 고문의 의견은 어디까지나 참고자료일 뿐이라는 사실!

그런데 현장에서는 법률 고문의 의견을 그대로 수용해서 의사결정을 내리는 의원들이 많습니다. 의견 대립이 첨예하지 않은 경우엔 더욱 그렇습니다.

하지만 저는 법률가들의 의견을 100% 신뢰하진 않습니다. 다소 시간이 걸리더라도 정부 소관부처나 법제처에 공식 관문질의를 통해 명확한 답변을 얻은 후에 진행하시라고 말씀드리고 싶습니다.

팔용터널 옆 도로와 옹벽 이야기

이 도로는 동부교회 앞에서 팔용터널 입구까지 이어지는 길입니다. 산을 깎아서 4차로로 확장한 도로인데 폭은 20m이고 높이가 6~7m쯤 됩니다.

팔용터널 입구도로 4차로 확장 및 옹벽 벽화 사업

이 도로는 도심 교통량 해소가 절실한 구간이었습니다. 그래서 제가 확장을 추진하여 정체 완화와 주민 편의를 도모했습니다.

그런데 공사 중에 안타까운 일이 있었습니다. 포크레인 기사 한 분이 도로공사 작업 중 사고로 돌아가신 겁니다. 그런 큰 사건이 있었던 곳이라 기억에 깊이 남아 있습니다.

보시다시피 옹벽도 눈에 띕니다. 지금으로부터 10년 전에 2천만 원 들여서 칠한 벽화가 아직도 선명하게 남아 있네요.

사진을 보니 그때 페인트 칠하던 모습이 떠오르네요.

소중한 우리 주민들
비 맞지 마시라고

시외버스 터미널에 캐노피(지붕)를 설치했습니다. 이 터미널은 민자 터미널인데, 1980년대에 이전해서 지금까지 45년 정도 됐어요. 한 40년 됐을 시점에 계산해 보니 연간 420만 명이나 이용하시더군요. 매일 1만 2천 명 정도가 오가는 셈이죠.

문제가 뭐냐면 비가 오면 비를 맞고 버스를 타야 한다는 거였어요. 위에 지붕이 없었거든요. 그래서 제가 공무원들에게 말했습니다.

"시민들이 이렇게 불편해하는데 예산 좀 주세요."

공무원들은 법적 근거가 없다고 반대했지만 끝까지 밀어붙여 2억 원의 예산을 받아냈습니다. 그 예산으로 마산 합성동 시외버스 터미널에 캐노피를 설치했지요. 알고 보니 민간 터미널 캐노피 설치에 처음으로 시 예산이 투입된 케이스라 하더군요.

그 결과 아래 사진처럼 훌륭한 빗물막이가 생겼습니다. 이런 게 별 거 아닌 것 같아도 참 의미있는 사업이고, 조금 거창하게 말하면 지방자치의 존재 의미라고 생각합니다.

마산 합성동 시외버스터미널 캐노피 설치

비슷한 사례가 또 있어요. 어린이 공원을 연설장으로 바꾼 적이 있죠. 3억 원을 들여서 공원화를 하고, 다목적으로 활용하게 했던 일 기억나세요?

또 다른 예로는 방범 초소도 있습니다. 주거환경 정비사업을 하고 나니 땅이 30평 정도 남았어요. 시에서는 그걸 팔아버리려고 했는데 제가 그랬죠.

양덕1동 방범초소 설치

"여기 방범 초소로 쓰게 해주세요!"

당시 땅값이 1억 5천만 원 정도 되었는데, 컨테이너 설치에 2천만 원 들여서 초소를 만들었어요. 덕분에 아래 사진처럼 넉넉하고 편리한 방범초소가 생겼답니다. 주민들이 더 안전해진 건 당연하겠죠?

인생 최악의
위기가 시작되다

 2006년부터 기초의원 선거가 중선거구제로 바뀌었습니다. 제 지역구에도 변화가 생겨서 6개 행정동에 8만 명의 인구를 아우르게 되었지요.
 커진 지역구 안에는 초등학교 6곳, 중학교 6곳, 고등학교 4곳, 4년제 대학교 1곳, 종합운동장, 창원NC파크 마산야구장, 자유무역지역(국가산업단지 승격), 봉암공업단지, 삼성창원종합병원, MBC방송국, 경남도민일보 본사, 고속버스터미널, 시외버스터미널, 합성동 지하상가, 3·15국립묘지, 무학소주 본사, 하이트진로 공장 등이 밀집되어 있습니다.
 하지만 그곳에 저는 없었습니다.
 2006년 선거에서 낙선하고 동네를 떠났기 때문입니다. 다시는 선거에 출마하지 않겠다고 다짐하면서요.
 저는 왜 낙선했을까요? 뭔가 큰 실수를 한 걸까요?

그렇지 않습니다. 저는 이때부터 이미 기초의원에 대한 정당공천제가 지방자치를 죽일 거라는 신념을 갖고 있었습니다. 기초의원들을 국회의원들의 시녀로 만들고, 지방정치를 중앙정치의 '똘마니', '시다바리'로 전락시키기 때문입니다.

일본말을 써서 죄송하지만 이보다 더 정확한 표현을 모르겠습니다. '하수인'이나 '수족(手足)'이라는 표현은 제가 느꼈던 분노와 절망을 제대로 표현하지 못하니까요.

"슬픔도 노여움도 없이 살아가는 자는 조국을 사랑하고 있지 않다."
러시아의 문호(文豪) 네크라소프가 한 말입니다.

저는 슬픔과 노여움으로 정당공천을 거부했습니다. 그래서 무소속으로 출마했고 당당히 낙선했습니다.

사실 이유는 또 있었습니다. 제가 3선을 하고 지역에서 워낙 인기가 있으니 국회의원들이 저를 경쟁자로 보기 시작한 겁니다. 그래서 실제로 공천을 안 주려고 했어요. 손태화 저거 더 키워주면 안 된다는 공감대 같은 게 있었던 거죠.

다음 장에서 나오지만 저한테 의지가 있었다면 무슨 수를 써서라도 공천을 받아내고 출마를 했을 겁니다. 한번 시작하면 끝을 보는 성격인데다 한나라당 인맥도 좋았으니까요.

하지만 제 소신과 정반대되는 정당공천제가 실시되니 그러기가 싫더군요. 정당공천제 하면 안 된다고 부르짖던 놈이 공천 달라고 줄서는 것도 자존심 상했고요. 경상도 사투리로 "쪽팔린다 아입니까?"

여기까지 읽으셨으면 제가 얼마나 열심히, 오랫동안 지역에 봉사했는지 아실 겁니다. 하지만 이 책에 실린 내용조차 극히 일부에 불과합니다. 1991년 첫 번째 낙선 직후부터 2006년 두 번째 낙선 직전까지, 15년 동안 지역과 이웃을 위해 얼마나 헌신해 왔는지 다 쓰지도 못합니다.

하지만 작은 불편과 불만이 있을 때마다 저를 찾던 주민들은, 민원을 해결해드릴 때마다 손태화가 최고라던 주민 분들은, 손태화가 아니라 정당에 표를 주었습니다.

한나라당의 파란색 점퍼도, 열린우리당의 노란색 점퍼도 아닌 '무소속' 손태화에게는 표를 주지 않은 깃입니다.

상대 후보가 저보다 나아서도 아니었습니다. 제 지역구에서는 대통령도 이길 자신이 있었습니다. 물의를 일으키거나 태만한 적도 없었습니다.

오직 거대 양당 중 하나에서 공천을 안 받았다는 이유로, 15년의 헌신과 능력을 깡그리 무시당한 것입니다.

네, 저도 한나라당 당직자였습니다. 앞에서 말씀드렸듯이 내천이라는 비공식적 공천제도도 있었습니다. 하지만 '시민' 손태화가 정당에 소속되어 있다는 것과 '시의원' 손태화가 정당 소속이라는 건 완전히 다릅니다. 지역 국회의원이나 지구당의 공천을 받아서 '그 당을 대표하는' 후보가 되는 건 다르다는 뜻입니다.

2000년대 초중반에 제가 "기초의원의 정당공천제 하면 절대로 안 됩니다!"라고 외칠 때 관심 갖는 사람은 별로 없었습니다.

하지만 20년 가까이 지난 지금, 제가 예견했던 폐해들이 그대로 나타나고 있습니다. 중앙정계의 '높으신 분'의 뜻과 필요에 따라, 정당의 당론과 입장에 따라 기초의원들이 휘둘리고 있습니다. 자치단체장과 지방의회 다수당이 같으면 견제와 비판이 마비되고, 다르면 행정과 협치가 마비되는 현상이 지금 이 순간에도 비일비재합니다.

저는 정치에 염증을 느끼고 주민들에게 실망을 느꼈습니다.

비슷한 시기에 사업도 완전히 망해버렸습니다. IMF의 여파였지만 어이없는 일들이 겹쳤습니다.

대한민국 최연소 기능장, 500톤짜리 독일산 거대 기계가 설치된 사업체를 세 개나 갖고 있던 3선 시의원이 전재산을 압류당해 길거리에 나앉을 신세가 되었습니다. 끼니조차 때우지 못해 밥을 굶는 기막힌 현실에 피눈물을 흘렸습니다.

하지만 제가 그렇게 열심히 도와줬던 주민들은 저를 도와주지 않았습니다. 애초에 제가 우는 소리를 하며 돌아다니지도 않았고요.

저는 조용히 창원으로 이사를 갔습니다.

모든 것을 잃고 절망과 배고픔에 빠져 있었습니다.

이때 얼마나 고통스러웠던지 오른쪽 눈이 안 보이기 시작했습니다. 스트레스성 실명이었지만 병원조차 갈 수 없었습니다.

지역구에 다시 돌아와서 2010년 선거에 당선된 뒤에야 병원에 갈 수 있었습니다. 그때 의사 선생님이 화를 내시더군요. 도대체 뭐하다가 이 지경이 되어서야 찾아왔냐고요. 이러한 이야기들은 개인사적인 부분이라 3부 자서전 파트에 담았습니다. 그때 저는 정말 죽을만큼 힘들었지만, 독자 여러분들은 웬만한 소설보다 재미있으실 거라고 감히 생각합니다.

그 이야기는 잠시 접어두고, 제가 2010년 선거 때 어떻게 재기했는지부터 말씀드리겠습니다.

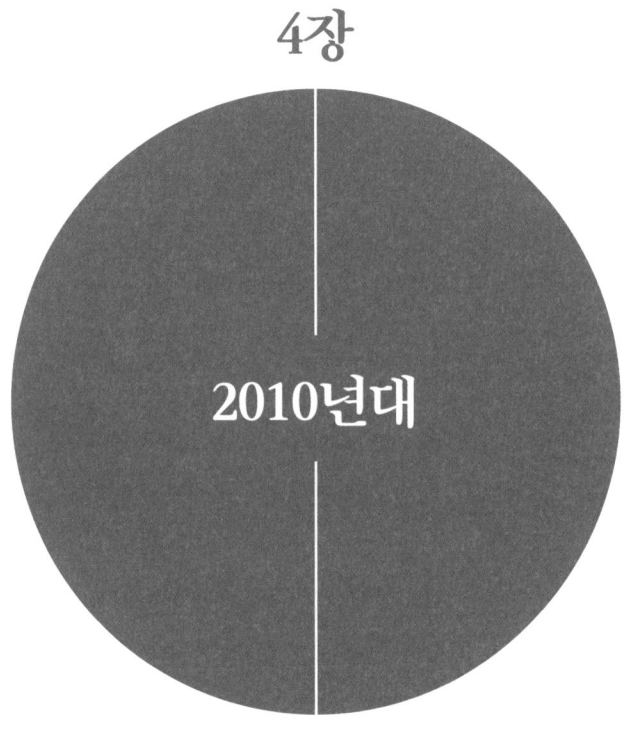

4장

2010년대

재기의 순간이 찾아오다

백만 원이 없어서
이사도 못 갈 뻔하다

조금 전에 말씀드렸듯이 저는 2006년도에 정든 지역구를 떠났습니다. 떠난 게 아니라 쫓겨난 거에 가까웠죠. 시의원도 낙선하고, 공장도 회사도 다 망하고, 살던 집도 경매로 넘어갔으니까요. 그 와중에 창원에 있는 월세방을 어찌어찌 구했어요. 그때는 창원 집값이 더 쌌거든요.

그래도 야반도주는 안 하고 대낮에 이사했습니다. 이삿짐센터 사장님이 이사 비용 100만 원 달라고 하시더군요. 하지만 그때는 수중에 100만 원도 없었습니다. 그래서 집을 낙찰받은 사람한테 말했습니다.

"사장님 제가 이사갈 돈이 없습니다. 이사 비용 좀 주세요."
"알았습니다. 드릴게요."

근데 짐 다 싣고 나니까 또 안 준대. 그래서 짐을 다시 푸는 척했죠. 그러니까 80만 원을 주더라고요.

저는 그 돈을 갖고 이삿짐센터 사장님한테 말했습니다.

"지금 돈이 80밖에 없습니다. 죄송한데 이거 받으시고 좀 갑시다."

그렇게 이사를 가서 창원에서 살았습니다.
그리고 3년이 지났습니다.

2010년, 2014년, 2018년 선거벽보

하늘이 준 기회 (1)
아수라장이 된 양덕천

당시 제가 살던 집은 대원동 홈플러스 앞이었어요. 직업도 없던 터라 낮에는 거의 밖으로 나가지 않았는데, 그날따라 이상하게 바깥이 궁금하더라고요.

오전 11시쯤에 집 대문을 열고 나가봤더니 도로에 물이 찰랑찰랑해요. 물이 안 빠지고 있었던 겁니다.

이게 도대체 무슨 일인가 싶어 하천 쪽 도로를 따라 쭉 걸어가 보았습니다. 보니까 창원천이 범람해서 도로 전체가 아수라장이 되어 있었죠.

'밤사이에 무슨 일이 있었던 거야?'

깜짝 놀랐지만 별생각 없이 집으로 돌아왔습니다. 그날이 2009년 8

월 25일인가 그랬어요. 하지만 그때는 전혀 몰랐습니다. 예전에 살던 양덕동도 똑같은 피해를 입었다는 사실을.

그로부터 반년 정도가 지난 2010년 봄, 예전 지역구 주민 두 분이 연락도 없이 찾아왔습니다. 제가 창원으로 이사 간 집을 아는 사람이 동네에 5명 정도밖에 없었는데, 그중 두 분이 찾아온 겁니다.

그분들은 간단한 인사를 하자마자 심각하게 말했습니다.

"손 의원! 지금 동네가 난리가 났다!"
"와예? 무슨 일인데예?"
"양덕동에 물난리 난 거 모르나?"
"손태화 떨구는 바람에 이래 됐다고, 손태화 데려오라고 난리다."
"뭔 소린지 알아듣게 얘기해 보이소."

이야기를 들어보니 2009년 8월의 집중호우 때 양덕천이 범람하면서 엄청난 피해를 입었다고 합니다. 피해 복구도 문제였지만 피해 보상이 제대로 이루어지지 않았다고 해요. 그래서 주민들의 불만과 분노가 폭발 직전에 있다는 것이었습니다.

"손태화는 우리 얘기 다 들어줄라꼬 그래 애를 썼는데…."
"지금 의원이라카는 놈들은 신경도 안 쓴다!"
"맞다 손태화가 있어야 된다!"
"손태화 어데 갔노? 빨리 델꼬 온나!"

이런 이야기들이 동네에 빠르게 퍼져나갔습니다. 한번 그렇게 말이 돌아버리면 수습이 안 되는 법이에요. 무조건 저를 다시 데려오라는 목소리가 커지자 집주소를 아는 분들이 찾아온 것입니다.

"손 의원! 노동당으로 나오든 공산당으로 나오든 출마만 해라!"
"그래! 선거운동은 우리가 다 해주꾸마!"

하지만 당시 제 통장엔 정말로 돈이 1원도 없었습니다. 통장에 돈이 조금이라도 들어오면 바로 압류당하는 상황이었죠.
그래서 정중하게 거절했습니다.

"안 합니다. 아니 못 합니다."
"손 의원!"
"죄송합니다."

두 분은 힘없이 돌아갔습니다. 미안한 마음이 컸지만 어쩔 수 없었습니다. 안 되는 건 안 되는 거니까요.
그런데 얼마 뒤에 또다시 주민들이 찾아왔습니다.

하늘이 준 기회 (2)
중선거구제가 준 기회

그날이 2010년 4월 2일인가 3일인가였어요. 후보자 등록일이 얼마 안 남았을 때였죠.

저는 심드렁한 표정으로 두 분을 맞이했습니다. 그런데 두 분의 표정이 왠지 의미심장했습니다. 입가에는 회심의 미소까지 걸려 있었죠.

"손 의원! 예전에는 세 개 동에서 두 명 뽑았제?"
"그랬지예."
"근데 이제 여섯 개 동에서 세 명 뽑는다."
"그래예?"
"하모! 3등만 해도 고마 당선이다! 이래도 안 나올끼가?"

눈이 번쩍 뜨였습니다. 생각해 보겠다고 말씀드리고 돌려보낸 뒤, 종이에 볼펜으로 계산하기 시작했어요.

'내가 6개 동에서 요래요래 해서 요래요래 하면 표를 요마이(요만큼) 얻을 수 있는데, 그라믄 3등으로 당선이 된다!'

하지만 한 가지 문제가 있었습니다. 민주당 후보로 출마해야 한다는 거였죠. 그리고 당시에 마산에서 민주당으로 출마한다는 것은….

'독이 든 성배를 마시는 것!'

팔짱을 끼고 앉아 고뇌했습니다. 이게 최선 맞나? 다른 방법은 없나? 이렇게까지 해야 하나? 무소속이나 한나라당은 전혀 가망이 없나?

고민 끝에 마산 옛 동네에 가서 사람을 만났습니다. 95년, 98년, 2002년 선거 때 당선의 영광을 함께했던 선거 사무장이었죠.

"행님 인제 한 선거구에 한 명이 아니라 세 명 뽑는 걸로 바뀌었다고 들었습니다. 내가 계산해 보니까 민주당 공천만 받으면 3등은 할 것 같은데예."

저는 종이를 펴 놓고 구체적으로 설명했습니다.

"민주당만 찍어주는 사람이 8% 정도니까 여기에 제 표 10%를 더하면 18% 아입니까? 근데 이래저래 변수가 있으니까 2~3% 적게 잡아서 15%! 출마하는 후보들을 보면 15%만 돼도 5500표 받아서 3등으로 당선 가능합니다."

더 나아가 이 동에서는 몇 표, 저 동에서는 몇 표 하는 식으로 구체적으로 말씀드렸습니다.

"…이래 해서 3등 가능할 거 같습니다. 행님 좀 도와주이소!"

심각한 표정으로 듣고 있던 형님이 고개를 가로저으며 말했습니다.

"아이다 하지 마라. 이 동네에 민주당 한 번도 안 된 거 모르나? 니 돈도 없다메?"
"돈하고는 관계없고요, 행님! 무조건 이길 테니까 사무장 쫌 맡아주세요."

당시엔 민주당 지지자라 하면 동네에 얼굴도 못 들고 다닐 정도였습니다. 게다가 아무리 손태화라 해도 몇 년이나 자리를 비웠는데 되겠나? 하는 의구심도 있었을 겁니다.
사실 그 부분은 저도 마찬가지였어요. 그래서 딱 두 명만 더 만나서 의견을 들어보겠다고 하고 나왔습니다.
그 길로 고등학교 선배님한테 갔습니다. 이분은 2006년에 제가 낙선할 때 사무장을 하신 분인데 고등학교 4회 선배셨어요.

"그래 맞다. 니가 민주당으로 나오면 무조건 당선된다!"

알고 보니 그 선배도 계산을 해봤더군요. 물론 저를 위해서가 아니라 본인이 출마하려고 선거 판세를 분석해본 거였죠.
그 선배의 공식에 저를 대입해봤더니 같은 결론이 나왔습니다.

"손태화가 민주당 공천만 받으면 3등 한다!"

힘을 빡 얻었습니다. 마지막으로 한 집만 더 가봤어요. 동네에서 수퍼를 최고 크게 하는 형님한테요.

"형님! 여차저차해서 민주당으로 나올라 카는데 어떻습니까?"
"그래? 안 그래도 어제 최종원이 와서 그라든데? 손 의원이 민주당 공천 받으면 무조건 3등 된다고."
"그래요? 그럼 한번 생각해 보고 출마해야 되겠습니다."

말은 그렇게 했지만 이미 마음을 먹은 상태였습니다. 이날이 4일이었는데 민주당 공천 신청 마감이 8일이었어요. 4일밖에 안 남은 거죠.
저는 집에 와서 공천 서류를 준비하기 시작했습니다. 그런데 저뿐만 아니라 배우자와 가족들의 서류도 필요했어요.
근데 민주당으로 나간다니까 가족들이 서류를 안 해주지 뭡니까?
회사 말아먹고 망했는데! 민주당으로 출마해봤자 안 될 게 뻔한데! 이제 애들까지 얼굴 들고 못 다니게 할 거냐고 노발대발이었죠.

옛날에는 가장이 가족 서류를 다 뗄 수 있었는데 그때는 안 됐어요. 본인 동의 없으면 서류도 못 떼고 선관위에 제출하는 공직 자료들도 못 뗀대요. 그래서 어떻게 했냐고요?

어떻게 하긴요 3일 동안 싹싹 빌었죠. 이거는 무조건 되니까 서류 좀 해달라고 빌고 또 빌었어요. 그랬더니 불쌍해 보였는지 자포자기한 건지 몰라도 7일 날 서류를 떼 주더군요.

그렇게 하루 전날 공천 신청서를 써서 냈어요. 아니 내려고 했는데 공천 신청비가 있다네요? 40만 원인데 그때 돈이 40만 원도 없었어요. 그래서 친구한테 전화를 걸었습니다.

"야 친구야! 사무실 잡는데 60만 원 들고 공천 신청하는 데 40만 원 드는데 돈이 없다! 100만 원만 쫌 보내도!"

그렇게 빌린 100만 원 중에서 40만 원을 들고 공천 서류를 제출했습니다. 아니 제출하려고 했는데 안 받아주더군요.

하늘이 준 기회 (3)
원외 지역구 위원장협의회 회장의 등장

"아니 공천 신청을 와 안 받아주는데요?"
"야권 단일화 때문에 안 된답니다."
"야권 단일화요??"

2010년 동시지방선거 때 마산회원구 쪽 진보계열 정당들이 단일화를 했던 겁니다. 예를 들어 11선거구(내서읍)는 통진당 후보로 단일화하고, 12선거구는 민주당으로, 13선거구(양덕1·2동, 구암1·2동, 합성2동, 봉암동)는 통진당으로 단일화하는 식이었죠. 정당들이 이미 다 합의하고 선언까지 해버린 상태였어요.

이런 상태에서 제가 느닷없이 뛰어든 겁니다. 이러면 단일화가 깨질 수밖에 없었죠. 그래서 민주당 마산 지역구 위원장이 결사반대를 했어요. 그분은 변호사 출신이고 참여정부 때 청와대 법무행정관을 지낸 분입니다. 2004년, 2008년에 제 지역구 국회의원 선거에 출마했다가 전부 낙선하셨죠.

　이분도 반대하셨지만 한나라당에서도 반대했습니다. 이 선거구는 세 명 다 보수 후보가 된다고 생각했는데 날벼락이 떨어졌으니까요. 몇 년 쉬긴 했지만 저는 한나라당 쪽 후보들에게 충분히 위협적인 존재였습니다. 특히 보수 유권자들의 표를 빼앗길 수 있었습니다. 이번에는 민주당 후보로 나오지만 20여 년 전부터 한나라당 당직자였으니까요. 그것도 상당한 '체급'과 '짬밥', 그리고 '인맥'을 겸비한!

　하지만 이게 끝이 아니었습니다. 무소속 후보도 제 출마를 반대하고 나선 것입니다.

　이분 또한 한나라당 공천을 신청했다가 탈락한 뒤 무소속으로 출마할 예정이었습니다. 본인이 3등 안에 들 줄 알았는데 제가 튀어나오니 암담하셨나 봅니다.

　이분의 고교 동창이 민주당 김해시 국회의원이었습니다. 이분은 김해시 국장이었다가 출마해서 국회의원이 된 걸로 기억합니다.

　당시 이분이 민주당 경남도당 위원장이었어요. 그래서 무소속 후보가 이분에게 간곡히 부탁했다더군요. 손태화 절대 공천해주지 말라고요.

민주당도 안 된다.
한나라당도 안 된다.
무소속도 안 된다.

모두가 안 된다고 하니 접수가 안 될 수밖에요. 결국 접수를 못 하고 돌아왔습니다.
그때 얼마나 열이 받던지!

"에라이 나쁜 놈들! 손태화가 그래 무섭드나?"

소리를 질렀더니 속이 조금 풀리더군요. 씨근덕거리고 있는데 나이 지긋한 신사분이 와서 물었습니다.

"혹시 손태화 의원 되십니까?"
"의원 아닙니다. 전(前) 의원입니다. 근데 누구십니까?"
"저는 민주당 산청·함양·거창 원외지구당 위원장입니다."
"네? 누구시라꼬요??"

그분의 성함은 정우근 씨였는데 자택이 제 지역구에 있었습니다. 즉 우리 동네 주민이셨지요.
이분은 제가 민주당 후보로 출마한다는 말을 듣고 수소문해서 찾아오신 거였습니다.
저는 어안이 벙벙했습니다.

'다른 지역인 산청·함양·거창 원외지구당 위원장이 내 지역구에 살고 있었고, 내가 민주당 후보로 출마한다는 소문을 듣고 찾아왔다고?'

막장 드라마에서도 욕먹을 전개지만 100% 실화입니다. 원래 현실이 더 영화 같다고 하지 않습니까?

가만히 생각해보면 아주 말이 안 되는 건 아니더군요. 제 지역구에 오래 사셨으면 저를 모를 리가 없으니까요. 예전부터 저에 대해 알고 계시다가 민주당으로 나온다는 말을 듣고 찾아오신 듯했습니다.

저는 손짓 발짓을 해가며 자초지종을 설명드렸어요. 그러자 허리에 손을 얹으며 분노하셨습니다.

"이 미친 새끼들 아이가? 손태화 같은 사람을 스카우트 해가꼬 공천을 줘도 뭐할 낀데, 자기가 스스로 한다 카는데 안 된다고 해?"

위원장님이 제 어깨에 손을 얹으며 다짐하셨습니다.

"손 의원 걱정하지 마이소! 내가 공천심사위원이오! 내가 당신 공천 받아줄게요!"

다음 날, 저는 위원장님과 함께 민주당 경남도당 사무실에 찾아갔습니다. 그제야 서류를 받아주더군요. 어찌나 속이 시원하던지!

하지만 아직도 민주당 후보가 아니었습니다. 공천 심사 대상이 되었을 뿐!

공천 심사 받으러 갔더니 제 지역구 위원장도 앉아 있더군요. 그분도 공천심사위원이었으니까요.

그분은 A4 용지 2장에다가 "손태화한테 공천 주면 안 되는 이유"를 써서 심사위원들에게 나눠주었습니다. 그리고 회의에 참석도 안하고 나가버리더군요. 그 정도 하면 제가 탈락할 줄 알았던 거죠.

하지만 그분은 몰랐습니다. 같이 갔던 정우근 원외지구당 위원장님이 입에 거품을 물고 절 옹호해줬다는 사실을! 실제로 그분 덕분에 공천이 확정되었습니다. 공천심사위원단의 투표에 의해 민주당 후보로 선정된 것입니다.

하지만 아직도 첩첩산중이었어요. 민주당 경남도당 운영위원회에서도 통과되어야 하고, 서울 중앙당 도장을 받아야 했으니까요.

그런데 같은 날 공천에 통과된 사람들은 다 중앙당에 서류가 올라갔는데, 저만 올라가지 않았다는 말을 들었습니다. 그리고 저만 따로 외부 심사가 시작됐어요.

외부 심사위원은 3명이었습니다. 한 명은 진해 분인데 경남 진보진영의 맹주였고, 김해에서 온 분과 창원대학교 교수님. 이 세 명이 3일 내내 저를 괴롭히더군요.

"한나라당에 오래 계셨지예?"
"옛날에 있었지요. 87년도에 입당했으니까요."
"근데 왜 이력서에 안 쓰셨습니까?"
"경력란에 썼습니다. 확인해 보세요."

소명 자료 내라 이거 맞냐 저거 맞냐 별의별 것들을 묻고 따지고 합니다. 근데 그 사람들이 오케이 안 하면 제 서류를 저 중앙당에 올리지를 않는 거예요.

그래서 마지막 관문이라고 생각하고 열변을 토했습니다. 제가 어떻게 기능장이 되었는지, 직장을 다니다 회사를 세워서 얼마나 승승장구했는지, 95년부터 12년 동안 마산에서 어떤 일을 해왔는지, 어째서 정든 지역구를 버리고 창원으로 가야 했는지, 그리고 왜 지금 다시 출마하려 하는지까지도요.

세 분이 고개를 끄덕였습니다.

"음, 잘 알겠습니다."
"근데 왜 민주당으로 오셨어요?"
"한나라당으로 안 가시고?"

"2006년 선거 때는 정당공천제에 대한 항의의 뜻으로라도 공천 신청을 안 했습니다. 그랬더니 주민들이 사람이 아니라 당을 보고 투표를 해서 낙선시켜 버리더라고요. 그게 화가 나고 섭섭해서 정치 때려친다 하고 창원으로 이사를 갔더랬습니다. 사실 회사가 망해서 집이 경매로 넘어갔었고요."

이런 이야기까지 다 했는데도 결정이 안 나요.
하는 수 없이 정우근 위원장님을 찾아갔습니다.

"내라는 서류 다 내고 이런 거 저런 거 다 소명했는데 말이 없네요. 행님이 가서 얘기 좀 해 주소."
"알았다. 내만 믿어라."

원외지구당 위원장 협의회 회장님이 나서자 마침내 공천이 되었습니다. 중앙당 도장도 받았고요.

이렇게 어렵게 공천을 받았지만 출발선에 선 것에 불과했습니다.

진짜 문제는 지금부터 시작이었습니다.

"손태화는 창원으로 도망간 놈이다."

첫 번째 문제는 선거운동원이었습니다. 민주당으로 나간다고 하니 민주당 지지자들 아니고는 선거운동 해 줄 사람이 없어요. 그럼 민주당 지지자를 찾아야 되지 않습니까?

이때 당시에 마산에서 민주당 지지자 찾는 건 (과장 좀 보태서) 서울에서 김서방 찾기보다 어려웠어요. 민주당 지지자 숫자도 적지만 누가 지지자인지 모르잖아요. 지지자 중에서도 선거운동까지 해줄 사람은 더더욱 없고요.

민주당인 것도 문제였지만 악의적인 루머가 더 큰 문제였어요. "손태화 선거운동 해주면 끝나고 돈 못 받는다. 왜? 망해서 창원에 도망간 놈이니까!" 이런 소문이 쫙 퍼져 있더라고요. 아마도 경쟁 후보들이 그래 놨겠죠?

그런 악조건을 뚫고 다섯 명을 해놨어요. 한 명은 대학생이고 나머지도 비리비리해요. 지금도 이때 생각하면 눈물 납니다.

어쨌든 나머지 다섯 명을 구해야 되는데 구해지지가 않아요. 그래서 고민 끝에 전라도 사람을 찾으러 다녔어요. 길거리를 미친 놈처럼 돌아다니다가 이야기하는 걸 유심히 들어봐요. 근데 말투가 전라도 사람 같다? 그러면 딱 달라붙어서 뭐라고 한 줄 압니까?

"도와주이소!"

그럼 어떤 사람은 도망가고 어떤 사람은 꺼지라고 하고 어떤 사람은 이렇게 물어봅디다.

"왜요?"

그러면 막 설명을 해요. 내가 이번에 민주당으로 선거에 나가는데 선거운동할 사람이 없습니다! 그러면 또 반응이 가지각색이지만 대부분이 손사래를 쳤어요.

"인자 그런 거 안 혀요."

이때 당시에 전라도 출신들은요, 특히 김대중 대통령 되기 전에는요, 선거 때 한나라당 안 찍었다거나 민주당 지지한다고 하면 대놓고 손가락질을 받았어요. 자기들도 당연히 알지요 주변에서 수군거리는 거를.

"아따 가만히 있는 사람 괴롭히지 말랑께요!"
"어차피 안 될 거 뭐더러 나온데요?"
"여짝서 민주당이 된 적이 없는디 것도 모르시요잉?"

그러면 이력서나 공보물을 보여주며 간절히 설득했습니다.

"아입니다! 지는 됩니다! 진짭니다! 내 이거 이력서 한번 보세요. 내가 여서 3선 한 사람입니다. 신문에 기사 난 거 한번 보세요!"

내가 이러고 돌아다녔어요. 그래도 끝끝내 못 구했죠. 그래서 다른 후보들은 열 명씩 돌아다니는데 저는 다섯 명밖에 안 됐어요.
하지만 의미가 없진 않았어요. 이때 만난 전라도 분들이 선거운동원 백 명보다 더 큰일을 해줬으니까요.
무슨 말이냐면 제 호소를 듣고 마음이 움직인 거예요 이분들이. 그래서 저한테 큰 호감을 갖게 됐고, 주변 사람들한테 손태화 뽑으라고 그러셨다대요. 숨은 선거운동원이 된 셈이죠.

시장에서 확인한
밑바닥 민심

　이 와중에 선거유세가 시작되었습니다. 그때 세들어 살던 집이 창원 대원동 시티세븐몰 뒤였는데, 새벽 다섯 시에 일어나서 첫 버스 타고 마산에 나왔습니다. 하루 종일 선거운동 한 다음 마지막 버스 타고 집에 들어갔어요. 차도 없고 택시 탈 돈도 없었으니까.
　그렇게 힘들게 선거운동 다니던 어느 날, 동마산 시장을 찾았습니다. 동마산 시장은 우리 지역에서 최고 큰 시장입니다. 투표 20일 전쯤이었는데 시장 상인들이 저한테 그러더군요.

　"동네 사람들이 손태화 찍어야 된다고 막 오는 사람마다 다 그카길래 어떤 사람인지 디게 궁금했었는데, 머하다가 이래 늦게 왔습니까?"

저는 쉰 목소리로 대답했지요.

"말도 마이소. 원래는 안 나올라 캤는데 동네 사람들이 나오라고 해서 이래 안 나왔습니까? 니가 민주당 나오든지 무소속 나오든지 출마만 하라 캐서, 내가 돈도 없이 선거 운동원도 없이, 내 혼자 이래 다니고 있습니다."

"아이고 우짜노~?"
"걱정하지 마이소. 잘 될 낍니다."

동마산시장만 그런 게 아닙니다. 다른 동네들도 마찬가지였어요.
다른 후보들은 유세차도 만들어서 타고 돌아다녔어요. 음악도 틀고 율동도 하고 찬조연설도 있고 막 화려합니다. 하지만 나는 돈이 없어서 유세차도 변변찮고 연설해줄 사람도 없었어요. 핸드마이크 하나 들고 골목마다 다니면서 내 목소리로 유세를 했죠.
중선거구제라서 동이 여섯 개나 되니까 진짜 힘들어요. 웬만한 체력 갖고는 해내질 못합니다. 온몸이 아프지만 목이 제일 아파요. 한 번 연설할 때 3~4분씩만 해도 40번쯤 하면 목이 맛이 갑니다.
목이 쉬고 잠겨서 말은 안 나오지, 그렇다고 말을 안 할 수는 없지, 안 나오는 목소리를 억시로 짜내가며 다니는 게 동네에서 보이잖아요? 그러면 사람들이 창문 열고 문 열고 나와서 다 쳐다봅니다. 다른 후보들은요, 빵빵한 고출력 앰프로 신나는 노래 틀어도 사람들이 쳐다도 안 봅니다. 시끄럽다고만 하는데 손태화 왔다 하면 다 문 열고 봐요.

제가 진짜 피를 토하는 심정으로 나오지도 않는 목소리를 쥐어짜내며 울부짖었습니다.

"정말 여러분들 내 없는 4년 동안에 동네가 어찌 됐는지 압니까? 이 물난리 난 거 이것 때문에 주민들이 내 보고 나오라 캐놓고 여러분들 내 안 도와주면 내가 어찌 됩니까? 여러분들이 내 나오라 캤잖아요! 내 뽑아준다 그랬잖아요?"

그러면서 막 울먹였지요. 그러니까 동네 가게며 집들이며 전부 다 문 열고 같이 울어요.

이게 그때 동네 분위기였다니까요?

하늘도 울고 땅도 울고
마산도 울었다

근데 사고가 생겼어요. 선거 한 5일 놔두고 선거운동원 다섯 명이 태업을 시작한 겁니다.

선거가 5일 남은 날 아침에 회의를 하는데 다들 얼굴이 죽상이에요. 왜 그러냐고 했더니 한숨을 푹 내쉬며 한다는 말이,

"후보님 우리 지금까지 일한 거 주이소."
"네?"
"그러면 나머지 거는 하고 나서 받을게요."

알고 보니 동네 사람들이 그랬답니다.

- 손태화 글마 완전히 망해가지고 돈이 없다. 어차피 민주당으로 나와서 떨어질 거니까, 나중에 후회하지 말고 돈부터 받아라.

"돈 먼저 주이소."
"안 그라면 못 나갑니다."

미치고 팔짝 뛸 노릇이었어요. 선거가 5일밖에 안 남았는데, 하루 종일 뛰어다녀도 모자란데 못 한다고 해버리니까.
근데 줄 돈이 없어요. 그러니 방법이 있나요? 사무실에 그대로 있을 수밖에.
아침부터 저녁까지 선거운동원 다섯 명한테 호소했어요.

"저번에 여론조사한 거 있잖아요? 2등 나온 거 봤잖아요? 내 이번에 당선 됩니다. 걱정하지 마세요!"

그때 하귀남 위원장이 여론조사 해준 게 있었어요. 원래는 내 돈으로 해야 되는데 내가 돈이 없는 걸 아니까 자기가 해준 겁니다. 그 결과가 2등이었어요.

"2등 나왔잖아요? 2등이 안 되면 3등이라도 될 거 아닙니까?"
"못 믿겠습니다."

돌아버리겠더군요.

그렇게 오후 다섯 시가 됐습니다. 금쪽같은 하루를 통째로 날린 겁니다.

저는 마지막으로 말했습니다.

"내가 당선이 되면 여러분 돈 다 받을 수 있지요? 맞습니까 틀립니까?"
"맞습니다."
"근데 여러분이 선거운동을 안 해서 낙선을 하면 돈을 못 받는다메요?"
"네."
"그러면 선거운동을 안 하면 무조건 돈을 못 받고, 선거운동을 하면 돈을 받을 확률이 조금이라도 올라가는 거네요?"
"네."
"그라면 우얄 낍니까? 이대로 못 받을 낍니까, 아니면 조금이라도 확률을 높여 볼랍니까?"

이러니까 하나둘씩 울기 시작해요. 기가 막혔죠. 울고 싶은 사람은 난데! 나야말로 울고 싶은데!

다섯 명이 한참 울고 나서 그러더군요.

"내일부디 더 열심히 힐게요."

월급을 압류당하는 시의원

그렇게 6월 2일 투표일이 되었습니다.

저는 3등 할 거라고 봤는데 2등을 했습니다.

득표수는 7800표!!

아까 내가 처음 출마할 때 계산해봤다 했지요?

그때 적었던 쪽지도 보관하고 있어요. A4 용지에 손으로 적은 거예요.

그때 예측한 수치가 얼추 다 맞았습니다.

어쨌든 민주당이 한 번도 당선된 적 없는 지역구에서 제가 최초로 당선됐어요.

7800표 얻어서 2등으로 당선되니 세상이 달라보였어요. 실제로 사람들의 대접도 완전히 달라졌죠, 저 자신도 보무가 당당해졌고요.

창원(성산구 대원동)에서 살던 집은 월세 45만 원이었어요. 보증금은 없었고 직장 다니던 딸이 월세를 내줬습니다.

　5년 동안 지출한 월세가 2천 700만 원이었는데 당연히 재산이 전혀 늘지 않았죠. 안 되겠다 싶어서 마산회원구 구암 2동 철로변에 있는 단층집을 1억 4천만 원에 구입하게 되었습니다.

　당시에 1억 원의 주택담보대출 이자가 월 45만 원이었어요. 어차피 같은 금액이면 월세 대신 금융비용을 감당하면서 조금이라도 자산이 생기는 게 낫겠다고 판단했습니다.

　부족한 주택구입자금은 지인에게서 빌린 3천만 원과 둘째 딸이 직장생활을 하며 모은 4천만 원으로 충당했습니다. 부동산 명의도 둘째 딸 이름으로 했지요.

　이렇게 저는 긴 월세 생활을 마감하고 지역구인 구암2동에서 새롭게 정착하게 되었습니다.

　그전에는 백수였는데 시의원이 되니까 월급이 들어오잖아요? 근데 이게 압류가 되었습니다. 310만 원 정도 수령을 하면 180만 원을 가져가고 130만 원만 쓸 수 있었어요. 사업 실패의 잔인한 후유증이었죠.

　이렇다 보니 집에 생활비를 제대로 못 줬어요. 그래서 제 아내는 아직도 직장에 다닙니다. 57년생 동갑내기인데도 말이죠. 그나마 지금은 차가 있는데 예전에는 차도 없었어요. 하는 수 없이 어디 갈 때마다 버스 타고 다니고 걸어 다니고 그랬답니다.

　남편이 그래도 7선 시의원인데 정직하게 월급만 갖고 사니 이렇습니다.

　아내와 딸들만 생각하면 항상 고맙고 미안해요. 이 자리를 빌려 사랑한다고 말해주고 싶습니다.

굴러온 돌이 판세를 잘 읽다

통합 창원시의 시의원이 되어 열심히 일했습니다. 그리고 틈날 때마다 사무실에서 작은 강의를 했어요. 시의원은 어떻게 해야 되는가, 선거는 어떻게 해야 하는가, 우리 지역구의 특징은 어떤가 등의 내용이었죠.

'손태화에게 공천을 주면 안 되는 이유'를 A4용지 2장에 걸쳐 설파한 민주당 지역구 위원장도 일주일에 한두 번씩 제 사무실에 와서 강의를 들었습니다.

시간이 흘러 제19대 국회의원 선거가 다가왔습니다. 2012년 4월 11일 수요일에 실시될 예정이었는데 한참 전부터 선거 준비로 뜨거웠지요.

이때 민주당은 민주통합당이 되어 있었고 한나라당은 새누리당이 되어 있었습니다.

총선을 위한 선거 캠프가 차려지자 저는 노골적으로 열외를 당했습니다. 당직자나 후보의 학교 동문들끼리, 또는 골수 민주당원끼리 의논을 했고 저는 소외되었죠. 저는 어디까지나 '굴러온 돌'이었으니까요.

그 무렵 새누리당 경선에서 백상원 씨와 안홍준 국회의원이 붙었어요. 경선의 승자는 안홍준 의원이었죠. 그러자 백상원 씨는 무소속으로 출마하였고 제4대 마산시의회 전반기 의장을 하셨던 배종갑 씨를 선거대책본부장으로 영입했어요.

사태가 이렇게 흘러가자 민주당 당직자들이 고민하기 시작했어요. 그래서 저한테 물어보더군요. 저는 시의원이지만 4선이고 판세를 정확히 읽기로 정평이 나 있었거든요. 박근혜 전 대통령이 '선거의 여왕'이라고 불렸는데 저는 '마산 선거의 왕'이었던 셈이죠. 왕이 너무 거창하면 달인이라고 할게요. '마산 선거의 달인.'

"손 의원! 무소속 백상원 후보가 포기하는 게 유리하나, 완주하는 게 유리하나?"

"100% 그만해야죠. 이 선거라는 거는요, 1대 1 구도를 만들어야 뒤집을 수 있습니다. 무소속 후보가 새누리 쪽이라고 해서 이쪽에 도움 안 됩니다."

국회의원 선거는 시의원 선거하고 또 다릅니다. 1 대 1 구도를 만들어야 이길 수 있어요. 결국 3:1 구도에서 안홍준 국회의원이 근소한 차이로 3선에 성공했습니다.

그때 민주당 후보가 세 번째 출마한 거거든요? 그러니까 "미워도 다시 한 번!", "한 번만 뽑아주이소!" 같은 슬로건을 앞세워서 동정표를 노리는 게 나왔습니다. 제가 지난 선거 때 울면서 선거운동 했던 것처럼요.

"이번에 안 뽑아주면 우리 집구석 망합니다! 살리주이소!"

이렇게 몰고가야 되는데 제3의 후보가 있으면 이 전략이 어려워져요. '여러 번 해먹은 고인물 현역의원' 대(vs) '여러 번 떨어진 참신한 도전자' 구도를 만들어야 하는데, 세 번째 유력 후보가 있으면 "야 이거 한번 바꿔보자!"라는 분위기가 안 생기니까요.

제 말이 민주당 후보에게 보고가 됐어요. 그랬더니 저보고 오지 말라고 하고 자기들끼리 회의를 하더라고요.

회의 결과는 "무소속 후보가 끝까지 가는 게 낫다."였어요. 보수 출신 무소속 후보가 1위 후보인 현역 의원에게 갈 표를 뺏어 먹을 거다, 라는 논리였죠. 그 말을 듣고 제가 그랬습니다.

"나중에 땅을 치고 후회할 겁니다."

제 말대로 현역 의원이 당선되었습니다. 민주당 후보가 근소한 표차이로 졌던 걸로 기억합니다.

손태화가 주민들에게
복수하는 방법

    2010년도에 선거유세 할 때 하루는 동마산시장에 갔습니다. 이 시장이 우리 지역에서 제일 큰 시장이라 반드시 가야 하는 '핫플'이거든요. 시의원 후보뿐만 아니라 도의원 후보, 시장 후보 심지어 도지사 후보와 교육감 후보들도 와서 연설을 하는 선거전략 요충지입니다.
    그런데 여기 도로가 좁았어요. 도로 폭이 2차선에 10m밖에 안 되는

데 불법주차도 심해서 차량 교행이 힘들 정도였습니다.

여기서 유세를 하는데 제가 민주당으로 출마하지 않았습니까? 손태화를 아는 사람들은 암말 안하는데 모르는 사람들은 민주당이라고 쌍심지를 켰어요. 아주 나라 팔아먹은 을사오적 취급을 합디다.

그분들이 차로 길을 막아버렸어요. 안 그래도 복잡한 시장 도로가 아수라장이 되어버렸죠. 오가는 차들이 줄줄이 밀려 갖고 오도 가도 못하게 됐습니다. 그러니까 운전하던 사람들이 저한테 막 소리를 질러요.

"마! 차 빼라!"
"길 막히는 거 안 보이나?"

하는 수 없이 연설을 하다 말고 유세차를 뺐어요. 빼면서 내가 공약을 했습니다.

"내가 당선이 되면 이 도로 꼭 확장할게요."

그 말을 남기고 동마산시장 앞 연설을 중단했습니다. 그리고 그곳을 떠나며 외쳤습니다.

"내가 꼭 당선돼서 이 도로를 확장하겠습니다!!"

두어 달 뒤, 당선자 신분으로 의회에 등원했습니다. 첫 번째 시정질문 때 제가 첫 번째 질문자로 배정이 되었어요. 제가 연단으로 나가서 입을 열었죠.

"동마산시장 앞 4차로 확장이 필요합니다! 우리누리 청소년회관부터 경남은행 합성동 지점까지 총 230m 구간! 이 구간은 8차로인 3.15대로와 6차로인 팔용로를 연결하는 중요한 역할을 담당해야 합니다!"

답변에 나선 당시 김종술 건설교통국장님께서 한치의 망설임도 없이 답변하셨습니다.

"조속히 추진하겠습니다."

이후 〈2011년 도시계획도로 20m 확장 도시계획〉이 확정되었습니다. 2012년에는 실시설계 용역비가 편성되었고 순수 지방비로 230억 원이 들어가는 대형사업으로 추진되기 시작했지요.

이것은 기존 10m 도로를 20m 도로로 확장하는 사업입니다. 참고로 10m 도로는 2차선 도로고 20m 도로는 4차선 도로지요. 이렇게 4차선 도로로 확장하는 대형사업이 추진한 지 15년 만에 2025년 10월경 준공됩니다.

방금 말씀드렸듯이 100% 시비(市費)로 하는 사업이에요. 이런 거는 유일무이합니다. 제가 동마산시장에서 설움을 당하지 않았다면, 제가 당선되지 않았다면 도로 확장은 꿈도 꾸지 못했을 겁니다. 실제로 아무도 도와주는 사람이 없었습니다. 국회의원도 도와준 거 없고 시의원도, 도의원도 발목만 잡았습니다.

왜? 제가 민주당 의원이었기 때문에!!

심지어는 사업이 확정되어서 예산까지 나왔는데도 안 된다고 헛소문을 퍼뜨리더군요. 심지어 이(李) 모 의원은 주민들한테 이렇게 말하고 돌아다녔습니다.

4차로 확장공사 준공 사진

"손태화가 하는 그거 우리 새누리당이 반대하면 절대 몬해!"

그래서 제가 예산서를 종이에 출력해서 들고 다녔어요. 주민들이 물어보거나 불안해하면 보여드리기 위해서요.

실제로 어느 부동산 중개사무소 사장님이 그러더군요.

"아니 조금 전에 이 모 의원이 찾아와서 이거 안 된다 카던데요?"
"(예산서를 보여주며) 이 봐라! 돈이 나왔는데 와 안 된단 말이고?"

예산서를 보자마자 사장님이 여기저기 전화를 걸더군요. "손태화 의원님이 그거 확실히 한답니다!"라면서요.

이런 게 참 눈물 날 일입니다. 당이 다르다는 이유로 주민들을 위한 도로공사에 어깃장을 놓는 게 말이 됩니까?

기초의원을 정당에서 공천하는 망국적인 시스템!
이거 빨리 없어져야 됩니다.

양덕천은 하루아침에 바뀌지 않았다

　2006년 낙선 이후 4년간은 제 인생의 암흑기였습니다. 3부에서 다시 말씀드리겠지만 참으로 괴로운 시기였습니다. 죽으려고 결심했던 적은 셀 수도 없었고 실제로 실행 계획도 세웠었습니다. 돌이켜보면 지옥보다 힘든 세월이었죠.
　하지만 생각해 보면 그리 긴 시간은 아니었습니다.
　어쩌면 휴식의 시간이었는지도 모릅니다.
　그 기간 동안 기업도 완벽하게 정리했고, 무보수로 의정활동을 했던 지난 12년을 되돌아보는 시간이 되었습니다.

　앞에서 말씀드렸듯이, 정치를 떠났던 제가 되돌아온 계기는 양덕천에 발생한 물난리였습니다.

2009년 8월, 경남에 쏟아진 집중호우로 인해 창원천이 최초로 범람하여 수백억 원의 피해가 발생했습니다. 당시 거주하고 있던 월셋집이 창원천 옆에 있었기 때문에 그 참상을 직접 경험할 수 있었지요.

2009년 8월 양덕천 침수 모습

그런데 같은 시각, 예전 지역구였던 양덕동의 피해는 훨씬 심각했습니다. 양덕천이 범람해서 초등학교 운동장까지 침수되어버린 겁니다. 사상 유례없는 폭우 피해에 놀란 지역구 주민들이 3년 전에 낙선하고 이사 간 절 찾아왔을 정도였지요.

재난 상황에 대해 이렇게 말하면 안 되지만 하늘이 나에게 준 기회라고 생각했습니다.

2010년 7월 1일, 통합창원시의회에 입성해서 제일 먼저 한 일이 바로 양덕천 범람에 대한 대책을 마련하는 것이었지요.

두 달 뒤인 2010년 9월 16일, 통합창원시의회 첫 정례회에서 첫 시정 질문자로 나서서 '양덕천 범람에 대한 대책과 동마산시장 앞 4차 도로 확장'을 촉구했습니다.

당시 김종술 건설교통국장님으로부터 동마산시장 도로 확장과 양덕천 범람 대책을 최대한 빠른 시일 내에 수립하겠다는 답변을 받아낸 바 있습니다.

약 5년 뒤인 2015년, 환경부 최초로 '도심 속 풍수재해 위험지구'로 지정되어 세 가지 사항이 논의되었습니다.

첫째, 양덕천의 폭을 넓히고 더욱 깊게 준설함으로써 통수단면을 두 배 이상 키우도록 한다. (통수단면은 하천이나 배수시설 등에서 물이 흐르는 면적을 뜻합니다.)

둘째, 6차선 팔용로에 분기수로를 2열로 묻어서 양덕천의 수량을 분산한다.

셋째, 양덕천 상류인 천주산에 1만 톤 규모의 우수저류시설을 설치하여 폭우 시 유량을 최소화한다.

이 세 가지가 풍수재해 방지 설계에 반영되었습니다.

양덕천 (공사 전)

사업비는 국비 60% 도비 12% 시비 28%로 구성되었습니다. 양덕천 확장공사비 및 분기수로 공사비로 250억 원, 상류 우수저류시설에 155억 원, 총 400억여 원이 소요되었지요.

양덕천 공사 구간은 550m인데 양덕천의 좌우에 데크를 설치하여 운동공간을 조성하였습니다. 지금도 많은 주민들이 이곳을 아침저녁으로 이용하고 계신답니다.

100년 빈도의 폭우에도 끄떡없는 홍수방지시설! 그리고 잘 정비된 산책로와 운동공간까지!

"꿩 먹고 알 먹고", "도랑 치고 가재 잡고"라는 속담이 실제로 이루어진 셈입니다.

주민들은 "손태화를 데려오기 잘했다!"라며 칭찬해 주셨답니다.

2022년 1월 준공된 양덕천

무소의 뿔처럼
꿋꿋이 밀어붙여라

　기초의원 중선거구제 확대로 인해 제 지역구는 양덕1·2동, 합성2동, 구암1·2동, 봉암동 등 총 6개 동으로 구성되었습니다. 인구는 약 8만 명 정도였고요.

　저는 앞서 말씀드린 것처럼 대형 사업들을 제안하여 준공해 왔습니다. 양덕1동에서는 400억 원 규모의 양덕천 재해방지 사업을 추진했고, 합성2동에서는 230억 원 규모의 도로확장 사업을 실현시켰습니다.

　봉암동의 경우 2010년 당시 인구 5천여 명으로 다른 동에 비해 적은 편이었습니다. 하지만 봉암공업단지와 마산자유무역지역이 위치해 있어서 인구수만으로 동네를 논할 순 없었죠.

　2024년 12월 말, 봉암동 인구는 2,840명(남성 1,577명, 여성 1,263명)입니다. 2010년 통합 이후 14년 만에 40%나 감소한 것입니다.

봉암동 주택가와 봉양로 대로변, 봉암공단, 마산자유무역지역은 바다를 매립한 지역입니다. 그래서인지 태풍과 집중호우 때마다 상습 침수가 발생했습니다. 2003년에 태풍 매미가 상륙했을 때 특히 심각했어요. 당시 마산만 해변가는 모두 재난지구로 선포되었습니다.

이후 마산 어시장 주변은 재난기금 230억 원을 지원받아 복구되었습니다. 하지만 봉암동 일대의 태풍·폭우 피해에 대한 항구적인 대책은 2010년 통합 시점까지도 마련되지 못했어요.

그래서 저는 2차 시정질문을 통해 봉암공단 일원의 풍수 피해에 대한 항구적인 대책 마련을 촉구했습니다. 결국 통합창원시 하수도사업소가 봉암공업단지를 국가공모사업에 접수하여 선정되었지요.

1단계 사업은 490억 원의 국책 사업으로 2019년 준공되었습니다. 봉암동 봉덕초등학교 주변 주택가, 양덕2동 자유무역지역 후문 일대, 마산자유무역지역 1공구, 봉암공단 2단지, 봉양로변 등이 포함되었어요.

2단계 사업은 마산자유무역지역 2공구와 봉암공단 1단지를 대상으로 하며, 사업비는 약 250억 원이 소요될 예정입니다. 설계는 이미 완료되었지만 사업 착수 및 준공까지는 다소 시간이 걸릴 것으로 예상됩니다. 펌프장 설치 장소가 특정되지 않았기 때문입니다.

저는 이곳 봉암공단에서 20년 동안 공장을 경영해 왔습니다. 2003년 태풍 매미 당시, 대부분의 봉암공단 소재 기업들이 침수 피해를 입었을 때 저 역시도 큰 피해를 입었던 당사자였습니다. 따라서 이 사업은 저에게도 매우 절실한 과제였습니다.

앞서 언급한 세 가지 대형 사업은 대부분의 기초의원들이 상상조차

하기 힘든 규모입니다. 양덕천 400억 원, 합성2동 도로확장 230억 원, 봉암공업단지 풍수 피해 대책 740억 원은 엄청난 액수니까요.

하지만 겁먹을 필요 없습니다. 시의원이 하기에 버거워 보이는 대형 사업도 꼭 필요하면 성사될 수 있으니까요. 누가 봐도 이 사업을 꼭 해야겠다는 생각이 들게 하는 것이 핵심입니다. 사업의 당위성을 강하게 주장하고 진정성 있게 설득하면 됩니다.

중요한 것은 집요함과 끈기입니다. 시정질문이나 5분 자유발언을 통해 사업의 필요성을 역설하는 것도 좋습니다. 하지만 그건 시작에 불과합니다. 단순히 제안에서 그치지 않고 집요하게 끝까지 물고 늘어져야 합니다.

저는 똑같은 사업 제안을 담당 공무원이 바뀔 때마다 역설하고 또 역설합니다. 그렇게 10년 넘게 두드린 덕분에 많은 사업을 실현시킬 수 있었습니다. 물론 제가 7선이나 하다 보니 가능한 일이겠지만요.

제가 드리고자 하는 말씀은 끈기를 가지고 밀어붙이라는 것입니다. 실현 가능성을 지레짐작하지 않고 무소의 뿔처럼 꿋꿋이 밀어붙이는 것, 이 또한 지방의원의 소임이자 능력이라고 생각합니다.

아파트 한 동이
물 위에 떠오르다

 지금 창원에서 가장 높은 건물이 55층짜리 주상복합 아파트입니다. 창원NC파크 마산야구장 앞에 있는 메트로시티 2차 아파트가 바로 55층 짜리예요.
 이 건물 지하에 롯데마트가 있습니다. 롯데마트가 지하 주차장을 5층 깊이로 파니까 지하수가 나왔어요. 그래서 물막이 공사를 해서 지하수 유입을 막았지요.
 공사하는 사람들은 그 물이 어디로 가는지 몰라요. 콘크리트 뒤쪽은 안 보이니까요.
 그런데 메트로시티 근처에 S 아파트가 있어요. 180세대 되는 아파트인데 매트 공법으로 지어진 곳이에요. 기둥별로 기초를 한 게 아니라 아파트 전체에 거대한 콘크리트 매트를 깔듯이 기초를 놓은 겁니다.

이 매트 두께가 1.1m예요. 기본 두께가 1m고 물이 스며들지 말라고 방수층을 덮어놓은 게 10㎝입니다. 그래서 1m 10㎝인데 그 위에 180세대 아파트를 세운 거예요.

그런데 롯데마트 지하 주차장이랑 S 아파트 지하 주차장이 지하수 수맥으로 연결되어 있었나 봐요. 롯데마트 지하 5층에서 물막이 공사를 했더니 S 아파트 밑의 지하수가 흘러나가지 못하고 고여버린 겁니다.

그래서 무슨 일이 벌어졌느냐? 180세대짜리 S 아파트가 1미터나 위로 떠올랐어요.

거짓말 같지만 실화입니다.

수천 톤 아파트가 왜 떴느냐? 지하수가 밀어올린 거예요. 수압이 이렇게 무서운 겁니다.

S 아파트 기둥마다 금이 쩍쩍 가고 주민들이 놀라서 뛰쳐나왔어요. 며칠만에 불쑥 솟아오른 건 아니었고 몇 달 동안 서서히, 하루에 몇 밀리미터씩 올라왔답니다. 그나마 이건 다행이었죠. 한꺼번에 푹 올라왔으면 건물이 무너졌거나 지진 난 것처럼 충격이 엄청났을 테니까요. 최악의 경우 대형 참사가 발생했을 테고요.

주민들이 몇 달 동안 이상하다 이상하다 했는데 어느 순간 분명해진 겁니다. 아파트가 솟아올랐다는 사실이요. 그동안 아파트값 떨어진다고 쉬쉬한 것도 있었을 겁니다.

그날이 금요일 밤이었습니다. 제가 가서 현장을 보는 순간 이런 생각이 들더군요.

'야 이거 급하다!'

건설회사 부르고 안전진단할 기술사 부르고 난리가 났습니다. 밤 12시가 되자 서울에서 기술사가 내려왔어요. 이분이 진단해보더니 "이거 지하수 때문입니다!" 그래요. 새벽에 장비를 가져와서 구멍을 뚫었더니 물이 솟아나왔죠. 문제의 원인이 밝혀진 겁니다.

- 그래 지하수 때문인 거는 알겠다. 그럼 이제 어쩔 거냐?

그 회의를 1년이나 했어요. 처음에는 일단 물부터 빼자 그래서 펌프를 동원해서 지하수를 뽑아내고 500㎜ 관을 묻어서 지하수를 뺐어요.
그때 S 아파트는 엘리베이터도 운행이 됐다가 안 됐다가 하고, 창틀도 닫혔다가 안 닫혔다가 할 정도였어요. 그래도 계속 물을 퍼냈고 롯데마트 지하 공사장에도 관을 넣어서 물을 퍼냈어요. 500㎜ 관을 롯데마트에서 산호천까지 묻어서 물을 빼냈죠.
그렇게 물이 빠지니까 아파트가 내려앉기 시작했어요. 근데 수평으로 똑바로 내려가지 못하고 약간 기울어져서 내려갔지요. 가이드가 있으면 수평으로 내려갔겠지만 그런 게 있을 리 없잖아요? 그래도 다행히 원래 바닥까지 무사히 내려갔어요. 찌그덕거리는 충격은 있었지만요.
이렇게 물을 퍼내면서 회의를 하고 있는데 기자가 찾아왔어요. 경남도민일보 사회부 기자가 냄새를 맡고 온 겁니다. 이때가 6개월쯤 되는 시점이었어요.
제가 그날 아파트 대책회의에 참석해 있었는데 경비원이 달려와서 기자가 왔다고 하시더군요. 지금은 다 잘 해결이 됐지만 이때는 아직 아니잖아요. 물은 계속 퍼내고 있고 내력벽에 사선으로 금 간 것도 그대로

고… 이런 게 보도가 나가면 아파트값이 떨어질 게 뻔했죠.
기자가 왔다는 말을 듣고 제가 자리에서 일어서며 말했어요.

"제가 가서 해결하고 올게요."

잠시 후, 기자를 만나서 웃으며 물었습니다.

"아이고 기자님이 여는 무슨 일로 오셨습니까?"
"아 이 아파트에 문제가 좀 있다 캐서요."
"내가 손태화 의원인데 그런 거 전혀 없습니다."
"그래요? 사실 제가 제보를 받고 왔는데 아파트에 물이 찼담서요?"
"어데예? 그런 거 없습니다. 오늘 동네 행사 때문에 의논하는 중이었습니다."

이렇게 둘러대고 돌려보냈어요. 다행히 기사가 나진 않더라고요.

일주일에 한두 번씩 회의를 했는데 제가 이런저런 의견을 많이 냈어요. 아무래도 기능장이다 보니 전문성이 있잖아요? 물론 건축 쪽이 아니라 기계가공 쪽이지만 육교나 다리, 건물 등에 들어가는 큰 물건을 많이 만들어 봐서 토목 쪽도 쫴 알았어요. 석어도 일반인들보다는 훨씬 나았죠.
그런데 이 일이 워낙 파급력이 크다 보니 저 말고도 여러 시의원들과 도의원들이 회의에 참석하곤 했어요. 처음에는 몰랐는데 그 의원들이 제 아이디어를 자기들 생각인 것처럼 얘기했다더군요. 특히 제가 회의에 없을 때 많이 그랬대요. 제가 제시한 생각을 자기 아이디어인 것처럼 은근슬쩍 써먹은 거죠.

그래서 어느 시점부터는 회의 때 아무 말도 안 했어요. 가만히 앉아서 다른 사람들 이야기만 듣고 있었죠. 회의가 끝나고 나면 입주자 대표한테 따로 전화를 했어요.

"회장님 오늘 이야기 나온 거 있지예? 그거는 이래서 저런 건데 요래하시고요, 내일 공문을 조렇게 만들어 가지고 소장한테 전달하세요. 답변 꼭 달라 하시고요."

예를 들어 아파트 1층 바닥에 쳐 놓은 아스콘 다 걷어내고 방수하고 포장하고 밑에 내력벽들 다 보강하고… 구체적으로 뭘 어떻게 해주겠다는 약속을 서면으로 받은 다음 공증까지 받으시고… 그런 것들도 구체적으로 말씀드렸습니다.

그때 복구 비용이 약 15억 정도 들어갔는데 건설사에서 다 부담했어요. 마른 하늘에 날벼락 같은 일이고 해결하는 데 1년이 걸리긴 했지만 무사히 해결된 셈이죠.

얼마 뒤에 S아파트 입주자 대표님이 전화를 하셨어요.

"손 의원님 밥 한 끼 하시지예."
"누구 누구 오는데요?"
"손 의원님만 모셨습니다."

"그러믄 같이 묶읍시다."

제가 속이 좁은지 몰라도 다른 의원들이 오면 안 가려고 했어요. 시의원 두 분과 도의원 한 분이 회의에 참석하곤 했는데 꿔다놓은 보릿자루였거든요. 그러고 있다가 제가 아이디어를 내면 마치 자기 아이디어인 것처럼 이야기하고….

식사를 하고 나서 감사패를 주시더군요. 사실 감사패라고 해서 다 같은 감사패가 아닙니다. 정치인들이나 기업인들이 사무실에 멋지게 진열해놓은 감사패들 중에는, 예산 천만 원 주고 노래교실 음향기기 교체하고 감사패 달라고 해서 받은 경우도 있었거든요. 적당한 단체와 짬짜미해서 받기도 하고요.

하지만 S 아파트에서 주신 감사패는 차원이 다릅니다. 정말

최고로 값진 거예요. 주민 여러분의 민원 해결을 위해 진짜 열심히 뛰고 도움을 드린 것에 대한 감사의 의미가 제대로 담겨 있으니까요. 그래서 그런지 감사패를 저한테만 주셨더라고요.

S 아파트는 지금도 잘 있습니다. 근데 그때는 주민분들을 대부분 다

알았거든요? 특히 저는 주민분들을 몰라도 그분들은 저를 다 아셨죠.

그런데 지금은 거의 몰라요. 선거 때도 잘 안 가고요. 너무 많은 분들이 이사를 가셨기 때문입니다. 2부에서 다시 말씀드리겠지만 도시 지역은 유권자들이 너무 자주 바뀌어요. 그래서 다선(多選) 하기가 농어촌 지역보다 훨씬 어렵습니다. 제가 마산 도심지에서 7선 하는 거, 이거 대단한 겁니다. 제 자랑하는 것 같아서 민망하지만 실제로 그렇습니다.

그때 입주자대표 회장 하셨던 분과는 지금도 통화하고 명절마다 인사를 주고받곤 합니다. 이분은 제가 그때 소문나지 않게 도와드린 걸 아직도 고마워하고 계세요.

그래서 2014년도 선거 때 많이 도와주셨답니다.

버스 노선 만드는 노하우

마을버스 노선 확장은 2010년 당선 후, 버스 노선 개편 때 추진한 사업입니다. 우선 8번 노선부터 시작했지요. 통합되기 전에는 창원 지역에서만 운행했는데, 제가 당선되고 나서 마산회원구까지 연장하게 개편한 것입니다.

29번도 있어요. 29번은 없는 노선을 새로 만든 겁니다. 북면에서 창신대학을 거쳐 삼성창원병원 앞으로 오는 노선을 제가 만들어 넣었어요.

제 지역구는 꽤 큽니다. 면적보다 인프라와 인구가 많다는 뜻입니다. 학교만 해도 초등학교 6개, 중학교 6개, 고등학교 4개, 4년제 대학교 1개가 있죠. 삼성창원병원, 야구장, 종합운동장, MBC경남 방송국, 도민일보 사옥, 마산자유무역지역, 봉암공업단지, 팔용산근린공원, 시외버스 터미널, 고속버스 터미널, 봉암유원지 그리고 창원 유일의 지하상가까지 우리 선거구 안에 있고요.

인구는 약 8만 명입니다. 재개발이 끝나고 입주가 완료되면 8만 5천 명쯤 될 겁니다. 이 정도면 하나의 도시라고 해도 무방합니다.

특히 삼성창원병원이 있다 보니 주변 지역에서도 많이 찾아오십니다. 근데 북면이나 동읍 같은 읍면동 지역이나 촌에서 오시려면 힘들잖아요. 그래서 노선버스 하나 만들어 달라고 싸웠습니다.

"마산이랑 창원 통합됐잖아요! 창신대학교도 있고 종합병원도 있는데, 북면이랑 동읍에서 오는 버스 노선 하나씩 넣어주세요!!"

제가 나름 입김이 센 것도 있지만 제 요구가 타당했기 때문에 노선 개편 때 반영된 겁니다.

사실 29번은 두 시간에 한 대밖에 안 다녀요. 그래도 북면 분들은 좋아하십니다. 교통 소외지역

에 계시는 분들은 2시간이든 4시간이든 버스 시간에 맞춰 나와서 타시거든요. 도시 사람들은 버스가 5분만 늦어도 불평하지만요. 어쨌든 29번은 북면에서, 49번은 동읍에서 오는 노선으로 만들었습니다.

버스노선을 만드는 노하우(Know-How)는 '어떻게(How)'가 아니라 '꼭 해야 한다(Must)'는 당위성의 문제입니다. 핵심은 설득력입니다. 시장이나 공무원에게 압력을 넣어서 되는 문제가 아니에요.

저는 담당 공무원들이 스스로 움직일 때까지 필요성과 당위성을 이야기합니다. 그러면 공무원들이 스스로 사업을 추진하고 알아서 예산을 요청합니다. 실무는 결국 그들의 몫이니까요. 진부한 말이지만 말을 물가로 끌고 갈 순 있어도 억지로 물을 먹일 순 없지 않습니까?

공무원이나 시장과 딜(거래)을 하거나 짬짜미 식으로 나눠먹거나, 좋은 게 좋은 거라는 식으로 추진하는 것도 좋지 않습니다. 시장이 추진하는 사업을 통과시켜 주면 의원이 요구하는 민원을 들어주겠다는 식인데, 이러면 견제와 균형의 원칙이 훼손됩니다.

내 지역구에
산사태는 없다

    2012년에 발생한 서울 우면산 산사태 기억하시죠? 폭우가 쏟아져서 우면산 아래 아파트가 침수되고 많은 사람이 목숨을 잃은 안타까운 사고였지요.

    우리 동네에도 우면산과 비슷한 지형이 있었습니다. 도로 건너편에 산이 있고, 그 아래 200세대쯤 되는 아파트가 있는 곳이었죠.

    우면산 산사태 소식이 들려오자 주민들이 불

안해하기 시작했어요. "우리도 우면산처럼 되는 거 아냐?"

이번에도 제가 나섰습니다. 석 달 만에 재난기금 8억 원을 받아 공사를 시작했습니다. 주민들의 안전을 지키기 위해 빠르게 움직인 결과였지요.

그 예산으로 산 절벽을 안전하게 보강하는 공사를 했습니다. 사진 속 흰색 구조물이 그 흔적이에요.

민생은
디테일에 있다

경전선(慶全線)은 경부선 삼랑진역과 호남선 광주송정역을 잇는 간선 철도 노선입니다. 이름 그대로 경상도와 전라도를 잇는 노선인데 길이가 300㎞나 됩니다. 구한말인 1905년에 삼랑진-마산 구간 열차가 운행된 유서 깊은 노선이지요.

2000년대 들어 코레일이 경전선 복선화를 본격 추진했습니다. 그 결과 여러 구간에서 복선화가 진행되었는데 삼랑진-마산 복선화는 2012년에 완료되었죠. 그 결과 하부 공간이 생겼는데 그 공간이 방치돼 있었어요.

저는 철도공단에 수차례 방문하여 무상 사용 조건으로 공원을 만들자고 제안했습니다. 그 결과 쓰레기로 지저분하던 '죽은 공간'이 아담한 공원으로 재탄생하게 되었습니다. 투입된 예산은 30억 원이었어요.

구암1동 경전선 복선화 고가 밑 도시공원 조성(800m)

한편 2013년 6월부터 음식물 쓰레기 전용 용기가 전면 사용되었어요. 그런데 이 용기 안에 체받침이 있다 보니 국물만 음식물 찌꺼기 밑으로 빠지는 구조였죠.

그런데 음식물 쓰레기 수거하시는 분들이 위에 건더기만 가져가 버렸어요. 국물은 음식물 쓰레기 버리는 분들이 그냥 하수도에 부어 버렸고요. 음식물 쓰레기 통을 물로 씻은 구정물도 하수도에 버려졌습니다.

이렇게 되자 주택가나 상가의 악취가 심해졌어요. 하천과 바다 오염도 악화되었고, 한여름에는 깔따구 떼까지 창궐하게 되었습니다.

저는 시정질문과 5분발언 등을 통해 이 문제의 해결을 촉구했습니다. 당시 황양원 환경문화국장님은 우수관(하수도)에 유입되지 않게 계도하겠다고 했지만 계도로 될 문제는 아니었어요.

결국 제가 계속 요구해서 쓰레기 분리통을 바꿨어요. 체받침을 빼고 음식물 쓰레기 수거업자가 다 가지고 가는 것으로요. 그 결과 악취와 벌레, 오염 문제가 크게 줄어들었습니다.

이외에도 도로명 주소 사용 확대를 위한 대책 마련을 촉구하고 개인 자전거 이용 정책 수립을 촉구하기도 했습니다. 이때가 2010년대 초반이었는데 도로명주소를 사용하는 비율이 10% 정도밖에 되지 않았고, 공영자전거가 3년도 안 돼서 폐기되는 문제가 있었기 때문입니다.

이 무렵 창원시 예산결산특별위원회 위원장을 맡아 도시개발공사 자본금 관련, 진해 해군관사 건립 관련 예산안 등을 심의했던 기억도 납니다. 당시에 집행부와 상임위 간의 대립을 조정하고 민생 예산 확보에 심혈을 기울였었지요.

한번 시작하면
끝장을 보라

    2006년에 중선거구제가 되기 전, 소선구제일 때는 한 읍면동에 한 명씩 뽑았습니다. 그래서 제가 95년에 처음 시의원이 되었을 땐 양덕1동이 제 지역구였죠.

    그 무렵 양덕1동과 합성2동에 걸쳐서 산자락에 소방도로가 계획이 되었습니다. 저는 2006년 낙선하기 전까지 도로를 완공시켰습니다.

    하지만 옆 동네인 합성2동은 시작도 안 되더군요. 양덕1동과 같은 시기에 도로 계획이 잡혀 있었는데도 말이죠.

    그런데 2010년에 중선거구제가 실시되었습니다. 합성2동도 제 지역구가 된 것입니다. 그래서 2010년에 당선되자마자 해당 도로 공사를 추진했습니다. 하지만 문제가 있었습니다.

    도로를 확장할 곳이 전부 암반이었던 것입니다.

크고 단단한 암반을 잘게 부수는 일은 결코 쉽지 않았습니다. 특수한 중장비를 동원해야 하고 심한 경우 폭약까지 동원해야 하니까요.

문제는 도로 주변 주택들의 노후화였습니다. 대부분 40~50년 된 주택들이라 충격과 진동에 취약했습니다. 그래서 암반을 깨는 작업을 할 수가 없더라고요. "진동이나 소음 때문에 짜증난다!" 수준이 아니라 "이러다 우리집 다 무너진다!" 수준이었으니까요.

저는 그제서야 깨달았습니다.

'합성2동 시의원이 이래서 도로를 못 뚫었구나!'

하지만 여기서 포기하면 손태화가 아니죠. 고민과 연구 끝에 무진동 공법이라는 걸 찾아냈습니다. 우리나라에서 무진동 공법을 해본 곳이 어딘지 찾아보니까 부산에 있더라고요. 그래서 곧바로 부산으로 달려갔지요.

부산 용두산공원 밑에 백화점이 있는데, 그 백화점 주변 지하 터파기 공사에 무진동 공법을 사용하는 공사 현장을 방문하였습니다. 거대한 암반을 무진동 공법으로 깨부숴서 지하 5층까지 팠더라고요.

굳이 무진동 공법으로 판 이유는 인쇄소들 때문이었어요. 백화점 주변에 인쇄소들이 많았는데 진동에 아주 취약했거든요. 기계들 중에서 진동에 제일 취약한 기계가 바로 인쇄 기계입니다. 미세한 진동만 받아도 인쇄가 제대로 안 되거든요. 가정용 프린터로 출력하실 때 막 들고 흔들어보시면 아실 수 있습니다.

문제는 비용이었어요. 무진동 공법이 일반 공법보다 다섯 배나 비싸더라고요. 일반 공사가 1억 들면 이 공사는 한 5억씩 드는 거예요. 그래도 방법이 이것밖에 없어서 일단 무진동 공법으로 바꾸기로 협의를 했습니다. 그 다음에 관계 부서에서 예산을 추가 확보하여 끝내 아래 사진 같은 말끔한 도로를 완공해 냈습니다.

소방도로 확장공사 전 사진

도로확장공사 준공 후 사진

겉보기엔 평범한 도로고 아무것도 아닌 것 같지만 정말 고생 많이 했어요. 저도 고생 많았고 주변 주민분들, 공사 관계자들 모두 애를 많이 쓰셨죠. 이 자리를 빌려 다시 한번 감사의 인사를 드리고 싶습니다.

민원을 처리하거나 사업을 기획, 진행하다 보면 많은 문제와 만나게 됩니다. 장애물이나 반대가 없는 경우가 오히려 희귀하지요.

하지만 '이래서 안 돼.'라며 포기하지 말고 '어떻게 하면 될까?'라고 생각해야 합니다. 이래서 안 돼, 저래서 못 해 라는 말은 초등학생도 할 수 있기 때문입니다. 그런 문제를 해결하라는 뜻으로 선거를 하고, 뱃지를 달아주고, 월급을 주는 것입니다.

그런데도 작은 어려움에 쉽게 포기해 버린다면, 모든 게 그저 행정적 낭비가 되어버리지 않을까요? 전국의 기초·광역·국회의원들이 토끼처럼 지혜롭고, 거북이처럼 끈질기며, 뱀처럼 집요했으면 좋겠습니다.

어르신들의 관절까지
생각한 경로당

앞에서 말했듯이 2010년에 출마할 때는 민주당 공천을 받고 당선되었습니다.

당선되고 나서야 인사도 할 겸 경로당에 갔어요. 주택을 매입해서 경로당으로 쓰는 데였는데 건물만 덜렁 있고 면적이 겨우 35평밖에 안되더군요. 큰방에는 할머님들이, 작은방에는 할아버님들이 쓰고 계셨습니다.

어르신들이 저를 보자 한숨을 푹 쉬며 말씀하셨어요.

"의원님 큰일났심더."
"와예?"
"여기 2층으로 지어준다고 약속했는데, 다 떨어지고 없습니다."

알고 보니 선거운동 기간에 한나라당 소속 국회의원, 도의원, 시의원에 비례대표까지 다섯 명이 와서 이 경로당을 2층으로 지어준다고 약속하고 갔다더라고요. 그런데 약속한 지방의원들이 죄다 낙선해버린 겁니다.

"멀 그런 거를 걱정하십니까? 제가 지어드릴게요!"

호언장담하고 밖으로 나와서 주위를 둘러보았습니다. 경로당 뒤에 쓰러져가는 기와집이 하나 있더군요. 토지대장 등 자료를 떼 보니까 45평이나 되었습니다.

'뒷집을 매입해서 평수를 늘릴 수 있겠구나!'

저는 곧바로 어르신들께 말씀드렸습니다.

"뒷집까지 합쳐가지고, 멋지게 지어드릴게예."
"지, 진짭니꺼?"

다들 긴가민가 하셨지만 무척 좋아하셨습니다.
문세는 집주인이 미국에 이민을 갔다는 점이었습니다. 수소문 끝에 서울에 계신 따님을 찾았습니다. 가(假) 감정을 해보니 1억 5천만 원이 나왔어요. 하지만 시에서 받은 예산은 1억 2천만 원뿐이었습니다.
저는 고민 끝에 감정서를 1억 1,950만 원으로 맞춘 다음 서울 사는 따님에게 보냈습니다. 그랬더니 곧 전화가 오더군요.

"이거 너무 싸지 않습니까?"

저는 목소리를 가다듬고 말했습니다.

"제가 이 동네 4선 시의원입니다. 남의 재산 가지고 이래 말하긴 뭐 하지만서도, 여기는 고속도로하고 철로 사이 낀 땅 아입니까? 이런 땅은 땅값이 오를 수가 없습니다.
내가 동네 다 조사해 봤는데 경매 넘어간 거 빼고는 거래가 없습니더. 시에서 살라 할 때 고마 파이소."

이렇게 설득해서 겨우 승낙을 받았습니다. 그리고 미국 대사관을 통해 소유자의 등기서류를 받아서 1억 1,950만 원에 매입을 완료했지요.
그런데 설계도를 받아보니 면적이 너무 좁았어요. 그래서 제가 그랬죠.

"2층으로 짓지 말고 1층으로, 최대한 넓게 지어주세요."
"네? 하지만…."
"원래보다 면적이 두 배가 되지 않았습니까? 어르신들 계단 오르내리기 힘듭니다. 1층으로 해 주세요."

공사할 때도 수시로 찾아가서 체크하고 확인했어요. 저는 안 지으면

구암2동 신산마을 경로당 신축

안 지었지, 대충 짓거나 돈대로 짓는 건 용납하지 않으니까요.

이렇게 해서 신산 경로당이 완성됐습니다. 2012년 10월 19일에 준공이 되었죠. 창원 마산에서 새로 지은 경로당 중 환경으로 보면 다섯 손가락 안에 들 겁니다.

지금 거기 가면 어르신들이 다른 데보다 훨씬 많아요. 회의 한 번 하면 60~70명은 기본입니다. 정월대보름에도 제가 찾아갔더니 어르신들이 빽빽하게 모여 계셨습니다.

그렇게 찾아갈 때마다 어르신들이 다 제 편 같거든요. 근데 막상 투표 결과를 보면 이곳 구암2동에서 매번 꼴찌를 합니다. 이 동네에서만 4년 동안 55건의 주민편익사업을 했지만 청문회까지 당해봤어요. 그래도 제가 매번 당선은 됩니다만….

만약 제가 당선되지 않았으면 경로당은 어떻게 되었을까요? 아마 지어지지 못했거나, 지어졌더라도 35평짜리 2층으로 지어졌을 겁니다. 엘리베이터도 없는데 말입니다.

젊은 사람들은 상관없지만 어르신들이 어떻게 2층을 오르락 내리락 합니까? 협소주택이나 단독주택 건축주들이 제일 후회하는 게 바로 계단이에요. 계단 오르내리는 걸 우습게 봤다가 실제로 살아본 뒤에야 아차 하는 거죠.

언제나 아픈 손가락, 대현프리몰 창원점

제 지역구인 마산회원구 합성동에 있는 대현프리몰 창원점은 창원을 대표하는 지하상가입니다. 이곳은 마산역과 시외버스 터미널이 인접해 있는 교통의 요지이자 핵심 상권으로 꼽히고 있지요.

1993년 5월에 개장했는데 20년 뒤인 2013년 10월에 리모델링을 시작했습니다. CCTV를 150대나 설치하고 유아놀이방, 휴게실, 수유실 등을 만들었는데 총 사업비는 300억 원이었죠.

이후 대현프리몰은 마산의 명품이자 창원시의 자랑이 되었습니다. 하지만 코로나 팬데믹 때 큰 어려움에 처했어요. 2020년에는 빈 점포가 하나도 없었는데 딱 1년 뒤에는 절반이 문을 닫을 정도였죠. 남은 점포들도 간신히 버티는 수준이었고요.

합성2동 지하상가 리모델링 공사

　　코로나가 끝나고 숨통이 트이나 싶었지만 세계적인 경기불황과 창원 상권 변화로 불안에 떨고 있습니다. 특히 대규모 복합쇼핑몰인 스타필드창원이 중동에 들어서고 S-BRT 같은 대중교통이 생기면 더욱 소외되지 않을까 걱정이 많습니다.

　　물론 시에서도 대책을 강구 중이지만 저도 많은 고민을 하고 있습니다. 상인분들이 바라는 문화광장 조성과 공영주차장 조성은 물론이고 일본 및 서울의 특색있는 지하상가 및 거리를 벤치마킹하기 위해 노력하고 있습니다.

구암2동에 헌신했던
4년의 기록

저는 2010년 통합 창원시 의원으로 당선되었습니다. 중선거구제가 시행되어서 지역구가 6개 동(양덕1·2동, 합성2동, 구암1·2동, 봉암동)으로 늘어났지요. 인구수도 8만 명이 넘었고요.

2010년부터 2014년까지, 4년 동안 정말 열심히 의정 활동을 했습니다. 투표일을 겨우 한 달 보름 정도 남겨두고 출마했기 때문에, 양덕1동을 제외하면 할 일이 정말 많았어요.

이때는 창원시 대원동에 살고 있었기 때문에 버스를 타고 의회에 출퇴근했습니다. 의회 일정이 없는 날에는 하루에 3시간씩 지역구를 누비며 활동했고요. 지역구 안에서는 몇 시간이고 걸어 다녔습니다.

마음 같아서는 지역구 6개 동의 활동을 다 소개하고 싶습니다. 하지만 그러면 너무 길어지기 때문에, 대표적으로 구암2동에 대해 자세히 말

씀드리겠습니다.

1990년대 초에는 구암2동의 인구가 2만 명에 육박했습니다. 하지만 2010년 통합 당시엔 1만 4천 명 수준으로 줄어 있었죠. 인구 감소와 더불어 슬럼화도 진행되어 왔습니다.

당선되고 나서 구암2동에 맨 먼저 한 사업은 집중호우 대비였습니다. 특히 마산 구암동 보건소 앞, 대동1차아파트 단지 입구 도로는 수십 년 동안이나 물난리를 겪어 왔어요. 여름에 호우가 쏟아지면 소방도로가 침수되는 바람에 출퇴근하던 주민들이 발목까지 흠뻑 젖곤 했지요. 도로 자체의 구조적인 문제라서 수십 년 동안이나 속수무책이었습니다.

저는 추경 때 사업비 2억 원을 받아서 보건소 입구도로 일방통행구역의 측구를 확장하여 박스를 2배 이상 키웠습니다. 대동APT 진입도로의 경사면에는 물 빠짐 트렌치(trench)를 설치했고요. 이렇게 도로 양쪽에 배수 시설을 증설하자 물난리가 없어졌습니다.

다음은 구암2동 보건지소를 리모델링 했습니다. 구암2동 보건지소는 전국에서 유일하게 도심지에 있었는데 너무 오래되어 리모델링이 필요했어요. 저는 당시 박완수 시장께서 구암2동에 오셨을 때 보건지소로 모셔와서 리모델링비 8억 원을 요청드렸습니다. 다행히 시장님께서 흔쾌히 승낙해 주셨지요. 지난 4월 주민자치회 월례 회의에 참석하여 환담

하던 도중에 당시의 이야기가 나왔습니다. 주민들이 지금도 보건지소 헬스장을 잘 이용하고 있다고 칭찬해 주셨습니다.

또한 그 무렵 경전선 복선화가 국책사업으로 진행되고 있었습니다.
구암2동은 지리적으로 세 지역으로 나뉘어 있습니다. 행정복지센터가 있는 지역, 철로 건너편의 신산마을, 동마산IC 건너 삼성병원 앞 동네, 이렇게 세 개로요.
이렇게 나뉘어 있다 보니 지역 간 이질감이 큰 편이에요. 행정하기 참 불편한 지형구조를 갖고 있는 셈이죠. 그래서 민원이 가장 많은 행정동이기도 합니다.
복선화가 진행되는 과정에서 본동과 신산마을을 관통하는 철로 아래에 지하차도가 만들어졌습니다. 저는 이 지하차도가 너무 낮게 시공되고 있다는 사실을 발견했어요. 승합차나 1톤 트럭 정도만 다닐 수 있게 되어 있었던 겁니다.
저는 이것을 3.2m로 높여달라고 줄기차게 요구했습니다. 미니버스 정도는 통행이 가능해야 차도로서 의미가 있다고 봤기 때문입니다. 결국 길고 어려운 과정 끝에 높이 변경을 성사시켰습니다.
뿐만 아니라 산동마을 주거환경 개선 사업에도 박차를 가했습니다. 의창구와의 경계를 지나는 진해선 철로변 완충녹지에 공원을 조성하였고, 공영주차장도 두 곳 조성했습니다. 공원 안에는 팔각정과 야외 운동기구를 설치하여 명실공히 도심 속의 공원으로 재탄생시켰죠.
이어서 신우APT 앞 도로도 2차선 도로로 확장했습니다. 창원육교 밑 하부공간을 정비하여 50여 대가 주차할 수 있게 하였습니다.

앞에서 말씀드렸듯이 신산마을 경로당도 확장 신축했습니다. 경로당 뒤에 있던 1필지 주택을 매입한 다음, 기존 경로당과 합쳐서 훨씬 넓고 쾌적하게 신축한 것입니다.

또한 도시계획을 변경하여 경전선 철로변의 미확장된 도로를 확장하였습니다. 이를 통해 여분의 주차 공간을 확보하는 동시에 차량의 통행과 보행을 원활하게 하였습니다.

소계천 정비 공사와 소계4교 교량 확장공사, 소계천 데크로드 설치를 통해 주민들의 이동성과 편의성을 높였습니다.

이렇게 구암2동에 많은 애정을 쏟다 보니 정이 들었고, 정이 들다 보니 살고 싶어졌습니다. 그래서 창원에서 구암2동 산동마을로 이사를 왔답니다.

동네 자생단체에도 가입하여 자연보호회원이 되었고, 바르게살기 운동 회원도 되었습니다. 명실상부한 구암2동 사람이 된 셈이죠.

이사를 오니 더 신바람이 났습니다. 하루 24시간, 1년 365일, 일상생활 속에서 의정활동을 하니까 더욱 더 구암2동에 애착이 가더라고요. 생활이 의정이 되고 의정이 생활이 되는 정활일체(政活一體)의 경지랄까요? 그래서 더 많은 일을 해낼 수 있었죠.

제가 주목한 것은 버스 노선 확대였습니다. 구암2동에는 창신대학교 정문 출입구 도로가 있고, 팔용로에는 삼성병원과 팔용교육단지가 있어서 버스 노선의 확대가 설실하더라고요.

그래서 북면에서 오는 49번 노선을 신설했고, 동읍에서 오는 29번 노선도 신설했습니다. 버스정류장을 비롯한 쉼터를 설치하여 대기 승객의 편의를 도모한 것은 당연했지요.

세월은 참으로 빨랐습니다. 벌써 4년이 되어 다음 지방선거를 눈앞에 두었습니다.

저는 4년마다 의정보고서를 발간해 왔는데요, 와! 나 자신도 놀랐습니다.

구암2동에 4년 동안 55건의 크고 작은 사업들을 해낸 겁니다! 의정보고서에 무엇을 실을지 참으로 고민이 되었습니다. 정말이지 가슴이 뿌듯했어요.

아! 이래서 손태화가 시의원이 되어야 했구나!

진흙 속의 보석이 빛을 발했다고 감히 말씀드리고 싶어요.

당시 시장님은 한나라당 소속이고 저는 민주당 소속이었습니다. 하지만 주민 숙원사업과 편익사업의 진행에는 아무런 제약이 없었습니다. 박완수 시장님은 소속 정당과는 관계없이 옳은 일에는 예산을 아낌없이 지원해 주셨으니까요.

이 지면을 빌려 박완수 시장님께 감사드리고 싶어요. 시장님은 현재 경상남도 지사님으로 재직하고 계십니다.

이렇게 4년 동안 55건의 주민 숙원사업과 편익사업을 성사시켰는데도 주민들에 의해 청문회를 당했습니다. 구암2동 주민자치회가 주도하는 단체 회원 50여 명에 의해서였습니다.

세상만사 새옹지마라는 말이 떠오르더군요.

길거리에 현수막이 몇 개씩 나붙기도 했습니다.

청문회를 당한 이유가 뭐였냐고요?

구암2동의 서쪽에는 경전선 복선 철도가 지나가고, 남쪽에는 진해선 철도가 지나갑니다.

앞에서 말씀드렸듯이 구암2동 산동마을 옆을 지나는 진해선 철로변 완충녹지에 공원을 잘 조성해 드렸습니다. 그런데 얼마 후, 철로 건너편 경남테크노파크(경남TP)에 15층 연구동이 들어서고 본격적인 개발이 시작되었습니다.

이렇게 되자 경남TP와 산동마을 사이를 오갈 수 없다는 점이 문제가 되기 시작했어요. 철로를 가로지를 수 없어서 빙 돌아가야 했던 거죠.

당시에 저는 2~3억 원의 예산을 들여서 철도건널목 설치를 요구했습니다. 하지만 당시 한나라당 국회의원과 시·도의원, 구암2동 단체들은 30억여 원을 들여서 지하차도 건설을 추진했고, 실제로 공사가 시작되었습니다.

그런데 어느 날 아침에 신문을 보니 진해선 여객열차 운행이 중단된다는 게 아닙니까?

이러면 굳이 수십억 원의 예산을 들일 필요가 없잖아요? 그래서 시장님께 지하차도 공사 중단을 건의드렸고, 제 말이 옳다고 여긴 시장님이 지하차도를 백지화하고 철도 건널목 검토를 지시했습니다.

그러자 주민들이 청문회를 열어서 저를 질타했습니다. 저 때문에 공사가 중단되었다는 이유였지요.

결국 3개월 후에 지하차도 공사가 재개되었고, 1년 뒤에 준공 및 개통되었습니다. 준공식에 주민들이 몇 분 참석하지 않아 썰렁했다고 하더군요.

이 지하차도 때문에 신산마을 공원이 훼손되었고, 주차장도 없어졌고, 지하차도 진·출입용 회전 교차로까지 생겨서 흉물처럼 되어 버렸어요.

그때 제가 주장한 대로 건널목을 설치했다면 얼마나 좋았을까요? 구암2동 산동마을은 쾌적하고 살기 좋은 동네로 각광받고 있었을 텐데….

공원이 망가진 지하차도

지금도 하루 50여 대의 차량만이 이 지하차도를 이용하고 있습니다. 30억 원이나 되는 예산을 낭비하고, 주변 미관을 흉물로 만든 것치고는 너무나 초라한 이용 실적이 아닐 수 없습니다.

이제는 복원할 수조차 없게 되어버린 지하차도!

지방행정의 실패 사례로 영원히 박제되어 버렸습니다.

그런 생각이 들 때마다 입맛이 씁쓸합니다.

15년 끈 마산문화원 신축을 3개월 만에 해결하다

마창진 통합 전, 산호동 산호공원 정상에 마산문화원이 있었습니다. 1995년에 도농통합이 되었을 때 저도 통합마산시 문화원 이사를 역임했었죠.

낡고 오래된 마산문화원 원사를 철거하고 마산종합운동장 메인스타디움 하부 공간에 임시로 들어가게 되었는데, 그로부터 14년 동안이나 문화원 원사를 신축하지 못하고 있었어요.

그런데 2010년에 통합 창원시가 들어섰습니다. 그리고 이듬해인 2011년, NC다이노스 야구단이 창원시를 연고로 창단하게 되었습니다. 그러자 창원시는 마산종합운동장 메인스타디움을 철거하여 야구장으로 조성하기로 결정했어요. 메인스타디움에서 더부살이하던 마산문화원도 6개월 내에 이전을 해야 하는 상황에 직면했지요.

저는 마산문화원을 찾아가서 임영주 원장님과 면담했습니다. 이전 대책이 무엇이냐고 물었더니 창원시에서 100평 규모 사무실을 임대해준다고 했다더군요.

그래서 제가 말씀드렸습니다.

"제가 마산문화원을 신축 이전할 수 있게 해드리겠습니다."

원장님이 깜짝 놀라셨어요.

"지금까지 14년 동안 많은 시·도의원들과 추진해왔고 시장과도 여러차례 논의했습니다. 심지어 국비까지 내려왔는데도 통합 전 마산시장이 반납시켜 버렸다고 하더군요. 이런 상태인데 정말 가능하시겠어요?"

"해 봐야죠."

저는 씨익 웃으며 대답한 뒤 방법을 찾기 시작했습니다.
저는 어떤 문제에 부닥치면 밤잠을 자지 않고 고민을 거듭하는 스타일이에요. 그렇게 치열하게 알아보니 해답이 떠오르더군요. 그 해답은 바로 봉암동 행정복지센터였습니다.
봉암동 행정복지센터 부지는 약 1,000여 평이었어요. 이곳에 건물을 신축해서 마산문화원과 봉암동 행정복지센터가 함께 입주하면 되겠다는 판단이 들었죠.
다음 날 집행기관과 논의를 시작했습니다. 집행기관에서는 불가하다는 입장이었어요. 저는 기자들을 불러서 적극적으로 알리기 시작했습니다. 보도자료가 작성되었고 여러 언론에서 보도를 해주었죠.

- 마산문화원 원사가 철거된 지 14년이 지났습니다. 그런데 아직도 신축하지 못하고 종합운동장 하부공간에 더부살이 해서야 되겠습니까?
- 그마저도 몇 달 안에 철거될 위기에 처해 있습니다.
- 마산문화원은 14년 동안이나 원사를 짓기 위해 노력했지만 마땅한 부지를 찾지 못했습니다.
- 전국 대부분의 읍·면·동 청사는 300~400평 규모입니다. 그런데 봉암동은 1000평이나 됩니다. 인구가 2천 8백여 명에 불과한데도 말이죠.

그런데 문제가 생겼어요. 봉암동이 고향이고 봉덕초등학교를 졸업한 새누리당 L 시의원이 나선 겁니다. 그분이 선동을 시작하자 봉암동 주민의 절대다수가 동조하기 시작했습니다.

얼마 후, 봉암동 주민자치위원장이 저를 불렀어요. 주민들 다수와 함께 마산문화원 문제를 논의하자고 하더군요.

이것은 시의원인 저에 대한 청문회였습니다. 물론 주제는 봉암동 주민센터 터에 마산문화원을 짓지 말라는 것이었죠.

제가 한 일은 인구에 비해 너무 거대한 동사무소 건물에 마산문화원을 입주시키자는 것뿐이었습니다. 그렇게 하면 유동인구가 늘어나서 봉암동에도 도움이 될 것이 분명했거든요.

5선 지방의원이자 18년차 기초의원으로서의 경험과 식견을 십분 활용하여 동네 발전을 위한 시설을 유치하려는 것뿐이었는데, 당이 다르다는 이유만으로 청문회를 당하게 된 것입니다. 이런 지방의원이 또 어디 있겠습니까?

저는 청문회에 나가서 단호히 말했습니다.

"봉암동의 발전을 위해서는 마산문화원이 꼭 필요합니다. 그러나 여러분이 반대하면 다른 데로 가겠습니다. 발전할 기회를 이런 식으로 스스로 걷어찰 거면 다음부터 저 뽑지 마세요. 봉암동은 나같이 유능한 시의원이 필요 없는 동네니까요."

그때는 나도 감정이 다소 격앙되어 있었어요. 그래서 살던 대로 사시라고 하고 다른 곳을 물색하기 시작했습니다. 마산합포구청 인근의 폐농산물 검역소 부지를 찾아낸 겁니다.

저는 임영주 마산문화원장과 함께 안상수 시장실에 찾아갔습니다.

"마산문화원이 더부살이한 지 15년이나 됐습니다. 결단을 내려주세요 시장님!"

안상수 시장이 문화예술과장을 호출했습니다. 저는 구체적으로 설명하기 시작했습니다.

"폐농산물검역소 대지가 300평입니다. 여기에 문화원을 연건평 400평 정도로 신축하면 30억 이내로 지을 수 있습니다. 국비가 약 50%니까 시비는 15억 원만 들이면 됩니다."

문화예술과장님이 고개를 가로저었습니다.

"그 부지가 시유지인 건 맞습니다. 하지만 특별회계 자산이기 때문에 일반회계에서 약 15억 원의 예산이 더 소요됩니다."

듣고 있던 안상수 시장님이 말씀하셨어요.

"주머니돈이 쌈지돈 아닙니까? 일반회계 자산이나 특별회계 자산이나 창원시 자산입니다. 손 의원님 안대로 추진하세요."

덕분에 마산문화원 원사가 신축 준공될 수 있었습니다. 산호공원 원사가 철거된 지 15년 만인 2019년, 부지 대금 15억이 포함된 50억여 원의

현재 마산문화원 전경

사업비가 투입되었죠. 원래 계획보다 연건평도 조금 늘어났습니다.

최근(2025년) 마산문화원 행사에 참석한 적이 있습니다. 문화원 회원 수는 1000여 명이고 매일 평균 300~400명이 방문해서 문화원 프로그램에 참여한다고 합니다.

이분들이 인근 식당에서 점심을 드시기 때문에 주변 식당가가 상시 호황이고, 주변 경제에도 도움이 되고 있다고 관계자들이 말씀하셨습니다. 오래전에 제가 예상한 그대로였죠.

이 사실을 봉암동 지역주민들께 전해드렸습니다. 알고 보니 많은 분들이 이미 마산문화원에 대해 알고 계시더군요.

예전에는 잘 모르고 반대했지만, 지금은 많은 분들이 후회하고 계신다고 합니다.

나는 철새가 아니라
노새이고 싶다

2018년도 선거 때는 자유한국당으로 출마했어요.
그런데 자유한국당으로 입당하기까지 17개월이나 걸렸습니다.

'왜 이렇게 내를 괴롭히노? 내는 그냥 재미있게 시의원 하고 싶은 것 뿐인데….'

선관위나 언론이 맨날 "인물을 보고 뽑으세요."라는 말이 참 위선적이라고 해야 하나 거짓말이라고 해야 하나, 현실과 너무 동떨어져 있는 셈이죠. 선거 시스템 자체를 당을 보고 뽑게 해놓은 장본인들이 무슨 인물 선거를 운운합니까? 모든 후보가 무소속으로 출마한다면 제 지역구에서 저를 이길 후보는 없을 겁니다.

물론 저도 정치적인 신념과 관점이 있습니다. 하지만 시의원 손태화는 나랏돈으로 주민들을 행복하게 해주는 것밖엔 관심이 없습니다. 탄핵 반대 집회 때도 절대로 시의원이나 시의장 자격으로 서지 않았어요. 그런데 왜 자꾸 정당이라는 틀에 시의원 손태화를 밀어넣어야 하냐 이 말이에요. 그 누구보다 유능한 일꾼이라 자부하는 제가 민주당 가서 소외당하고, 국민의힘 가서 견제당하고, 시민들한테는 이리저리 당을 옮겨다닌 철새라고 욕먹고, 제가 왜 이래야 하느냐 이 말입니다!
　저는 양지를 찾아다니는 철새가 아니라 묵묵히 일하는 노새가 되고 싶습니다. 멋진 말(馬)이 아니어도 좋고 힘센 소가 아니어도 좋습니다. 지금이라도 기초의원의 정당공천제를 폐지해 주십시오. 그래야 지방이 살고 자치가 살아날 수 있습니다.

자유한국당으로
출마하여 당선되다

어느 날 예상치 못한 일이 벌어졌어요. 제가 민주당을 탈당하여 무소속으로 있을 때, 자유한국당 시의원이었던 L 모 의원이 더불어민주당으로 이적한 겁니다.

2016년 제20대 국회의원 선거 때, 당시 현역 국회의원이 경선에서 탈락하고 윤한홍 국회의원께서 당선되셨습니다. 이때 윤한홍 당시 후보를 지지하던 L 모 시의원이 2년 뒤 지방선거에서 경남도의원 공천을 달라고 요구했는데, 확답을 받지 못하자 탈당하여 민주당 도의원 후보로 출마했던 것입니다.

"L 의원이 가버렸으니 손태화라도 잡아온나!!"

2017년 연말에 자유한국당 당직자 몇 분이 저한테 찾아왔습니다. 마산문화원 원장, 자유한국당 수석 부위원장, 국회의원 최측근이라고 말씀하시는 분 등이었죠.

"손 의원님! 자유한국당에 입당해 주세요."

17개월 동안이나 저를 경계하고 배제하던 자유한국당이 입당해 달라고 요청해 온 상황!
아무리 인생만사 새옹지마라지만 많은 생각이 들었습니다.
저는 그분들의 눈을 똑바로 바라보며 말했습니다.

"알겠습니다. 다만 하나만 말씀드릴게요."
"말씀하십시오 손 의원님."
"내년 지방선거에서 나를 공천에서 배제하지 마세요. 당내 경선을 어떤 식으로 하든지 상관없습니다. 하지만 이렇게 입당시켜 놓고 나중에 전략공천으로 나를 빼 버리면, 내가 절대 당신들 가만 안 둘낍니다. 그것만 약속해 주세요."
"하모요!"
"당연하지예!"
"약속하겠씀다!"
"좋습니다. 입당하겠습니다."
"감사합니다 손 의원님!"

시의원 활동은 당이나 사상에 상관없이, 오직 주민만 바라보며 해왔지만요.

그런데 어느 순간 기초의원에 대한 정당공천제도가 생겼습니다. 저는 스스로의 소신을 지키기 위해, 무소속으로 출마해서 낙선했던 적도 있었습니다. 그 후에도 여러 일들이 있었지만 제 사상과 이념은 확고부동했습니다. 그래서 큰 고민 없이 입당을 결심할 수 있었습니다.

이렇게 우여곡절 끝에 입당해서 당내 경선 없이 스스로 [기호2-나]번을 선택했습니다. 그리고 2018년 6월 13일에 치러진 제7대 기초의원 선거에서 자유한국당 [기호2-나]번으로 당선이 되었습니다.

'이제 정치적인 건 잊고 지역구와 민생에 집중하자.'

다짐하고 또 다짐했습니다.
정치는 정말 엉성스러웠기 때문입니다.
('엉성스럽다'는 지긋지긋하다는 뜻의 경상도 사투리입니다.)

구암1동의 실패한 1호 도시재생 뉴딜사업

　제 지역구에서 진행된 〈구암1동 도시재생 뉴딜사업〉은 총 220억 원의 사업비로 2018년부터 2024년까지 진행된 프로젝트입니다.

　이 지역은 원래 창원시에서 1호로 재개발 지정되었다가 주민들의 반대로 해제된 곳입니다. 10여 년간 재개발이 추진되다 해제되자 도심이 슬럼화 되어버렸죠. 도시가스 공급이나 직관화된 오수관 같은 기본 인프라조차 미비한 지역으로 전락했으며, 34억 원이나 되는 재개발 매몰비용까지 발생했습니다.

　저는 2017년, 27억 원의 예산을 어렵게 확보하여 오수관 연결 공사를 시작했습니다. 도시가스 공급 시 주민 부담분을 창원시와 경남에너지가 100% 부담하도록 협의했고요. 예산 절감을 위해 이 두 기반시설 공사가 동시에 진행되도록 하였습니다.

이 사업은 창원시 1호 도시재생 뉴딜사업으로 선정되어 주거환경 개선과 지역경제 활성화를 목표로 다양한 계획이 추진되었습니다. 대표적인 예가 두루두루어울림센터, 구암스포츠센터, 구암 60+ 등입니다.

저는 사업 계획 단계부터 적극적으로 참여하여 '요람부터 무덤까지'라는 컨셉을 만들었고, 그 컨셉에 맞춰 구암1동의 도시재생을 추진했습니다.

하지만 실행 과정에서 문제가 발생했습니다. 창원시청 도시재생과 직원들과 주민협의체가 일심동체가 되어 사업 방향을 크게 왜곡시킨 것입니다. 창원시장과 도의원, 시의원이 전부 같은 정당(민주당) 소속이었기에 벌어진 일이었지요.

저는 회의 석상에서 이대로 진행하면 실패할 것이라고 강하게 항의했습니다. 하지만 다수의 힘에 밀려 원래 계획과는 다른 방향으로 진행되고 말았습니다.

결국 2025년 상반기, 구암 60+의 리모델링 사업을 끝으로 도시재생 사업이 마무리되었습니다. 하지만 당초 계획과 달라지면서 실망스러운 부분들이 속출하였습니다.

대표적인 케이스가 두루두루어울림센터입니다. 사업비의 절반 이상인 120억 원이 투입되었음에도 불구하고, 건축 단계부터 실패하는 바람에 약 40%나 되는 공간이 쓸모없게 되었으니까요. 초기에는 한 개 층 전체를 어린이 공간(어린이도서관, 어린이집, 공동육아나눔터 등)으로 계획했으나, 실제로는 파크골프 교육장으로 사용되고 있습니다.

이와 같이 초기 계획과 동떨어진 사업추진으로 인해, 구암1동의 도시재생 뉴딜사업은 끝내 실패로 끝나고 말았습니다.

도시재생 전문가로서 묻고 싶습니다. 누구를 위한 도시재생인가요? 창원시에서 진행되었던 열 건의 도시재생 중에서 제대로 성공한 곳이 있었습니까?

이는 창원시만의 문제가 아닙니다. 전국의 도시재생 뉴딜사업은 대부분 실패하는 경우가 많았습니다. 그런 사례를 접할 때마다 안타까움과 씁쓸함을 감출 수 없습니다.

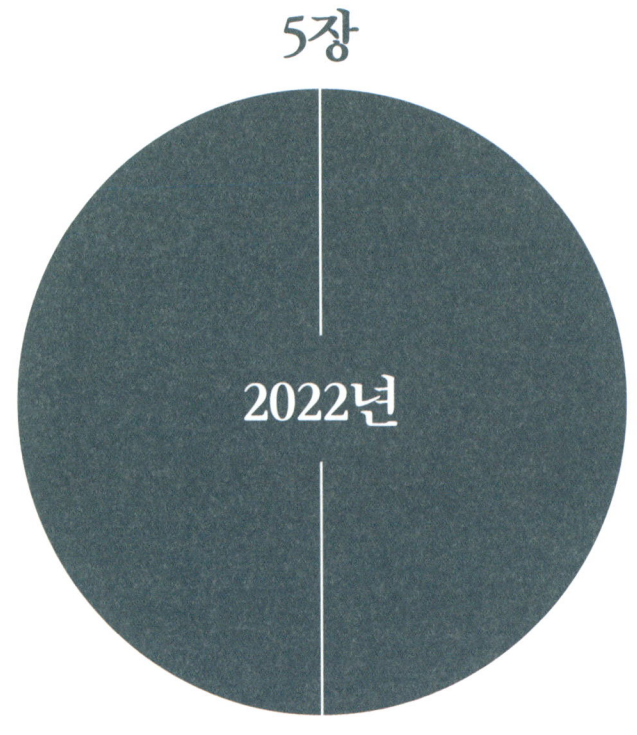

5장

2022년

선거와 미래 창원의 발전을 위하여

재건축 대신 공공개발을 추진하다
: 봉암연립주택 이야기

　제 지역구인 봉암동에는 봉암연립주택이 있습니다. 총 8개 동 129세대 규모인데 올해로 43년이 되었습니다.
　워낙 오래되다 보니 안전 문제도 심각했고 생활 환경도 처참했어요. 윗집에서 물이 새어 곰팡이가 심하게 번졌고, 여름이면 쌓여 있는 쓰레기 더미에 모기와 벌레가 들끓어 처참한 상황이었죠. 주민들이 함께 모아둔 유지보수 비용도 이미 오래전에 바닥이 난 상태라 건물 수리나 관리는 꿈도 못 꾸는 실정이었습니다.
　현장에 가보니 상황이 심각했습니다. 페인트는 벗겨지고 사방에 금이 가 있었어요. 심지어 천장이 갑자기 무너져 내린 집도 있었습니다. 밤에 자는 동안 천장에서 시멘트 덩어리가 떨어져서 크게 다칠 뻔한 분도 계셨죠.

그래서 절반 이상의 주민들이 이곳을 떠났습니다. 남은 분들은 이사갈 형편조차 안 되는 노인분들이 대부분이었죠.

상황이 이 지경인데 어째서 재건축이 안 되었냐고요?

현재 봉암연립 전경

사실 재건축은 사업 인가까지 났었지만 사업성이 낮아서 번번이 무산됐지요.

오랜 기간 동안 해결되지 않는 이 문제를 더는 두고볼 수 없었습니다. 창원시와 함께 방법을 모색한 결과 공공개발을 추진하는 쪽으로 의견을 모았죠. 이 과정에서 부동산학 박사인 저의 지식과 도시재생에 대한 전문성이 큰 도움이 되었습니다.

결론이 나온 직후 주민분들을 찾아뵙고 말씀드렸습니다.

"재건축 추진은 현실적으로 어렵습니다. 만약 주민들께서 과도한 보상을 요구하지 않는다면, 창원시가 직접 부지를 매입해 공공시설을 짓도록 하겠습니다. 대신 정비구역 해제를 위한 동의서를 작성해 주십시오."

주민분들이 그 자리에서 박수를 치며 기뻐하셨습니다. 서로 손을 잡고 눈물을 글썽이는 모습에 저 역시 큰 감동을 받았지요.

현재 이 부지에 어떤 공공시설을 지을지 창원시정연구원에서 용역을 진행 중입니다. 공공시설 부지로 어떻게 활용할 것인지, 2025년 상반기 중에 결정될 것입니다. 기대해도 좋습니다.

30년 전에 한 일을
또 하라고요?

우리 지역에서 저를 아는 분들은 성향이 완전히 갈려 있습니다.

제가 뭘 해도 그냥 무조건 반대하시는 분들이 한쪽이고, 저의 스타일과 상황, 노력을 이해해 주시는 분들이 다른 한쪽이지요. 제가 요즘 젊은이들 말로 '노빠꾸 상남자' 이미지라서 그런 것도 있을 테고, 정당이 국민의힘이라서 그런 것도 있을 겁니다.

저는 1995년부터 지금까지, 우리 동네에 필요한 수많은 주민편익 사업들을 이루어 냈습니다. 그런데 30여 년 가까이 지나다 보니 모든 걸 다시 해야

2022년 선거벽보

할 필요가 생겼습니다.

제가 처음 시의원이 돼서 그런 사업들을 추진할 때는 동네가 형성된 지 한 20~30년 정도 지난 때였습니다. 그때도 원래 있던 걸 제가 새롭게 다시 추진했었죠. 그런데 어느새 30여 년이 지나서 같은 일을 다시 해야 하는 것입니다. 지금 새로 당선되는 의원들은 30년 전에 제가 그랬던 것처럼 하수구를 청소하고, 가로등도 LED로 바꿔야 하고, 노후화된 인프라도 새로 정비해야 하죠.

아파트만 봐도 보통 25년 정도 되면 재건축을 시작해서 30년쯤 되면 실제로 재건축이 이루어지잖아요. 이제는 제가 추진했던 사업들이 그런 시기를 맞이한 겁니다.

물론 30년 동안 많은 변화가 있었습니다. 예를 들어 가로등의 경우도 꾸준히 LED로 교체해 왔어요. 하지만 부분적이고 점진적인 변화였고 멀쩡한 걸 굳이 교체하진 않았습니다.

어쨌든 최근에 동네에서 뭔가 새로운 걸 하려고 보면 이미 30년 전에 제가 다 했던 일들입니다. 그래서 재미가 없어요. 똑같은 걸 반복하는 것만큼 재미없는 게 없지 않습니까?

의회 활동을 재미로 하냐고요? 네, 저는 재미로 합니다. 앞에서도 말씀드렸던 것처럼요. 박봉에 겸직도 안 되는데 그 정도 메리트(?)는 있어도 되지 않을까요?

하지만 20~50대 초선, 재선 의원들에게는 다 처음 하는 일들입니다. '그런데도 내가 그런 일들을 또다시 해야 하나? 20~30년 전에 했던 일들을?' 하는 생각이 듭니다.

강산이 세 번 바뀌니
사람도 세 번 바뀌네

제가 평소에 늘 이야기하는 게 있습니다. 4년에 한 번씩 선거를 치를 때마다 주민들이 약 10~15%씩 교체된다는 것입니다.

그동안 제가 얼마나 열심히 일했는지, 그리고 얼마나 많은 일들을 해 왔는지 기억하는 분이 동네에 20%도 채 남아 있지 않습니다. 주민들이 시나브로 다 바뀌어 버렸으니까요. 예전에는 저를 모르면 간첩이었는데 지금은 모르는 분이 더 많아요. 그분들은 제가 과거에 했던 수많은 일들을 거의 다 모르시고, 뭔가 새로운 걸 하라고 요구하시곤 합니다. 그런데 일이라는 건 사람마다 호불호가 심하게 갈려요. 모든 사람이 다 만족하는 사업이나 정책은 거의 없거든요? 그리고 자신과 직접 관련이 없으면 대번에 불만이 생겨요. "아니 지금 뭐하는 거야? 저걸 왜 저렇게 해? 저게 뭐하는 짓이야? 왜 아무 일도 안 해?" 등등.

창원특례시의회 의장에 취임하다
: 순환보직과 직무교육의 필요성

저는 2022년 선거에서 7선에 성공한 후, 2년 뒤인 2024년 7월 1일 제4대 창원특례시의회 후반기 의장이 되었습니다.

아시다시피 2022년부터 지방의회 인사권이 시의회 의장에게 부여되었습니다. 의장이 의회사무국과 전문위원실, 정책지원관의 인사권자가 된 것이지요.

사실 지금까지 의회 직원들의 인사권을 지자체장이 갖고 있어서 여러 문제와 폐단이 많았습니다. 그래도 늦게나마 바로잡은 것은 참으로 다행한 일입니다.

이번에 의회 직원들의 인사권이 지자체에서 독립된 것을 시작으로, 지방의회에 좀 더 많은 권한과 결정권이 주어져야 할 것입니다. 우리나라는 집행기관(지방자치단체)과 지방의회가 대립하는 기관대립형을 채택하

의장 취임 당시

고 있습니다. 그런데도 의회의 힘이 너무 약해서 균형이 맞지 않다는 지적을 계속해서 받아 왔지요.

저는 2024년 7월 1일 첫 인사에서 팀장(6급) 이상 직원의 대부분(90%)에 대해 인사이동을 단행하였습니다. 그리고 이에 대한 설문조사 결과가 긍정적이었기 때문에 6개월 뒤인 2025년 1월 2일, 하위직 직원 80% 이상의 순환보직 인사를 실시했습니다.

6개월마다 순환보직을 실시하는 이유는 직원들이 정년퇴직 시까지 의회사무국 내에서 계속 근무해야 하기 때문입니다. 동일 직급의 직원들이 어느 부서에서 근무하더라도 성실히 업무를 잘 수행할 수 있도록 하기 위함이지요.

또한 6개월 단위로 자체 직무교육을 실시하여 직원들의 업무 수행 능력을 향상시키기 위해 노력하고 있습니다. 이러한 교육은 법정교육 일수와 무관하게 진행되고 있습니다.

앞에서 말씀드렸듯이 저는 의장으로 취임한 이후 인사이동을 단행하였습니다. 이때 의사팀장을 전보 인사 명단에 올렸는데, 인사 참모들이 의사팀장을 교체하면 후임 적임자가 없다고 보고하였습니다. 확인해 보니 의사팀장이 그 자리에서 2년 정도 근무했더군요.

의사팀장은 본회의장 회의를 진행하는 실무책임자입니다. 생방송으로 진행되는 본회의의 업무 특성상 높은 능력이 요구되는 자리이지요. 본회의 진행 중 문제가 발생하면 그 문제는 즉시 시민들에게 전달되기 때문입니다.

하지만 적당한 후임자를 찾기 어렵다는 이유로 계속 같은 직원을 근무하게 하는 것은 더 큰 문제였습니다. 그래서 6개월 전에 승진하여 7월 1일 자로 보직 발령을 받은 직원을 의사팀장으로 인사 발령하였고, 현재 업무는 매우 잘 진행되고 있습니다.

창원시의회의 정원은 법령상 84명까지 늘려야 합니다. 그러나 단체장과의 협의가 부족해 12명이나 부족한 상태입니다. 따라서 적은 인력으로, 모든 직원이 어떤 임무라도 수행할 수 있도록 해야 합니다. 제가 지속적인 순환보직과 직무교육을 통해 직원들의 직무능력 향상에 만전을 기하는 이유가 여기에 있습니다.

창원 최대의
어린이 체험 공원을 설계하다

창원에서 가장 큰 어린이 공원이 조성되고 있습니다.

저는 이 공원의 구상과 기획을 했어요. 세상에 하나뿐인 독창적인 공원이죠. 공사를 담당한 업체에서도 놀라시더군요. 20년간 여러 공사를 진행했지만 이런 디자인은 처음 본다면서요.

지금도 공사가 진행 중입니다. 추가 공사비 1억 5천만 원을 들여서 데크를 설치하고 포토존도 만들고 있어요. 풍경 자체가 너무 예쁘거든요.

유치원생과 초·중학생을 위한 체험공간과 어트랙션도 설치 중이고, 테마랜드에 있는 4DX 가상체험 장비도 들어올 겁니다. 드론 체험도 할 수 있고요. 이렇게 어떤 체험을 하게 할지도 제가 함께 선정해 주었습니다.

근처 놀이터에 오신 분들이나 지나가는 분들이 다 궁금해해요. 다들

"저기 뭐 하는 거지?" 하면서 수군수군해요.

그밖에 파크골프장도 만들 예정입니다. 현재 부지 매입 중인데 매입비는 이미 나와 있고 사업비만 받으면 됩니다. 파크골프장을 만드는 이유는 이 공원의 컨셉 때문이에요. '요람부터 무덤까지'라는 컨셉이거든요. 요즘 연세 드신 분들이 파크골프를 많이 하시더라고요.

'요람에서 무덤까지'라고 말씀드렸지만 기본적으로는 어린이 공원을 지향하고 있어요. 어린이가 중심이지만 중장년층과 노년층도 다 함께 즐겼으면 좋겠다는 마음을 담았어요.

사실 이게 자연스러운 게, 요즘엔 아이들만 밖에 잘 안 내보내잖아요. 웬만하면 보호자들이 같이 다니시죠. 이럴 때 할머니, 할아버지는 파크골프를 치거나 벤치에 앉아서 쉬면 되는데 정작 엄마, 아빠들이 쉴 공간이 없는 경우가 많죠.

그래서 근처 산속에 트리하우스를 짓고 있답니다. 나무 위에 집을 짓고 데크를 설치할 겁니다. 이것도 세상에 하나뿐인 시설이 될 거예요. 그 안에서 책도 읽고 간식도 먹을 수 있게 하는 거죠.

창원의 미래 먹거리
: 상설 드론 스포츠 센터 추진

창원에 마산로봇랜드라는 테마파크가 있습니다. 2019년에 개장했고 정식 명칭은 경남마산로봇랜드이며, 경남로봇랜드재단에서 운영합니다.

로봇랜드에서 2~3분 거리에 로봇랜드 컨벤션센터가 있습니다. 원래는 호텔과 다양한 부대시설이 함께 들어서도록 계획되었지만 무산되고 말았어요.

문제는 국제 행사를 유치하기 위해선 반드시 숙박과 식사가 가능한 시설이 필요하다는 점입니다. 실제로 서울 코엑스, 송도 컨벤시아, 제주 컨벤션센터, 일산 킨텍스, 부산 벡스코, 광주 김대중컨벤션센터, 수원컨벤션센터, 창원 CECO 모두 컨벤션과 호텔이 함께 운영되고 있죠. 즉 국제 규격을 충족하지 못한 것입니다.

결국 마산로봇랜드 컨벤션센터는 규모가 작고, 부대시설이 부족하며, 위치도 시내에서 30분 정도 떨어져 있어 성공하지 못했습니다. 실제로 전시장의 연간 이용률이 2~3%에 불과하더군요.

이 문제를 해결하기 위해 시정연구원에 용역을 의뢰했습니다. 마산로봇랜드 컨벤션센터를 상설 드론 스포츠센터로 전환하는 방안에 대한 연구를 의뢰한 것이죠. 같은 내용을 창원시의회 정책지원관에게도 요청했습니다.

갑자기 웬 드론이냐고요?

드론은 무궁무진한 잠재력을 가진 미래 먹거리이기 때문입니다. 물류, 근거리 항공여객까지 드론이 가져올 변화는 막대합니다. 최근 우크라이나 러시아 전쟁에서 드론이 활약했다는 이야기는 다 아실 거예요. 물론 전쟁이라는 비극적인 상황에서 '활약'이라고 표현하면 안 되겠지만요.

어쨌든 드론의 중요성은 날로 커지고 있습니다. 세계적으로 드론 산업이 급성장하는 데 반해 우리나라에서는 주목받지 못하는 느낌입니다. 지금이라도 드론에 주목하고 관련 산업을 육성시켜야 합니다.

우리나라도 늦었지만 경남과 창원은 더욱 늦은 상황입니다. 창원이 세계적인 방위산업의 중심지임에도 말이죠. 하루빨리 드론 산업에 대한 관심을 제고해야 합니다.

현재 창원교도소 이전 부지에 AI를 바탕으로 한 기계산업 자율제조단지, 국산화 100%의 첨단 드론단지, UAM 연구 관련 생태계를 구축하려고 노력 중입니다. 만약 성공한다면 창원 산업의 대전환을 선도하는 지역으로 발전할 수 있을 거예요.

이러한 상황에서 마산로봇랜드 컨벤션센터를 상설 드론 스포츠센터로 전환하는 방안을 적극 추진하고 있어요. 앞에서 말씀드렸듯이 이 시설은 수백억 원이 투입되어 건립됐지만 연간 활용률이 매우 저조하거든요. 이곳을 국내 최초의 상설 드론 스포츠 메카로 만드는 게 제 목표입니다.

마산로봇랜드 컨벤션센터 - 텅빈 주차장

드론 산업 중에서도 제가 특히 주목하는 분야는 '드론 스포츠'입니다. 드론 스포츠 산업은 단순한 취미 활동이 아니에요. 드론 축구, 드론 농구, 드론 레이싱, 드론쇼 등과 같은 정식 스포츠로 얼마든지 발돋움할 수 있습니다.

프로게임도 처음에는 "저런 게 무슨 스포츠야?"라는 말을 들었던 거 기억하시죠? 드론 스포츠도 '프로 드론 파일럿', '프로 드론 레이서' 같은 인기 직종이 되길 바랍니다. 한때는 무시당했던 프로게이머가 어엿한 전문직종이 된 것처럼요.

아시다시피 스포츠에는 다양한 부가산업이 따라옵니다. 야구를 예로 들면 글러브, 배트, 유니폼 등의 직접적인 장비는 기본이고 에이전트, 구단 프런트, 물리치료사, 치어리더 등의 다양한 사업과 산업이 함께 발전하지 않습니까? 잉글랜드 프리미어리그(EPL), 미국 풋볼리그(NFL), 포뮬러 원 리그(F1) 등은 천문학적인 시장 규모를 자랑하고 있지만 잘 알려져 있지 않은 소규모 리그들도 큰 매출을 올리고 있습니다. 로봇들이 대결을 펼치는 배틀로봇 리그도 그중 하나입니다.

드론 스포츠의 가능성도 무궁무진합니다. 관련 장비 및 소프트웨어 산업도 함께 성장할 것이고 관광 활성화에도 기여할 것입니다.

현재 전국적으로 드론 스포츠를 위한 전용 시설은 없는 것으로 알고 있어요. 대부분 실내체육관을 임시로 활용하거나 야외에서 대회를 개최하는 방식이지요. 이런 상황에서 마산로봇랜드 컨벤션센터를 드론 스포츠 전용 시설로 조성한다면, 대한민국 최초의 상설 드론 스포츠센터가 될 가능성이 큽니다.

전국 최초의 드론 스포츠 프로팀을 창단하는 것도 목표 중에 하나예요. 현실화된다면 창원이 드론 산업과 드론 스포츠 산업 모두 선도할 수 있지 않을까요?

이러한 비전을 실현하기 위해서는 경상남도의 협조가 필수적입니다. 마산로봇랜드와 컨벤션센터는 창원시가 단독으로 운영하는 시설이 아니라 경상남도와 공동 출자한 시설이기 때문이지요.

그래서 저는 창원시장과 경남도지사를 만나 드론 스포츠센터 전환 계획을 설명하고 협조를 요청할 계획입니다. 경상남도 경제부지사, 경남도의회 의장, 창원시 부시장 등 주요 관계자들께도 여러 차례 말씀드린 적이 있습니다.

현재 창원시정연구원에서 관련 용역을 진행 중이며 6월쯤 결과가 나올 예정입니다. 이 연구 결과가 나오면 시장에게 보고하고, 직접 도지사를 찾아가 적극 추진할 계획입니다.

그래도 안 되면 언론을 통해 문제를 제기하고, 주민 여론을 형성해서라도 끝까지 추진해 나가겠습니다.

잘못된 교육제도가
불러온 나비효과

저는 젊은 나이에 기능장이 됐어요. 그리고 28살에 제조업체를 창업했지요. 요즘은 고등학생도 창업을 하지만 1980년대 그때는 아무나 못했어요. 20대에 제조업체를 창업하는 건 상당히 드문 일이었습니다.

지금도 사람들이 비결이 무엇이냐고 물어보시는데 별 거 없어요. 그냥 적성에 맞았던 것뿐입니다.

사실 저는 중고등학교 때 공부를 꽤 잘했어요. 명문고와 명문대에 충분히 진학할 수 있는 실력이었죠. 중학교 2학년 때 갑자기 사이클 선수로 뽑히지 않았다면, 그래서 성적이 곤두박질치지 않았다면 판검사나 이공계 출신 경영자를 하고 있었을 겁니다. 허세가 아니라 제가 머리가 꽤 좋거든요. 머리가 나빴다면 '기능계의 박사학위'라 불리는 기능장 자격증을 25살에 땄을 리가 없죠. 실업계 고등학교와 창원기능대학(한국폴리텍VII 대학) 다닐 때 이미 어려운 자격증을 여러 개 취득해서 학교를 뒤집어 놓곤 했습니다. 자세한 이야기는 3부에서 다시 말씀드리겠습니다.

제가 이런 배경을 갖고 있다 보니 예전부터 교육제도에 문제의식을 많이 갖고 있었어요. 시의원이 아니라 국회의원이었으면 분명히 뭔가를 했을 겁니다. 특히 호주와 뉴질랜드 교육제도를 공무국외출장(公務國外出張)으로 견학한 다음 그런 생각이 확고해졌습니다.

제가 호주랑 뉴질랜드를 두 번 다녀왔어요. 작년에도 갔었고 4년 전에도 갔다 왔죠. 호주에서는 초등학교와 중학교 때까지 공부를 거의 시키지 않아요. 그 대신 학생의 적성을 찾는 데 올인합니다. 고등학교에 가면 70%의 학생이 직업대학으로 진학하고 나머지 30%만 우리나라처럼 인문대학으로 갑니다. 법조인, 의사, 과학자 등이 되기 위해서지요.

우리나라는 공부만 잘하면 본인의 적성과 상관없이 대부분 법대나 의대로 가지 않습니까? 하지만 호주·뉴질랜드는 다르더군요. 학생의 적성을 찾는 데 많은 시간을 할애하고 그 적성을 살릴 수 있게 해주었습니다. 그러다 보니 직업대학 진학률이 높고, 직업대학 졸업자의 85%가 취업에 성공하더군요.

그런데 우리나라 학생들은 어때요? 자기가 뭘 좋아하는지도 모르고 무조건 문제만 풀지 않습니까? 문제 푸는 기계, 문제 푸는 전문가가 되지만 정작 가장 중요한 문제는 전혀 풀지 못합니다. "내가 평생 즐겁게 할 수 있는 일이 무엇일까?", "내가 열정을 불태울 수 있고 사아를 실현할 수 있는 일은 어떤 일일까?" 같은 질문들이죠. 진짜 중요한 이런 문제는 못 푸는데 미적분이나 영어단어가 무슨 소용입니까? 이거는 기성세대가 학생들에게 잔인한 거예요.

그러다 보니 대학교에 들어와서도 방황하고, 취업할 때도 방황하고, 취업을 하고 나서도 방황하며, 심지어 은퇴하고 나서도 방황하며 공허함을 호소합니다. 자기가 뭘 좋아하는지조차 모르니 남들이 하는 대로, 남들이 좋다는 직업을 가질 수밖에 없었으니까요.

이렇게 되면 더더욱 돈에 집착할 수밖에 없어요. 좋은 집 좋은 차 말고는 나 자신을 증명할 방법이 없기 때문입니다. 끊임없는 경쟁과 비교로 인해 자존감이 낮아진 상태면 더욱 심각합니다.

그 결과가 바로 황금만능주의와 배금주의, 천민자본주의입니다. 세계 최고의 자살률과 세계 최저의 행복도와 출산율도 마찬가지입니다. 정신과가 사상 최대의 호황을 누리는 이유이기도 하지요.

이런 교육 시스템은 더 이상 존속하면 안 됩니다. 더 이상 유지하고 싶어도 유지할 수 없어요. 저출산 때문에 대학의 50%가 문을 닫아야 하기 때문이죠. 교육 시스템의 붕괴가 코앞에 있습니다. 초등학교 중학교는 이미 붕괴 중이고요. 게다가 인공지능(AI)이 엄청난 속도로 발전하고 있지 않습니까?

저는 이런 문제를 해결하기 위해 지난 대통령 선거 때 교육제도 개혁을 건의한 적이 있습니다. 윤석열 대통령 후보의 경남 지역 국민의힘 지방 공약위원으로 참여했을 때였습니다.

제가 국가 전체의 교육제도를 바로잡을 순 없으니 제가 잘 아는 기능인재 육성을 중심으로 건의드렸습니다. 대학 수가 너무 많고 전망도 불확실하니, 정부가 일부 대학을 매입하여 직업대학으로 전환하자는 게 핵심 내용이었습니다.

실제로 폴리텍대학 입학생 중 30% 이상이 일반 대학을 졸업하고 재입학한 경우입니다. 꿈도 목표도 없이 공부만 하다가, 자신의 적성도 모르고 성적에 맞춰 전공과 대학을 선택한 다음, 취업 전이나 이후까지 방황하다가 20대 중후반이 되어서야 "이 길이 아니야!"라고 외치며 직업대학에 입학하는 겁니다. 이게 얼마나 비효율적입니까? 개인적으로도 낭비고 국가적으로도 낭비 아닙니까?

결론은
한국폴리텍대학

물론 모든 학생들이 다 그렇다는 건 아닙니다. 단순히 취업이 안 돼서 기능대학에 들어오는 학생들도 많을 겁니다.

어쨌든 우리나라에도 호주·뉴질랜드의 직업대학과 비슷한 대학이 있습니다. 바로 제가 나온 한국폴리텍 대학입니다.

창원에 한국폴리텍 VII대학이 있습니다. 흔히 폴리텍 VII대학이라 부르는 이곳이 본래 원조로, 제가 다닐 때는 창원기능대학이었습니다.

폴리텍 대학은 교육부 소관이 아니라 노동부 소관이에요. 준학사(전문학사)를 주고, 심화 과정을 통해 학점은행제로 학사 학위까지 취득할 수 있는 시스템입니다. 저 역시 학점은행제로 전문학사와 학사를 받았죠. 저는 시간 날 때마다, 기회 있을 때마다 공부하거든요.

얼마 전 총동문 회장들을 초청한 학교 간담회에 참석했어요. 폴리텍

대학의 10년 평균 취업률이 85%이고, 취업 유지율이 92%라는 사실을 듣고 한마디 했죠.

"우리나라도 호주와 같은 교육 시스템으로 가야 합니다. 호주는 초등학교와 중학교 때까지 공부 대신 적성을 찾는 데 집중하고, 고등학교 이후 학생의 70%가 직업대학에 가더군요.

그 결과 직업대학 졸업자의 취업률이 85%에 이릅니다. 우리 폴리텍 대학 졸업자의 평균 취업률도 85%라고 하셨는데 이게 과연 우연일까요?

어쨌든 우리나라도 교육제도와 사회적 인식을 뜯어고쳐야 합니다. 직업대학에 더 많이 진학하도록 시스템을 바꿔야 합니다."

지금 우리나라 대학의 약 30~40%가 문을 닫아야 하는 상황이지만 현실적으로 닫지 못하고 있습니다. 학생들은 대학을 졸업해도 기술이 없어서 취업률이 20~30%밖에 되지 않습니다. 대학교도 어렵고 학생들도 힘든데 기업들은 인재가 없다고 아우성치는 현실! 학력이 낮으면 낮아서 취업이 안되고 높으면 학력 인플레 때문에 취업이 안 되는 현실! 이런 현실을 언제까지 두고봐야 합니까?

최근 들어서는 이 문제에 대한 사회적 인식이 조금씩 변하는 느낌입니다. 제가 10년 전에 이 이야기를 하고 다닐 때는 반응이 지금보다 훨씬 미지근했거든요. "그래도 대학 나와야 사람 대접 받는다."며 잘 받아들이지 않는 분위기였죠. 다행히 조금씩 바뀌고 있지만요.

"사립대학들이 문을 많이 닫아야 할 판입니다. 정부가 이 대학들을 인수해서 직업대학으로 전환하면 좋겠습니다. 호주·뉴질랜드처럼 직업대학 시스템이 잘 정착되면 교육의 이중 부담도 사라지고 청년 실업 문제도 해결될 수 있습니다."

아쉽게도 제 제안이 채택되지는 않았지만, 앞으로도 기회가 있을 때마다 계속 이야기할 계획입니다.

현재 우리나라 전문학교의 환경도 매우 좋습니다. 제가 다니는 학교 등록금이 한 학기당 258만 원인데 장학금이 한 270만 원 정도 나옵니다. 다둥이 장학금, 성적 장학금 등 여러 가지 장학금이 많아서, 실제로 등록금 내고 나면 오히려 10~20만 원이 더 남습니다. 이렇게 좋은 환경에서 기술을 배우지 않으면 손해가 아닐까요?

앞으로 정부가 거점 대학을 중심으로 직업대학 시스템을 확대하길 바랍니다. 우리나라는 교육으로 일어난 나라입니다. 흔한 말로 자원도 없고 인구도 적은 나라가 이만큼 성장한 게 모두 교육 덕분 아닙니까? 하지만 수십 년이 지나 세상이 바뀌었습니다. 낡은 교육 패러다임을 혁파해야 합니다. 그래야 AI 시대에 살아남을 수 있습니다.

거창하게 AI를 논할 필요도 없습니다. 지금 이 순간에도 120만 명의 청년이 '그냥 쉬고' 있고, 청년 열 명 중 한 명은 4년 이상 '쉬고 있는' 현실을 벗어나기 위해서라도 기술교육 및 직업교육 강화가 반드시 필요합니다.

2부

손태화의
지방자치 이야기

1장

마산이 몰락한 열 가지 이유

2010년 7월 1일, 마산이 사라졌습니다.

물론 마산이라는 도시 자체가 없어진 것은 아닙니다. 주민들도 그대로 살고 계시고요. 마산·창원·진해가 하나의 행정구역으로 통합되어, 마산시라는 이름이 사라진 것뿐입니다.

마산이 전국 7대 도시였을 때는 창원이 '마산시 창원출장소'였는데, 어쩌다 이렇게 된 걸까요? 창원이 마산에 흡수된 게 아니라 마산이 창원에 흡수된 이유는 무엇일까요?

지금부터 마산의 몰락 과정에 대해 말씀드리겠습니다.

마산의 전성기와
7대 도시 시절

　마산자유무역지역은 고(故) 박정희 전 대통령께서 1970년 4월 1일 외국 기업을 유치하고 수출 산업을 육성하기 위해 대한민국 최초의 자유무역지역(FTZ)으로 지정·설치한 곳입니다.

　이후 1971년 3월에 제1호 입주기업이 가동을 시작하며 본격적인 운영이 시작되었고, 한국을 대표하는 산업단지로 성장하여 최근 국가산업단지로 지정되었습니다.

　마산은 오래전부터 공업과 경제의 중심지였습니다. 1957년 마산 양덕에 마산방직 마산공장이 설립된 데 이어, 1967년 1월 25일 한일합섬 마산공장이 23만㎡ 부지에 연면적 6만㎡ 규모의 공장 건물을 준공했습니다. 같은 해 4월에는 한국철강 마산공장이 준공되었으며, 박정희 대통령께서 준공식에 참석했습니다. 이는 국내 철강산업 발전에 큰 영향을 미쳤고, 1973년 마산 봉암동에 19만 평 규모의 봉암공업단지가 조성되면서 마산은 본격적인 공업 도시로 도약했습니다.

이렇게 경남의 수부(首府) 도시로 성장하면서 자연스럽게 물류 중심지가 되었습니다. 마산 부림시장이 그 역할을 담당했고 창동과 오동동 등에 상권이 형성되기 시작했죠.

그래서 1980년대 중반부터 1990년대 초까지는 마산이 경남권을 대표하는 도시가 되었던 것입니다. 마산이 부산과 어깨를 나란히했단 말입니다. '부마(부산+마산)'라는 말도 흔히 쓰였죠. 당시 마산 인구가 53만 명이나 됐어요. 명실상부한 '대한민국 7대 도시'였답니다.

공장이 많으니 자연스럽게 일자리가 넘쳐났고, 일자리가 넘쳐나니 사람이 몰렸으며, 사람이 몰리니 상업이 발전했습니다. 당시에 경남에서 땅값이 제일 비싼 데가 바로 마산 창동 상업은행 자리였어요. 그때 공시지가가 평당 1,500만 원 정도였던 걸로 기억합니다. 30~40년 전이라는 걸 감안하면 어마어마하게 비싼 거예요.

하지만 지금은 거래도 안 돼요.

가격의 문제가 아니에요. 거래 자체가 거의 안 됩니다.

상권이 죽어가고 있으니까요.

조금 전에 제가 '부마(부산+마산)'이라고 말씀드렸죠?

하지만 이젠 '부울경(부산+울산+경남)'이라는 말이 더 자주 쓰입니다. 경상남도 지역을 지칭하는 말이 '부마경'이 아니라 '부울경'으로 굳어진 거예요. 언론도, 정부도, 심지어 창원 사람들도 부울경이라고 합니다. '부마'라는 말은 왕의 사위나 부마사태를 언급할 때나 들을 수 있어요.

그럴 수밖에 없죠. 부산·울산과 어깨를 나란히 하기는커녕 아예 사라져 버렸으니까요.

마산이 왜 이렇게 됐냐고요?

마산이 몰락한 첫 번째 이유
: 교통 발달이 낳은 아이러니

지금으로부터 30~40년 전에는 우리나라 교통망이 열악했어요. KTX가 운행을 시작한 게 2004년이었는데, 그 전에는 기차가 느렸고 노선도 지금보다 훨씬 적었죠. 그래서 서울 한번 가려면 이래저래 하루 종일 걸렸어요. 가까운 부산이나 경북, 전남을 오가는 것도 훨씬 많이 걸렸고요. 철도뿐만 아니라 도로도 마찬가지였죠. 지금처럼 도로망이 많지 않았으니까요. 그때는 명절마다 고속도로가 주차장이 되곤 했습니다.

그 시절 경남의 물류 중심지는 마산 부림시장이었어요. 1997년 7월 15일에 울산광역시가 경상남도로부터 분리되기 전이었는데도, 마산은 이미 경남 최고의 도시이자 물류 중심지로 자리 잡고 있었습니다.

그러다 보니 경상남도 상인들은 대부분 부림시장에 와서 물건을 떼 갔어요. 밀양에서도 오고, 고성에서도 오고, 통영에서도 왔습니다. 이때는 김해는 대부분 평야였고, 진주시 인구가 30만 명 정도였습니다. 공단 같은 것도 없었고요.

부림시장이 서울 도매시장에서 물건을 가져와서 경남에 보급하는 역할을 한 겁니다. 지금으로 치면 물류 허브나 중간도매상 역할이었죠. 특히 양복을 비롯한 의류와 중절모 등의 모자는 전국적으로 유명했어요. 고려모직, 신흥방직, 마산모직, 아주방직 등의 섬유회사들이 즐비했기 때문입니다.

그런데 교통이 발달하면서 바뀌기 시작했어요. 경남 상인들이 부림시장으로 안 오고 서울로 가기 시작했죠. 서울 가는 시간이랑 마산 부림시장 오는 시간이 비슷해져 버렸으니까요.

결국 부림시장은 나날이 쇠퇴해져 갔습니다. 한 마디로 말해 철도와 도로의 발달이 슬럼화를 가속화시킨 겁니다. 섬유회사를 비롯한 기업들이 타지로 이전하거나 도산한 것도 문제였지요.

사실 이것은 마산만의 문제는 아닙니다. 서울을 오가는 게 편해지는 바람에 지방 인프라가 타격을 입는 현상은 모든 지방의 고민거리죠. 대표적인 게 바로 병원입니다. 지역의 큰 병원이 아니라 서울의 대형병원으로 원정 진료와 치료를 받으러 다니니까요. 이런 현상은 전국 어디서나 마찬가지입니다.

요즘엔 하루에 두 번씩 서울 왔다 갔다 하는 사람도 있더군요. 국회의원들 보면 새벽에 지방 내려왔다가 오전에 서울 올라가서 일 보고, 오후에 다시 내려오고 그러잖아요. 비행기를 타면 1시간, KTX 타면 3시간 만에 가니까 하루에 2~3번도 왔다 갔다 할 수 있죠.

마산이 몰락한 두 번째 이유
: 인프라도 떠났고 사람도 떠났다

　비슷한 시기부터 마산의 인프라가 창원으로 이전되기 시작했어요. 특히 1983년 7월 1일, 경남도청이 창원으로 이전한 이후에는 마산에 있던 대부분의 도 단위 기관들이 창원으로 옮겨갔죠.
　마산에 있던 경남신문이 창원으로 옮겼고, 마산대학이 창원에 가서 국립창원대학교가 되었죠. KBS, 몽고간장, 한국은행, 파티마병원도 떠났습니다. 하지만 마산에 들어오는 시설은 없었어요. 있던 업체들조차 망해버렸죠. 특히 IMF 때 심했습니다. 마산을 대표하던 기업 중 하나였던 한일합섬이 부도났고, 코리아타코마, 경남은행, 성안백화점 등도 줄줄이 쓰러졌지요.
　그 결과 마산은 지는 해가 되고 창원은 뜨는 해가 되었습니다. 지금은 창원이 마산보다 땅값이 30% 정도 비싸지만 당시에는 창원이

20~30% 쌌어요. 신도시였기 때문이었죠. 하지만 완전히 역전이 되었습니다.

아무리 구도심이라 해도 특정 지역을 이렇게 홀대하면 안 되는 것 아닌가요? 1991년에 첫 출마하기 전부터 저는 많은 문제의식을 갖고 있었습니다. 하지만 시장도 아닌 일개 시의원이 할 수 있는 건 거의 없었죠.

지역구에 경로당 세우고, 도로 정비하고, 가로등 달고 하천 정비하는 것도 쉬운 일이 아닌데, 큰 기업들과 기관들이 이전하거나 망하는 걸 어떻게 막을 수 있겠습니까?

거대한 수레바퀴를 올려다보는 사마귀가 된 심정으로, 마산의 몰락과 슬럼화를 지켜볼 수밖에 없었습니다.

마산이 몰락한 세 번째 이유
: 주력산업의 몰락과 신산업 유치 실패

사실 마산의 쇠퇴는 80년대 중반부터 조짐이 보였습니다.

대표적인 사례가 바로 섬유산업입니다. 60~70년대까지만 해도 우리나라 섬유산업은 대구와 마산이 주도했었죠.

하지만 90년대 들어서면서 섬유산업이 몰락하고 말았어요. 중국이나 동남아랑 가격경쟁이 안 돼서 망한 것까진 괜찮아요. 하지만 누군가는 미래를 내다보고 미리 준비했어야 하지 않습니까?

마산과 달리 부산은 2차산업과 주물공업 중심에서 관광 중심으로 산업 구조를 전환했습니다. 물론 부산 정도의 덩치를 가진 도시가 관광만으로 먹고 살 순 없죠. 그래서 문화콘텐츠, 항만 등을 육성하기 위해 많은 노력을 기울였습니다. 그게 성공했든 안했든 변화를 모색했는데 마산은 그렇지 못했어요.

그 결과 마산은 섬유산업이나 철강산업 같은 주력산업도 시들어가고, 새로운 산업도 키우지 못한 채 서서히 말라죽어 갔습니다. 마산을 대표하던 한국철강㈜은 1967년 마산 월영동에 마산공장을 준공하여 2003년 가동을 중단할 때까지, 36년 동안 마산 경제의 버팀목이었습니다. 하지만 2004년에 창원 신촌으로 본사를 이전하였죠.

섬유나 철강 외에도 수많은 공장들이 문을 닫았습니다. 마산자유무역지역은 지금도 존재하고 있지만 과거의 활기를 잃은 지 오래입니다. 노키아가 입주해 있던 시절에는 78개 업체가 연간 5조 원에 달하는 제품을 생산했어요. 그중 노키아 혼자 4조 원을 차지할 정도로 규모가 컸죠. 그다음으로 큰 업체는 일본의 소니전자였습니다.

현재는 구(舊) 경남모직 자리에 위치한 업체까지 포함해서 110여 개의 기업이 마산자유무역지역에 입주하여 운영 중입니다. 숫자로는 30~40% 늘었지만 총생산액은 3조 원 수준에 머무르고 있습니다. 노키아 한 회사의 생산액보다도 못한 수준이지요.

마산이 몰락한 네 번째 이유
: 공장 대신 아파트만 지은 죄

하지만 자치단체장들은 새로운 공장을 유치하기는커녕 아파트를 짓는 데 혈안이 되어 있었죠. 대표적인 예가 바로 마산방직입니다.

1990년에 마산방직이 공장 문을 닫았습니다. 정확히 말하면 청주로 이전했지요. 그 자리에 들어선 것은 고부가가치 산업단지도 아니고 흔해 빠진 지식산업센터도 아니었습니다. 마산방직 자리에 들어선 것은 1천 세대 규모의 아파트 단지였습니다.

몇 년 뒤에는 한일합섬마저 가동을 중단했습니다. 한일합섬은 한국을 대표하는 섬유업체로서 마산시민의 자부심이자 자랑거리였습니다. 하지만 2000년대 초반, 15만 평 규모의 거대한 공장부지가 주거용지로 변경되었습니다. 그리고 2000년대 말에는 끝내 아파트가 들어섰지요.

마산 양덕동은 마산방직공장 부지와 한일합섬 공장부지에 총 9,000

세대가 넘는 아파트 단지로 자리매김 했습니다.

이 모든 일이 1995년 민선시장 취임 이후 벌어진 일입니다. 한국철강 공장부지 역시 같은 방식으로 4,300세대 다단지 아파트 단지로 바뀌었습니다. 공장은 떠나고 기업은 망하는데 아파트만 미친 듯이 지은 겁니다.

문제의 핵심은 공업용지를 주거용지로 용도전환한 거였습니다. 섬유산업이나 철강산업이 사양길에 접어들었다면, 그래서 기업들이 떠났다면 그 자리에 첨단산업을 유치했어야 하지 않나요? 서울 구로공단이 첨단산업 단지인 '구로디지털산업단지'로 변신한 것처럼요.

하지만 마산은 그러지 않았습니다. 눈앞의 이익에 눈이 멀어 아파트를 찍어냈지요. 당시 마산시와 마산시장은 이렇게 강변했습니다.

"도시 미관을 향상시키고 도시를 활성화하기 위해서는 아파트를 지어야 합니다! 그래야 지역경제가 활성화되고 도시 발전에도 도움이 됩니다!"

하지만 실제로 이득을 본 건 건설업자들과 일부 입주민들뿐이었습니다. 마산은 아름다워지지도 않았고 활성화되지도 않았습니다. 오히려 지역경제가 몰락하여 도시 자체가 쇠락하고 말았지요. 그들의 주장과 정확히 반대가 된 셈입니다. 아파트는 생산재가 아니라 소비재라는 간단한 상식마저 무시한 결과였지요.

대가는 참혹했습니다. 무너져가던 마산의 산업 기반은 복구되지도 못했고 고부가가치 신(新)산업으로 전환되지도 못했습니다. 그 결과 일자리가 사라지고 인구 유입이 끊어졌습니다. 마산의 아들딸들이 마산을 탈출해서 수도권으로 떠났습니다. 산업 기반이 사라져 가는데도 이렇다 할 대책도 비전도 없이, 눈앞의 이익에 눈이 멀었던 '눈먼 자들의 도시'는 쇠퇴할 수밖에 없었습니다.

마산의 몰락은 결코 우연히 일어난 일이 아닙니다. 장기적인 발전계획 없이 단기적 이익만을 좇았던 목민관들과 시민들이 부른 참사였습니다. 더 깊이 파고들면 지자체장들과 공무원들을 그렇게 만든 지방자치제도 자체가 문제였지요. 재선을 위한 치적에 눈이 멀어 근시안적인 판단을 하게 만들었으니까요.

지금부터 이 부분에 대해 말씀드리겠습니다.

마산이 몰락한 다섯 번째 이유
: 지방자치제 도입의 나쁜 예 (1)

저는 마산의 슬럼화가 1995년부터 본격화되었다고 생각합니다. 정치적인 측면에서 보면 더욱 그렇습니다.

1995년에 대체 무슨 일이 있었냐고요?

1995년 5월에 지방자치단체장(광역, 기초)과 지방의회 의원(광역, 기초)을 동시에 뽑는 4대 지방선거가 실시되었어요. 완전한 민선 자치시대가 시작된 것입니다.

사실 시작된 게 아니라 재개되었다고 해야겠죠. 우리나라 지방자치법은 6.25가 발발하기도 전에 제정되어 있었으니까요. 하지만 군사정권에 의해 중지되는 등의 우여곡절을 거쳐 1995년에야 부활한 것입니다. 그래서 재개(再開)되었다고 한 거예요.

그런데 조금 전에 저는 "1995년에 발생한 정치적인 사건 때문에 마산의 슬럼화가 시작되었다"고 말씀드렸습니다. 그렇다면 지방자치 때문에 마산이 슬럼화되기 시작했다는 뜻일까요?

네, 맞습니다. 지방자치 때문입니다.

지방자치는 마산에게 재앙이었습니다.

7선이나 한 기초의원에 시의장이라는 사람이 어떻게 그런 말을 할 수 있냐고요?

하지만 사실입니다. 제 얘길 좀 들어보세요.

조금 전에 말씀드렸듯이 1995년부터 전국지방동시선거가 실시되었어요. 그 결과 지방의회가 구성되었고 기초지방자치단체장도 선거로 뽑기 시작했습니다.

마산시의 경우 2010년에 창원에 통합되기 전까지 두 명의 민선시장이 선출되었죠. 김 모 시장이 1995년에는 무소속으로, 1998년 2회 선거 때는 한나라당 공천을 받고 당선되었습니다. 하지만 '특정범죄 가중처벌 등에 관한 법률' 위반 혐의로 임기를 다 채우지 못하고 물러났지요. 그러자 두 번이나 낙선했던 황 모 시장이 한나라당 공천으로 보궐선거에서 당선되었고, 이후 연속 3선에 성공하였습니다.

이 두 분이 시장을 하는 15년 동안 많은 결정이 내려졌고 수많은 일이 발생했습니다. 앞에서 말했듯이 좋지 못한 결정들이 많았어요. 마산의 쇠퇴를 막지 못하고 결국 창원에 통합, 소멸되게 만들었지요. 물론 결과론이라고 할 수도 있지만요.

물론 지자체장, 즉 시장들만의 잘못은 아니었어요. 시의회도 문제였고 일부 주민들도 문제였죠. 대표적인 사례가 바로 농산물 도매시장과 어시장의 분리였습니다. 이게 무슨 얘기냐고요?

저는 1995년에 마산시의회에 입성했습니다. 곧이어 마산농산물도매시장을 마산어시장과 분리하여 내서읍으로 이전하는 안이 의회에 상정되더군요.

초선의원이었지만 용기를 냈습니다. 마산어시장과 농산물도매시장을 분리하면 안 된다고 주장했지요. 하지만 역부족이었습니다. 분리안을 제출한 회원구 국회의원의 '끗발'이 너무 강력했기 때문이에요. 자그마치 집권당 사무총장이었거든요.

게다가 어시장-도매시장 분리안은 이미 1991년 초대의회에서 추진해왔던 거였습니다. 저 혼자 힘으론 도저히 막을 수 없었죠. 결국 시의회에서 신속하게 통과되어 버렸습니다. 마산어시장과 농산물도매시장이 멀리 떨어져 있게 된 거예요.

아니, 주민 입장에서 생각해 보세요. 시장에 왔으면 해산물과 농산물을 한자리에서 사고 싶은 게 당연한 거 아닌가요? 고등어는 홈플러스에서 사고 돼지고기는 롯데마트 가서 사나요? 웬만하면 그냥 한 곳에서 사잖아요. 그게 되니까 대형마트가 인기 있는 건데.

그런데도 분리시켜 버렸으니 잘 될 리 없죠. 더구나 어시장조차도 분리되어 있었어요. 마산어시장 수협공판장은 8차선 대로의 바다 쪽에 놓이고, 소매 판매시장은 육지 쪽에 놓인 겁니다. 넓디넓은 8차선 광로(廣路)로 어시장을 살라치기한 셈이죠.

이런 어이없는 도시계획이 마산의 패망을 부추기고 마산 발전을 저해하는 데 일조했다고 감히 말씀드리고 싶습니다.

마산이 몰락한 다섯 번째 이유
: 지방자치제 도입의 나쁜 예 (2)

1995년 6월 27일에 민선 도지사를 선출했습니다. 그때 도지사 후보 중에 김혁규라는 분이 계셨어요. 그분이 민자당 도지사 후보로 나와서 창동에 유세를 하러 왔어요. 창동이 굉장히 활기찼던 시절이었죠.

"저를 뽑아주신다면 여기 이곳, 시민극장 앞 도로를 대리석으로 쫙 깔아드리겠습니다!"

김혁규 후보가 외쳤습니다. 그 말을 듣고 저는 이렇게 생각했어요.

'여기 대리석 깔면 마산 망합니다!'

하지만 시민들에겐 화제였어요. 그 비싼 대리석을 창동 핵심 상권 도로에 깔아준다고 했으니까요. 일파만파로 소문이 퍼져나갔죠.

그 덕분인지는 몰라도 김혁규 후보가 당선됐죠. 그해 연말쯤 실제로 도비 10억 원이 내려오더군요. 그 돈으로 시민극장 앞, 창동과 오동동 도로에 대리석을 깔기 시작했지요.

저는 끝까지 반대했습니다. 당시 창동 도로변 땅값이 평당 1,000~1,500만 원 정도였어요. 그런데 큰길에서 한 블록만 안으로 들어가면 맹지라서 200~300만 원밖에 안 했죠. 아시다시피 맹지란 도로와 연결되지 못한 땅을 뜻합니다. 참고로 도로의 기준은 차도예요. 사람만 다닐 수 있는 좁은 길이 있어도 차가 못 들어가면 맹지입니다.

저는 의회와 집행부(시청), 그리고 주민들에게 외쳤습니다.

"10억 원으로 대리석 깔지 말고, 맹지를 사들여서 광장을 만듭시다!"

스페인 마드리드의 마요르 광장, 창원시청 앞 광장, 광화문 광장 같은 걸 만들자는 얘기였어요. 스페인의 유명한 마요르 광장처럼 사람들이 자유롭게 모일 수 있는 공간을 만들자는 생각이었죠.

통기타를 치며 노래하는 사람들, 거리에서 작품을 전시하는 예술가들, 외국에서 온 관광객들이 모이는 광장! 규모는 작더라도 도심 한가운데에 그런 광장이 있으면 여러모로 좋을 거라는 생각이었어요. 사람들이 자연스럽게 모일 수 있는 공간이야말로 살아있는 도시의 상징이자 심장이니까요.

물론 상권도 살아날 수 있었습니다. 적어도 길바닥에 대리석을 까는 것보다는 훨씬 낫지 않았을까요?

    하지만 제 의견은 끝내 묵살되었습니다. 창동 일대 도로에 끝내 대리석이 깔렸죠. 더 황당한 건 대리석 도로 보호를 이유로 차량 통행을 제한하거나 일방통행으로 전환하기 시작했다는 겁니다. 주객이 전도되고 꼬리가 몸통을 흔드는 격이었죠. 안 그래도 시름시름 앓던 상권이 죽어가기 시작했습니다.

    물론 창동의 쇠퇴는 대리석 때문만은 아니었어요. 창원 신도시가 개발되면서 사람들이 창원으로 이동한 게 결정타였죠. 하지만 그럴수록 지혜롭게 대처했어야 했습니다. 예쁜 대리석으로 도로를 덮어버리는 것처럼 눈에 보이는 치적성 정책에 돈을 낭비하지 말고, 진정으로 필요한 일이 무엇인지 신중하게 고민했어야 했어요.

    저는 지금도 확신합니다.

    이 대리석 사업이 창동 상권의 쇠퇴를 재촉했다는 것을.

    그리고 이런 일이 한두 번이 아니었다는 사실을.

마산이 몰락한 다섯 번째 이유
: 지방자치제 도입의 나쁜 예 (3)

이유야 어찌됐든 슬럼화가 됐으면 도시재생을 해야 되잖아요?

그런데 이것도 두 번이나 잘못했어요.

첫 번째 잘못은 통합되기 전에 있었던 일입니다.

앞에서 말씀드렸듯이 창동과 오동동에 맹지가 많았어요. 그런데 민선 시장 3기 때 그 맹지에 바둑판 모양으로 소방도로를 만들었어요. 대략 2006년부터 2010년 사이에 많이 만들었던 걸로 기억합니다. 예산은 수백억 원이 들었을 거예요. 제가 그때 시의원을 하고 있지 않았기 때문에 정확한 수치는 모릅니다.

그런데 200만 원, 300만 원 하던 맹지에 세금으로 소방도로를 내주니까 500만 원, 1,000만 원짜리 땅으로 변해버렸어요.

문제는 마산시가 변화의 흐름을 제대로 못 읽었다는 점이에요. 만약 인구가 마산으로 모여들고 일자리가 많이 있었으면 그런 사업을 해도 돼요. 상업지역에 도로를 깔아서 발전시키는 거니까요.

하지만 당시 마산은 반대였어요. 공장과 기업이 떠나거나 망하고, 사람들도 일자리를 찾아 떠나고 있었거든요. 그냥 줄어드는 것도 아니고 3분의 1이 빠졌어요. 이렇게 인구가 줄어서 슬럼화가 진행되는 상황에서 맹지에 소방도로를 여러 개 내준 겁니다.

게다가 남는 돈으로 한 것도 아니었어요. 시에서 돈이 빨리 조달되지 않으니까 대기 시간이 걸렸어요. 그랬더니 토지주들이 "우리 돈으로 먼저 도로 낼테니 나중에 줘!"라고까지 했대요. 맹지에 도로를 내면 금싸라기 땅이 되니까요.

창동과 오동동 일대는 100% 일반 상업 지역이라서 용적률이 1,300%나 되었습니다. 그런 땅에 도로를 내줘버렸으니 땅값이 두 배, 세 배로 뛰었어요. 한 마디로 '그들만의 잔치'였던 겁니다.

수백억 원이나 되는 세금으로 땅값만 올려주고, 지주들과 건물주들 배나 불려줬으니 무슨 발전이 있겠습니까? 결국 창동과 오동동은 계속 쇠퇴할 수밖에 없었죠.

그렇게 10여 년이 흘렀습니다.

마산은 창원에 통합이 되어서 사라졌습니다. 창동과 오동동은 여전히 낙후되어 있었고, 대리석이 깔린 예쁜 도로와 지나는 사람도 별로 없는 소방도로들만 남아 있었죠. 도시와 사람에 대한 근본적인 통찰 없이 포퓰리즘성 정책을 추진한 결과였습니다.

그러더니 이제는 도시재생을 해야 한대요. 창원시에서 국가 공모 사업에 지원해서 천억 원 넘는 세금을 타냈습니다. 그리고 그 돈으로 전통시장 활성화 사업 등을 하더군요. 그때도 제가 그랬어요.

"그렇게 하면 망합니다. 도시재생은 그렇게 하는 게 아니에요."

앞에서 잘못했지만, 지금이라도 바로잡아야 한다고 역설했죠.
하지만 이번에도 소 귀에 경 읽기였습니다. "인간은 어리석고 같은 실수를 반복한다."는 말이 생각났어요.
늦었지만 그때라도 광장을 만들고 도로를 확충해야 했습니다. 예를 들어 창원시 마산합포구에 육호광장이 있어요. 그 앞에 삼성생명 앞을 지나 한국은행으로 가는 4차선 도로가 있죠. 그걸 6차선이나 8차선으로 넓히는 데 천억 원을 썼어야 했습니다.
부림시장 앞길도 넓혔어야 합니다. 이 도로는 옛 경남은행 본점과 부림시장 앞을 지나가는 도로인데 2차선이에요. 중앙선 없는 2차선이죠. 그 도로를 확장했어야 했어요. 전통시장을 정비하거나 소방도로를 내는 데 천억을 쓰지 말고, 기반 시설에 돈을 써서 사람들이 오게 만들었어야 했습니다.
그런데 시장과 시 공무원들, 시의원들은 그런 비전 없이 당장 경기 활성화만 시키려고 했습니다.
그런 건 언 발에 오줌누기에 불과해요. 도시를 발전시킨다는 명목으로 특정 개인들에게 유리한 결정을 한 것과 다를 바 없죠. 도시 자체를 발전시키지 못하고 일부 개인들만 재산상, 금전상 이익을 본 셈이니까요. 그렇게 이득을 본 사람이 한 명이든 백만 명이든 본질은 같습니다.

그러니 천억을 들이붓는다고 도시재생이 되겠습니까? 돈을 투입한 당시에만 반짝 좋아졌을 뿐!

그로부터 10여 년이 지난 2025년 2월 20일,
경남신문에 이런 기사가 났습니다.

1000억 어디 갔나? 창동 상권의 한숨

2011년부터 예산 쏟아 부었지만
옛 마산 번화가 명성 살리기 역부족
"젊은층 끌어들일 테마 만들어야"

한때 '경남의 명동'이라 불린 마산 창동 상권이 벼랑 끝에 서 있다. 수년 간 1000억 원이 넘는 예산이 투입됐지만 상권 살리기에는 부족했다는 평가가 나온다.
1990년대 경남에서 제일 가는 번화가로, 한성백화점과 영화관도 여럿 있었던 창동. 마산에 대한 추억을 가진 이들은 붐볐던 창동 거리를 기억한다. 하지만 기업과 사람들이 마산을 떠나면서 쇠락기를 맞았다. 창원시 통합 이후 창원권(성산구·의창구)에 주요 관공서가 이전한 것도 영향을 미쳤다. 상인들은 수년간 진행된 도시재생사업이 시설 정비에는 성공했지만, 특색을 만들기에는 역부족이었다고 지적했다.
(중략)
창원시에 따르면, 지난 2011년부터 2017년까지 740억 원이 창동 일대 도시 재생 사업으로 투입됐다. 공용주차장 2곳 310억원, 전선 지중화 사업 50억 원 등이다. 이 일대 전통시장 활성화 사업 등 부가적인 사업까지 추가되면 1000억 원이 투입된 것으로 파악된다.

기사가 나온 시점은 도시재생사업이 끝난 지 10년도 안 된 때였어요.

같은 날 게재된 <중심거리 300m 임대 안내문만 12곳… 식당·카페·옷집 '텅텅'>이라는 기사를 볼까요?

"매출 줄고 도시재생 효과도 미미"

일부 상인, 일용직 전전하기도

지난해 4분기 마산동성동 공실률
전년 동분기비 85% 증가한 16%

30년 동안 창동에서 속옷 가게를 운영한 한봉현씨는 "도시 재생 등 여러 상권 살리기 활동을 하지만, 효과는 잠깐인 것 같다. 젊은 층이 유입되지 않으니 거리가 텅텅 비고 있다"며 "창동은 마산의 자존심이자 심장 같은 곳인데 이렇게 무너지니 마음이 아프다. 공무원들이 직접 현장에 나와서 현실을 봤으면 한다"며 한숨을 쉬었다.

(박준혁 기자 pjhnh@knnews.co.kr)

저는 부동산학 박사입니다. 특히 도시재생 분야에 전문성을 갖고 있죠.

그런 제가 보기에 마산시와 창원시가 해온 일들은 하나같이 성공할 수가 없는 일들이었어요. 실패할 수밖에 없는 사업들이었죠.

공영주차장 만드는 데 310억 원을 썼고, 전봇대 뽑고 전선을 지중화하는 데 50억을 썼으며, 나머지는 전통시장 활성화 사업을 했으니까요.

제가 보기엔 그런 걸로 도시가 살아날 리 없었어요. 하지만 사업추진 당시엔 공개적으로 반대할 수 없었습니다. 제가 반대하기도 전에 확정되어 있었기 때문입니다. 반대해봤자 바뀌는 것도 없었고 괜히 어깃장 놓는 걸로 보였을 테니까요.

국가에서 돈이 내려왔으니 "돈 들어간 만큼 좋아지겠지."라고 생각한 분이 대다수였거든요. 당시에는 천억이 막 투자되니까 좀 되는 것처럼 보였을 거예요.

하지만 저는 처음부터 그랬어요. "거기는 말기 암환자예요"라고요.

말기 암환자는 약을 써도 소용이 없는 경우가 많잖아요? 천억을 투자하는 건 말기 암 환자에게 약을 투여하는 것과 같았죠. 느리고 고통스럽더라도 근본적인 체질개선을 하거나, 차라리 완전 극약처방을 했어야 했는데 그러지 않았죠. 그런 정책은 인기도 없고 결과도 한참 뒤에 나오니까요. 치적 쌓기에 골몰하는 선출직 지자체장이나 기초의원들이 외면할 수밖에 없죠.

그래서 자신 있게 말했던 겁니다. 그런 식으로는 도시재생 사업이 절대로 성공하지 못한다고요.

근데 정작 그걸 추진했던 분은 창동과 오동동 도시재생이 성공했다고 자랑하신다더군요. 전국에서 도시재생을 성공시킨 첫 번째 케이스라고요. 상인들은 죽는다고 아우성이고 언론과 학자들은 실패사례라고 입을 모으는데도 어떻게 그렇게 말씀하시는지 이해가 안 됩니다.

마산이 몰락한 여섯 번째 이유
: 졸속으로 이루어진 마창진 통합

2009년경부터 마산시와 함안군의 통합과 마산시, 창원시, 진해시 3개 시의 통합이 논의되기 시작했습니다. 그리고 불과 1년여 뒤인 2010년 7월 1일, 전국 최초의 자율 통합이란 미명 아래 마산, 창원, 진해가 하나로 합쳐졌습니다.

통합 시점의 인구는 세 도시를 모두 합쳐 108만 명이었습니다. 한때 109만 2,500명으로 정점을 찍기도 했구요. 그런데 14년 6개월 뒤인 2024년 12월 31일에는 99만 9천 858명을 기록했어요. 특례시 유지 조건인 인구 100만 명이 깨진 겁니다. 109만 명이 99만 명대로 떨어졌으니 10% 정도 줄어든 셈이네요.

이것은 통합 당시의 장밋빛 전망이 빗나갔다는 걸 의미합니다. 인구가 절대적인 지표는 아니지만 중요한 지표임에는 틀림없으니까요. 물론 통합하지 않았으면 더 나았을 거라는 뜻은 아닙니다. 그건 아무도 모르는 일이죠. 저는 통합 이전에 마산의 문제가 무엇이었는지 되짚어볼 뿐입니다.

저는 기억력이 무척 좋은 편입니다. 하지만 마창진(마산, 창원, 진해) 통합 논의가 절정이던 2009년의 기억은 흐릿합니다. 2006년에 치러진 지방선거에 낙선한 후, 정치에 담을 쌓고 있었기 때문입니다.

2006년에 도입된 기초의원 공천제도는 저에게 분노와 슬픔을 가져다 주었습니다. 국회의원이나 광역의원은 몰라도 풀뿌리 민주주의의 첨병인 시의원, 구의원들은 정당의 통제와 입김에서 자유로워야 한다고 믿었고 그 믿음은 지금도 변함없습니다. 도시 지역에서 정당의 공천 없이 기초의원이 되는 건 사실상 불가능하기에 당적에 이름을 올리고 있는 것뿐이지요.

2024년에 창원시의회 의장이 된 후에는 더더욱 그런 점을 명심하고 있습니다. 정당의 입장이나 당리당략이 아니라 시민의, 시민에 의한, 시민을 위한 정치를 하려고 늘 애쓰고 있어요. 동료 의원들에게도 늘 강조하고 있고요. 자연인 손태화의 정치적 신념과 시의장 손태화의 신념은 철저히 구분하고 있습니다.

저는 이러한 신념을 지키기 위해 불리함을 알면서도 무소속으로 출마하여 떳떳하게 낙선도 해봤습니다. 기초의원에 대한 정당공천제가 처음 도입된 2006년의 일입니다. 2009년은 그로부터 3년이나 지난 후였기에 마창진 통합에 대해 큰 관심이 없을 수밖에 없었죠.

하지만 분명한 건 2009년 8~9월까지는 진해시장과 진해시민들, 창원시장과 창원시민들이 통합에 대해 매우 부정적이었다는 사실입니다. 그것만은 확실히 기억납니다.

그런데 2009년 10월 경, 박완수 창원시장이 통합 찬성 쪽으로 돌아섰다는 언론보도가 나오기 시작했습니다. 그리고 수상쩍은 여론조사 결과가 발표되며 통합이 급물살을 타기 시작했지요. 그러더니 시민들의 여론 수렴도 충분히 되지 않은 상태에서 불과 6개월여 만에 통합이 확정되었습니다.

찬성론자들은 자율통합이라고 주장했지만 실제로는 졸속 통합이었습니다. 이렇게 크고 중요한 일이 불과 몇 달 만에 결정된 것만 봐도 그렇습니다. 통합하면 뭐가 좋은지, 왜 통합해야 하는지에 대한 검증이나 토론도 턱없이 부실했습니다.

청주시와 청원군이 합쳐진 '통합 청주시'는 마창진보다 훨씬 빠른 1994년부터 통합 절차가 시작되었습니다. 찬반 논란이 격렬해지자 4차례에 걸쳐 주민 의견조사 또는 주민투표가 실시되었지요. 이렇게 오랜 논의를 거쳐 20년 후인 2014년에야 통합에 성공했습니다.

하지만 마창진 통합 논의가 본격화된 것은 2008년이었습니다. 청주의 통합 논의에 비해 턱없이 짧은 기간이지요. 그것도 주민들의 숙원이 아니라 마산시장의 제안에 의한 것이었습니다. '아래에서 위로(Bottom-Up)'가 아니라 '위에서 아래로(Top-Down)'였던 셈입니다. 물론 80년대에 창원 쪽에서 통합을 원한 적이 있었고 그후에도 그런 움직임이 없지는 않았지만 본격적으로 논의되지는 않았습니다.

더 큰 문제는 주민투표를 하겠다는 약속을 어겼다는 겁니다. 여러 시민단체들과 노조, 공무원, 심지어 상당수의 시의원들까지 주민투표를 요구했지만 묵살되고 말았습니다. 통합 청주시는 주민투표로 통합 찬반 투표를 실시하여 두 번이나 부결시켰지만, 마창진 통합은 주민투표 없이 의회의 의결로 통합이 완료되어버린 겁니다.

이렇게 졸속으로 통합된 후유증은 15년이 지난 지금도 계속되고 있습니다. 통합 자체의 유불리와 정당성을 떠나 절차 자체에 문제가 있었기 때문입니다. 충분히 시간을 들여서 토론하고 찬반 상대측을 설득하고, 예상되는 문제들에 대한 대책들을 마련해 나갔다면 지금보다 훨씬 나은 통합 창원시가 되지 않았을까요?

당시 진해시의회 의원 중 일부가 통합에 반대하여 소속 정당을 탈당하셨습니다. 이분들 중 일부는 2010년 6월 2일 지방선거에 무소속으로 출마하여 당선의 기쁨을 맛보았습니다.

한편 당시 마산시장께서는 차기 선거에 출마할 수 없는 상황이었습니다. 이미 3연임을 하셨기 때문입니다. 하지만 통합창원시가 출범하면 2연임, 3연임도 가능했지요. 혹시 이런 이유 때문에 졸속 통합이 이루어진 것은 아닌지, 아직도 많은 분들이 미심쩍게 생각하고 계십니다. 뿐만 아니라 마산시장 재직 당시 '뇌물수수 및 정치자금법' 위반 혐의로 구속되었지요. 이것은 마산시와 통합 창원시, 그리고 무엇보다 본인에게 참으로 불행한 사건이었습니다.

그분만이 아닙니다. 다른 시장님 한 분도 뇌물수수 및 직권남용으로 구속되셨어요. 1991년에 지방자치가 부활한 이후에 선출된 두 분의 민선시장이 모두 구속된 것입니다.

마산이 몰락한 일곱 번째 이유
: 마산 앞바다 부실 매립이 키운 인재(人災)

    마산 앞바다의 매립은 1960년대 후반부터 본격적으로 시작되었습니다.

    특히 마산자유무역지역 조성(1970년)과 더불어 봉암 공업단지가 매립지에 함께 조성되어 주요 산업 시설 부지로 자리매김하면서, 마산은 공업도시로 크게 성장했습니다. 그 결과 1980년대 말에는 경남의 중심 도시이자 한때 전국 7대 도시의 반열에 오르기도 했습니다.

    이후 1980년대부터 1990년대에 이르기까지 대규모 바다 매립이 계속해서 진행되었습니다. 하지만 안타깝게도 매립 후 생성된 부지에 대한 확고한 도시계획 없이 사업이 추진되었고, 그 결과 마산어시장과 옛 대우백화점 건물을 제외하고는 이렇다 할 도시계획 시설이 거의 전무한 실정이었습니다.

당시 마산만 매립지에는 숙박시설인 모텔이 40여 개나 우후죽순처럼 들어서면서, 오히려 마산의 도시 발전을 저해하는 요소로 작용하기도 했습니다.

특히 마산 해안도로(해안광로 8차선)를 기준으로 바다 쪽은 수산물 경매시장으로, 육지 쪽은 수산물 도·소매 판매시설로 어시장이 양분된 것 또한, 마산 매립지 부실 도시계획이 낳은 또 하나의 실패 사례라고 말씀드리고 싶습니다.

문제는 여기서 그치지 않았습니다. 마산만 매립은 부실하게 이루어진 탓에 매립지가 침하되면서 건물이 기울어지는 현상이 발생했습니다. 또한 1997년 8월 태풍 '위니'의 영향으로 마산만 매립지 해안 저지대의 배수가 원활하지 않아 대규모 침수 피해를 겪기도 했습니다.

2003년 태풍 '매미'가 강타했을 때도 상황은 마찬가지였습니다. 마산만 매립지는 강풍과 폭풍해일로 인해 마산항을 비롯하여 월영동, 마산어시장, 오동동, 자유무역지역, 봉암공단까지 바닷물이 범람하여 도심 전체가 침수되는 아픔을 겪었습니다. 이로 인해 안타깝게도 18명이나 되

침수 사진

는 인명피해가 발생하고 말았습니다. 말 그대로 대형 참사였지요.

　이러한 재해 이후, 수천억 원의 막대한 예산을 투입하여 해안 방재시설을 설치하고 해양누리공원을 조성하였습니다. 태풍과 폭풍해일에 대비한 안전지대를 마련한 것입니다.

　마산만 부실 매립으로 발생한 수백, 수천억 원의 재산 피해는 오롯이 마산 시민들에게 돌아갔습니다.

마산이 몰락한 여덟 번째 이유
: 팔용터널과 잘못된 정책 결정

    팔용터널 공사 역시 마찬가지입니다. 저는 처음부터 팔용터널을 뚫으면 안 된다고 주장했습니다.

    팔용터널은 2005년 말 한 언론보도를 통해 처음 알려졌습니다. 당시 마산 한일합섬 터에 4천여 세대의 아파트 건설이 추진되고 있었고, 창원의 39사단 이전부지에도 6천 세대 규모의 아파트 건설이 계획되어 있었습니다. 이 두 단지를 잇는 터널이 생기면 엄청난 시너지 효과가 있을 거라는 게 기사의 핵심이었죠.

    이러한 주장의 중심에는 태영건설이 있었습니다. 태영건설은 한일합섬 터에 4,300세대 규모의 아파트 신축 허가를 신청한 상태였지요. 즉 자사 아파트 단지의 가치를 극대화하기 위해 팔용터널 건설을 추진한 것입니다. 태영건설은 부정할지 몰라도 "이득 보는 자가 범인이다."라는 말도 있지 않습니까?

저는 보도를 접한 직후부터 팔용터널이 불필요하다고 역설했습니다. 하지만 2006년 6월 선거에서 낙선하고 말았지요.

제가 시의회를 떠나 있던 4년 동안에 팔용터널 사업이 빠르게 추진되었습니다. 한일합섬 터에는 이미 태영건설이 1차로 2,170세대의 아파트를 준공한 상태였습니다. 2차분 1,900세대도 건설 준비 중이었고요.

그러던 중에 통합 창원시가 출범했습니다. 저는 4년 만에 당선되어 4선 의원으로 건설도시위원회에서 의정활동을 재개했습니다. 같은 위원회에 있던 창원 출신 의원과 힘을 합쳐 팔용터널 건설을 무산시킬 정도로 강하게 압박을 가했습니다.

하지만 이미 너무 늦어 있었습니다. 이제와서 사업을 중단하면 지난 4년간 추진된 사업의 매몰비용 300억 원을 창원시가 배상해야 했으니까요. 완공 시점까지 창원시가 부담해야 하는 예산은 진입로 부분의 토지 보상비 300억 원뿐이라는 것도 확인했고, 이 사업이 MRG(민간투자사업 최소수익보장제도) 적용 대상이 아니라는 점도 확인했습니다. 속된 말로 '빼도 박도 못하고' 완공해야 하는 상황이었던 겁니다.

결국 저와 동료 의원은 현실적 압박 속에서 팔용터널 사업을 승인할 수밖에 없었습니다.

그리고 몇 년 뒤인 2019년, 민간사업비 1,300억 원과 창원시 예산 300억 원이 투입된 팔용터널이 준공됐습니다. 그러나 제가 예상한 대로 팔용터널은 개통 직후부터 이용률이 현저히 낮았습니다.

당초 창원시와 터널 사업자 측은 일일 평균 통행량이 5만 대는 될 거라고 예상했습니다. 하지만 저는 처음부터 말도 안 된다고 주장했지요. 물론 제 말이 맞았습니다. 팔용터널 이용량은 일일 평균 1만 3천 대에 불과했습니다. 목표의 30%도 안 되는 셈이었지요.

결국 2024년 7월, 운영사인 팔용터널 주식회사가 디폴트 상태에 빠졌습니다. 창원시는 터널 운영을 중단하기로 했지만 석 달 뒤에 입장을 바꿨습니다. 매월 1억 원씩, 연간 12억 원의 보조금을 지급하여 터널 운영을 계속하기로 한 것입니다.

결국 불필요한 터널을 뚫은 바람에 소중한 혈세가 매년 12억이나 낭비되고 있는 것입니다. 더 큰 문제는 언제까지 세금을 투입해야 할지도 모른다는 점이고요.

민선 시장이 건설업자와 손잡고 개발업자의 이익을 극대화하기 위해 무리하게 사업을 추진했다고 말하지는 않겠습니다. 치적에 목마른 시장을 제대로 견제하지 못한 시의회의 책임도 있기 때문입니다.

중요한 건 앞으로 이런 사업을 하지 않는 것입니다. 하지만 팔용터널 사태에 대해서는 아무도 책임지지 않고 있습니다. 과거의 잘못을 바로잡지도 못하고 반성하지도 못하는데, 같은 일이 반복되지 않을 거라고 어떻게 장담할 수 있겠습니까?

팔용터널은 애초에 태어나지 말았어야 했습니다. 이런 잘못된 결정과 추진이 마산과 창원의 슬럼화를 더욱 가속화시킨 원인이 되었다고 생각합니다.

도시의 발전을 위해서는 투명하고 합리적인 정책 결정이 무엇보다 중요하다는 사실을 잊지 말아야 할 것입니다.

마산이 몰락한 아홉 번째 이유
: 무분별한 매립 추진 (1) 가포해수욕장

내 고향 남쪽바다 그 파란 물 눈에 보이네
꿈엔들 잊으리오 그 잔잔한 고향 바다
지금도 그 물새들 날으리 가고파라 가고파

이은상 작사, 김동진 작곡의 가곡 〈가고파〉입니다.

저는 청년 사업가 시절 일본 도쿄를 1년에 한두 번씩 다녀왔습니다. 창원특례시의장으로 취임한 뒤에도 홍남표 시장 이하 공무원들과 함께 일본 도쿄를 방문했습니다. 도쿄항만공사 현장, 요코하마항, 그리고 도시재생 성공 사례인 롯폰기힐스 모리빌딩을 2박 3일 일정으로 둘러보기 위해서였죠.

도쿄 항만 공사 관계자는 도쿄만 매립이 수십 년 동안 진행되어 왔고, 앞으로도 오랜 기간 계획적으로 이루어질 거라고 설명해 주었습니다. 그 설명을 들으니 졸속으로 추진된 마산만 매립이 떠올랐습니다.

2006년 1월, 「2025 마산시 도시기본계획」에 마산 가포해수욕장 매립 계획이 포함되었습니다. 하지만 이미 1970년대부터 창원 국가산업단지, 마산의 한일합섬, 자유무역지역, 봉암공업단지, 한국철강 등의 가동으로 인구가 증가하며 마산 앞바다는 1~2급 청정수에서 5급수로 전락한 상태였습니다. 가포해수욕장 역시 수질 악화로 폐쇄된 상태였죠.

저는 당시 마산시의회 본회의장에서 가포해수욕장 매립 계획에 대해 반대토론을 했습니다. 매립이 아니라 수질개선과 자연회복이 우선이라고 역설했지요. 그 결과 계획이 보류되었으나 같은 해 4월 임시회에서 다시 상정됐습니다.

당시 시장은 집권당 공천을 받고 3선에 도전하는 상황이었고, 기초의원들도 같은 당의 공천을 받았거나 신청한 상태였습니다. 시장과 시의원 다수의 소속 정당이 같아진 셈이었지요.

그러자 '우리가 남이가'라는 악습이 어김없이 반복되었습니다. 시장과 시의원들이 합심해서 가포해수욕장 매립이 포함된 마산시 2025 도시기본계획을 통과시켜버린 것입니다.

기초의회의 가장 기본적인 책무는 집행기관과 자치단체장의 견제일진대, 같은 당의 공천을 받았거나 받을 거라는 이유만으로 견제가 아닌 야합이 발생한 셈입니다.

제가 '기초의원의 정당공천제'를 폐지해야 한다고 줄기차게 말씀드리는 이유가 여기에 있습니다. 정부와 국회는 지금이라도 이 제도를 폐지해야 합니다. 그동안 여러 차례 약속했던 공천제 폐지를 지금이라도 지키기 바랍니다.

어쨌든 그로부터 몇 달 뒤인 2006년 5월 31일, 전국동시지방선거가 실시되었습니다. 저는 정당공천제에 항의하기 위해 무소속으로 출마했지만 낙선하였습니다. 그래서 이후 4년 동안 의정활동에 참여하지 못했습니다.

그런데 그 4년 동안 가포해수욕장 매립이 완료되었습니다. 천혜의 자연 해수욕장인 마산 가포해수욕장이 졸속으로 매립되어버린 것입니다. 이는 돌이킬 수 없는 폭거이자 환경 파괴였어요. 마창진 지역의 환경단체들은 대체 무얼 하고 있었냐고 묻고 싶습니다.

매립된 가포해수욕장 자리에 가장 먼저 들어선 것은 공해 유발 공장인 쇼트 및 페인트 공장 등이었습니다. 해안가 또한 컨테이너 부두로 조성되었고요.

그러자 주변 주민들과 학생, 학부모들이 민원을 제기하기 시작했습니다. 바다가 사라진 곳에 공해공장이 들어섰으니 당연한 일이었죠. 이러한 민원은 지금 이 순간에도 계속되고 있지만 해결할 방법이 없어요. 막대한 양의 콘크리트를 부어서 매립해 버렸으니까요. 한번 매립해 버리면 되돌릴 수 없다는 걸 왜 몰랐을까요?

창원특례시는 전국 226개 지방자치단체 중 가장 긴 324km의 해안선을 가지고 있습니다. 하지만 자연 해수욕장이 없는 실정입니다. 참으로 민망한 일이 아닐 수 없지요.

최근 마산 앞바다의 수질이 1~2급수 수준으로 좋아졌다고 합니다. 하지만 매립된 해수욕장은 어떻게 하나요? 어쩔 수 없이 마산합포구의 광암해수욕장을 억지로 복원한 다음, 매년 수억 원의 혈세를 투입하여 운영하고 있습니다.

이처럼 마산 가포해수욕장 매립은 천 년을 후회해도 모자란 최악의 결정이었다고 말하고 싶습니다.

마산이 몰락한 아홉 번째 이유
: 무분별한 매립 추진 (2) 용도변경 특혜

마산합포구청 앞 매립지에 현대산업개발이 1,130세대의 아파트를 건설했습니다. 그런데 이 부지는 공동주택을 지을 수 없는 준공업지역이었어요. 당시 마산시장은 현대산업개발이 소유한 매립지에 아파트를 세울 수 있게 해줘야 한다고 역설했습니다.

"현대산업개발이 아파트 건설로 개발이익을 얻게 해주야 됩니다! 그래 해주야 (현대산업개발이) 가포해수욕장 매립에도 투자할 거 아입니까?"

라고 공개적으로 강변했지요.

하지만 저는 준공업지역에 공동주택을 짓게 허용하는 도시계획 조례 개정을 필사적으로 반대했습니다. 결국 KBS가 찬반토론회를 주최하기에 이르렀습니다.

당시 마산시 도시정책국장과 건설도시위원회 김 모 의원이 찬성 측 패널로 나왔습니다. 저는 홀로 반대 토론자로 나가서 용도변경을 해주면 안 되는 이유를 역설했습니다.

첫째, 현대산업개발에 이익을 주기 위한 특혜이기 때문입니다.
둘째, 고층 아파트가 들어서면 무학산 자락의 단독주택 주민들의 조망권이 훼손되기 때문입니다.
셋째, 향후 마산시에 공업용지가 필요할 때를 대비해야 합니다.

이미 마산방직공장, 한일합섬공장, 한국철강공장 부지가 모두 아파트 용지로 바뀐 상황이었습니다. 그래서 그나마 남아 있던 준공업지역까지 주택용지로 바꾸는 건 절대 용납할 수 없었습니다.

그러나 민선 시장의 독주를 끝내 막지 못했습니다. 시장과 시의원의 '힘의 차이'가 엄청났기 때문입니다.

준공업용지에 주택개발을 허용하는 도시계획 조례가 개정되어 1,130세대 아파트가 2010년 준공되었습니다. 현대산업개발은 이 아파트를 통해 상당한 이익을 얻은 것으로 알려지고 있습니다. 그 여세를 몰아서 가포해수욕장도 매립했습니다.

마산에서 평생을 살아온 허정도 건축가는 〈한 도시 이야기〉라는 책에서 이렇게 말했습니다.

(마산의) 도시정책은 처음도 끝도 양적성장에만 집중하였다. 해안을 매립하고 토지를 개발하고, 사람은 떠나는데 건설만 계속되었다.

〈오마이뉴스〉 이윤기 시민기자는 이 책의 서평에서 이렇게 말했습니다.

(허정도 건축가의 책은) 1999년 부두용지로 승인받아 매립한 후에 아파트(현대아이파크 및 종합공공청사)를 지은 매립공사, 2005년 가포해수욕장을 매립하여 만든 가포 신항 매립공사, 그리고 2011년 가포 신항 항로 준설토를 매립하여 만든 마산해양신도시 매립공사는 대표적인 매립 실패 사례로 규정하고 있다.
(중략)
가포신항과 마산해양신도시는 마산이라는 도시 이름이 사라진 후에도 '적자 덩어리' 항만과 쓰임새를 찾지 못한 '빈 땅'으로 남아 여전히 '토건 하이에나'의 먹잇감이 되어 소송전이 벌어지고 있으며, 도시를 책임지는 공직자들은 여전히 '폭탄 돌리기'를 하고 있기도 한 상황이다.

마산의 문제를 정확하게 꿰뚫어본 명문(名文)이라 생각되어 길게 발췌하였습니다.

마산이 몰락한 열 번째 이유
: 잘못된 도시계획의 후유증들

마산시는 예로부터 무학산이 병풍처럼 둘러싼 곳이었습니다. 무학산 언저리에 도시가 형성되어 있는 셈이죠. 또한 마산 앞바다가 남쪽에 있기 때문에 도로망이 동서 방향으로 횡축을 이루며 발달했습니다.

마산의 관문인 동마산 IC에서 시내로 진입하면 6차로인 팔용로를 만나게 됩니다. 이 도로는 마산회원구 양덕2동 행정복지센터 앞에서 끝나는데, 이곳이 아니라

6차선 도로가 끊어져 버린 팔용로

훨씬 먼 곳까지 연결되었어야 합니다. 양덕2동행정복지센터를 지나 마산야구장 북문과 경남MBC 정문을 통과한 다음, 육호광장까지 연결되었어야 했다는 말입니다. 그래야 마산의 횡축 도로망이 완성될 수 있었으니까요.

저는 팔용로의 연장이 마산의 미래에 반드시 필요하다고 목놓아 외쳤습니다. 그러나 당시 민선시장이 건설업자의 이익만을 좇은 결과, 도로가 연결되어야 할 자리에 40~50층의 고층 아파트가 들어서고 말았습니다. 이곳이 바로 대영건설이 한일합섬 터에 건축한 아파트입니다.

제가 2006년에 낙선하여 칩거해 있던 동안에 2170세대 아파트가 준공되었습니다. 2010년 선거에 당선되고 살펴보니 입주가 거의 완료되어 있더군요. 한탄스러웠지만 어쩔 도리가 없었습니다.

얼마 후에 양덕2동 발전위원회 회의에 참석했습니다. 양덕2동 발전위원회는 지역의 주요 인물들이 모인 단체였는데 이곳에서 팔용로 이야기가 나왔습니다. 마산을 횡단했어야 할 6차선 팔용로가 끊어져 버린 게 왜 문제인지, 어떤 부작용이 생겨나고 있는지, 마산의 미래에 얼마나 부정적인 영향을 미칠 것인지 이제야 느껴진다는 분들이 많았습니다. 발전위원회 회원들은 4년 전에 제가 절규했던 이유를 그제야 깨달았다며 앞다투어 '간증'을 하시더군요.

하지만 너무 늦었습니다. 가포해수욕장 매립을 되돌릴 수 없는 것처럼, 도시를 관통하는 도로가 시원하게 뻗어나가야 할 곳에 거대 아파트 단지를 만든 것도 되돌릴 수 없습니다. 이와 같이 복구 불가능한 사업을 벌일 때는 정말로 30년 뒤, 50년 뒤를 생각해야 하는데 그러지 않았죠.

이처럼 마산은 중요한 순간마다 잘못된 판단을 거듭했습니다. 도시계획에서 하면 안 되는 짓만 골라서 한 겁니다. 시민들의 무관심도 문제였지만 지자체장들의 어리석음과 건설업자들의 욕심이 가장 큰 문제였다고 생각합니다.

물론 일부 기초의원들의 무사안일과 전문성 부족, 정파적 사고방식에도 책임이 있습니다. 일부 공무원들과 결탁한 건설업자들의 욕망을 제어할 능력도, 의지도 부족했기 때문입니다.

하지만 이렇게 말하면 기초의원들은 억울할지도 모르겠네요. 대한민국 기초의원들과 기초의회의 힘이 자치단체장을 견제하고 제어할 정도로 강하지 못하기 때문입니다. 이것이야말로 한국 지방자치의 큰 문제이자 결점이에요. 지금이라도 일본, 미국, 유럽 국가들처럼 지방의회의 권한과 역할을 제고해야 합니다. 최소한 지자체장과 대등할 정도는 되어야 한다고 생각합니다.

문제는 팔용로만이 아닙니다. 마산 3.15아트센터의 위치 선정도 문제입니다.

3.15아트센터의 원래 예정지는 양덕동 삼각지공원 부지였습니다. 수억 원의 예산이 투입되어 공모작이 선정된 후 순조롭게 진행되고 있었는데, 누구의 압력 때문인지 갑자기 공모가 취소되고 재공모가 실시되었습니다. 그 결과 지금의 위치에 3.15아트센터가 들어서게 되었습니다.

절차상의 문제도 컸지만 입지 자체도 문제였습니다. 누가 봐도 원래 부지가 나았기 때문입니다. 대체 누구의 입김 때문에 바뀌었는지, 어떤 과정을 거쳐 지금에 이르렀는지 분명히 밝혀야 한다고 생각합니다.

문제는 또 있습니다.

과거 마산 하수종말처리장 건설 과정에서 특허기술에 대한 수의계약과 관련하여 김 모 시의원이 1억 원의 뇌물 사건으로 기소되어 구속된 사건이 있었습니다.

이 사건은 1심, 2심에서는 유죄 판결이 났으나 대법원에서는 무죄로 판결되었습니다. 하지만 이 사건과 관련된 110억 원 규모의 수의계약이 부실로 드러나, 마산시는 이후 십수 년간의 긴 소송 끝에 결국 얼마 전 통합시가 되고 나서야 승소했습니다. 그러나 이런 것이야말로 상처뿐인 영광이라고 생각합니다.

2003년 태풍 매미 당시, 마산어시장 침수 피해로 인해 약 230억 원 규모의 재난기금이 내려왔습니다. 이 중 100억 원 가까이가 위법하고 탈법적인 수의계약으로 집행된 사실이 밝혀져 담당과장과 담당계장이 구속되었습니다. 결국 민선시장이 공개 사과를 하고 고발이 취하된 일이 있었습니다.

또한 2009년 여름 집중호우로 창원천이 최초로 범람하여 창원 공구상가 인근의 지하차도가 침수되는 등 엄청난 피해가 발생했습니다. 마산 회원구 양덕동에서는 양덕천이 범람하여 양덕초등학교 운동장이 완전히 잠기는 등, 하류 지역의 피해가 극심했습니다.

이후 저는 2010년 6월 지방선거에서 양덕천 피해 방지 대책을 공약으로 내세웠고, 국가 공모사업으로 선정되어 약 400억 원의 국비와 도비, 시비를 투입하게 되었습니다.

이 사업으로 양덕천은 100년 빈도의 폭우에도 안전한 도심 하천으로 재탄생하여 2022년 봄, 마침내 준공되었습니다.

이와 같이 마산의 몰락 뒤에는 수많은 사건과 착오, 잘못된 판단과 편협하고 이기적인 욕망이 있었습니다. 지금까지 말씀드린 것들은 빙산의 일각에 불과하지요.
중요한 것은 지금 이 순간 어떻게 하느냐입니다. 과거는 사라졌고 미래는 아직 오지 않았으니까요. 과거를 거울삼아 더 나은 현재를 살아가는 사람들, 오직 그런 이들만이 밝은 미래를 맞이할 수 있습니다.
미래는 주어지는 게 아니라 스스로 만드는 것이니까요.

마산이 망한 열 가지 이유

1. 교통 발달이 낳은 아이러니
2. 인프라도 떠났고 사람도 떠났다
3. 주력산업의 몰락과 신산업 유치 실패
4. 공장보다 아파트를 우선시한 죄
5. 지방자치제 도입의 부작용
6. 졸속으로 이루어진 마창진 통합
7. 마산앞바다 부실 매립이 키운 인재
8. 팔용터널과 잘못된 정책 결정
9. 무분별한 매립 : 가포해수욕장과 용도변경 특혜
10. 잘못된 도시계획의 후유증들

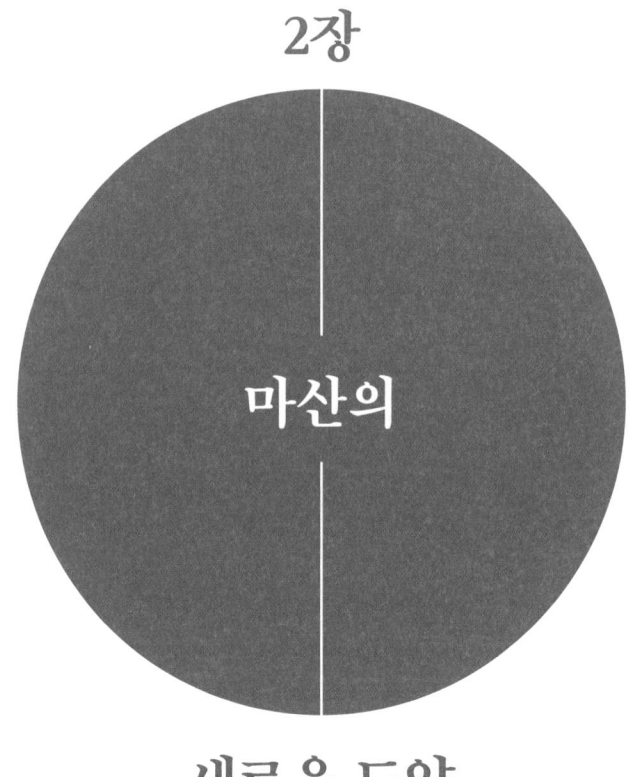

2장

마산의

새로운 도약

마산의 새로운 도약 첫째
: 마산해양신도시 조성과 연계한 마산만 해안선 조망권 회복

　마산해양신도시(면적 약 63만㎡, 19만 평)의 신속한 개발과 이미 확정된 디지털자유무역지역의 조기 준공을 연계하여, 마산 돝섬에 인도교와 스카이워크 전망대를 설치해 명실상부한 관광공원을 조성해야 합니다. 또한 마산만 조망권 회복을 위해 해양누리 공원에서 어시장 앞 방재언덕을 거쳐, 마산자유무역지역 해안가까지 연결하는 데크로드를 설치함으로써 마산 앞바다를 한눈에 조망하는 프로젝트를 완성해야 합니다.

　지난해 홍남표 시장과 함께 일본의 요코하마 항과 도쿄 항만을 방문한 적이 있습니다. 요코하마 국제 미항(美港)은 해안선을 따라 아름다운 바다를 조망할 수 있습니다. 특히 바다를 매립하여 조성한 국제여객터미널은 그 아름다움 덕분에 세계적인 미항으로 극찬받고 있죠.

마산해양신도시 조감도(디지털 자유무역지역 선정)

　　이 요코하마 국제미항은 일본 가나가와 현 요코하마 시에 위치한 주요 항구로, 1859년 6월 2일에 개항하여 일본 최초의 근대적 국제 무역항이자 도쿄 지역의 관문 역할을 해왔습니다.
　　그중에서도 오산바시 국제 여객터미널은 2002년 대규모 재개발을 통해 독특한 구조와 현대적인 디자인을 갖춘 터미널로 새롭게 탄생하여 많은 주목을 받고 있습니다.
　　일본 도쿄 항만 역시 잘 계획된 매립지로, 앞으로 수십 년 동안 생활 쓰레기를 활용하여 매립을 진행하고 이를 통해 도쿄항을 세계적인 항만으로 발전시킬 예정이라고 합니다.
　　저는 이러한 계획을 들었을 때, '아, 그렇다면 우리 마산만은 어떻게

일본 요코하마 항 해안 데크로드

다시 회복할 수 있을까?'하고 자문해 보았습니다.

얼마 전 홍남표 시장께서 마산만 해안선의 조망권을 회복하기 위한 중대한 브리핑을 한 적이 있습니다. 늦은 감은 있지만 마산해양신도시 조성을 차질없이 마무리하고, 이와 연계하여 해양누리공원에서 시작하여 어시장 앞 방재언덕을 지나, 마산자유무역지역 해안가까지 이어지는 해안 데크로드를 설치할 것입니다. 이를 통해 시민들께서 마산 앞바다를 한눈에 조망할 수 있는 멋진 공간이 마련되기를 기대합니다.

마산해양신도시&해안선 데크로드 조감도

마산의 새로운 도약 둘째
: 마산 회성동 자족형 복합행정타운 완성

　　말도 많고 탈도 많았던 마산 회성동 자족형 복합행정타운 도시개발 사업! 이 사업은 2007년 마산혁신도시 선정에서 탈락한 이후 20년 만에 이룬 쾌거입니다. 행정·주거·업무 기능을 집약한 복합행정타운을 조성하는 대규모 사업이며, 총 71만 5,587㎡의 부지에 총 6,269억 원의 사업비를 투입하여 창원시 도시개발사업으로 진행되고 있습니다.

　　2026년까지 부지조성 공사가 완료되면 5,990세대의 공동주택과 마산회원구청, 창원지방법원 마산지원, 창원지방검찰청 마산지청, 마산회원소방서, 한국전력 마산지사, 한전 KDN 등 13개의 공공기관이 순차적으로 입주할 계획으로 추진되고 있습니다.

　　이러한 개발은 마산회원구 회성동 일대의 지역 경제를 활성화하고 정주 여건을 개선하여, 마산교도소 이전 부지의 직·주·락 개발과 함께

"마산의 새로운 도약"이라는 전환점을 맞이할 것입니다.

그러나 "자족형 복합행정타운"과 같은 대규모 도시개발 사업의 최종 확정 과정에서 교통 대책이 졸속으로 결정된 탓에, 공동주택 6,000세대와 13개 공공기관의 입주가 완료되면 이 지역의 교통 대란이 불가피해 보입니다. 현재도 북성로와 서마산IC는 출퇴근 시간대, 명절, 주말에 교통정체로 몸살을 앓고 있습니다.

회성동 행정복합타운 조감도

졸속으로 진행된 교통영향평가와 심의 과정에서 북성로의 교통 대책은 사실상 전무하며, 현 북성로의 차선폭을 줄여 차로 1개를 증설하는 것이 유일한 대책으로 통과되었습니다. 현재 사업이 추진 중인 가운데 지역 국회의원과 기존 주민들은 교통 대책을 강하게 요구하고 있지만, 창원시의 대응은 여전히 미흡해 보입니다.

마산의 새로운 도약 셋째
: 창원교도소 이전과 이전부지 직·주·락 개발

    마산의 숙원사업이었던 창원교도소의 이전이 법무부의 재정사업으로 추진되고 있습니다. 이전 예정지는 내서읍 평성리 일원입니다. 총 사업비는 2,340억 원이며, 2025년 5월 착공하여 2029년 준공을 목표로 하고 있습니다.

    창원시는 기존 교도소 부지의 활용 방안을 모색하고 있습니다. 2024년 11월 8일, 마산회원구를 지역구로 둔 국회 정무위원회 윤한홍 국회의원님께서 마산지역 성장동력 발굴을 위해 "창원교도소 이전 부지, 어떻게 활용할 것인가"라는 주제로 정책토론회를 개최하셨습니다. 이 자리에서 지역발전 전략이 다수 제시되었습니다.

    창원교도소 이전 부지 개발의 방향에 따라 창원의 미래상을 가늠할 수 있습니다. 창원의 생산적인 미래상을 위해 이 지역을 연구 중심의 산업 유치와 연구인력을 수용할 수 있는 주거단지, 그리고 문화 및 여가시설을 유치하여 '직·주·락(職住樂)'이 조화를 이루는 개발 포지션이 요구됩니다.

1. 직(Work)

현재 창원교도소 이전 부지에 유치가 논의되고 있는 산업은 기계산업 자율제조와 항공우주(드론, UAM) 관련 첨단산업 분야입니다. AI를 기반으로 한 기계산업 자율제조와 100% 국산화된 첨단 드론 및 UAM 연구 생태계를 구축한다면, 창원이 산업 대전환을 선도하는 지역으로 발전할 수 있을 것입니다.

2. 주(Live)

최근 우리나라를 비롯한 전 세계는 기록적인 폭염과 폭우 등 기상이변으로 큰 피해를 겪고 있으며, 기후위기의 가장 큰 원인은 화석연료 사용으로 인한 탄소 배출입니다. 아파트가 보편화된 우리나라의 주거 특성상 '제로에너지화' 실현이 필요합니다. 건축에도 '기후위기 대응을 위한 탄소중립'이라는 패러다임이 요구되는 현재, 창원교도소 이전 부지에 '제로에너지 건축물'로 구성된 주거 시설 조성을 검토해야 합니다.

3. 락(Play)

초고령 사회에 진입한 일본은 대규모 복합 개발 사업을 추진하였습니다. 2023년 11월 문을 연 도쿄 미나토구의 '아자부다이힐스'는 낡은 도심을 재개발하여 높이 330m의 모리JP타워를 비롯한 초고층 빌딩이 들어선 복합단지로, 1,400가구가 거주하는 시설에 쇼핑몰, 병원, 학교, 미술관까지 입주해 도보 10분 이내에 '직·주·락'이 모두 해결됩니다.

창원교도소 이전부지 토지이용 제안

창원교도소 이전 부지 활용방안 모색 정책토론회 자료

우리나라에서도 전주시와 성남시가 콤팩트시티 조성에 박차를 가하고 있습니다. 따라서 창원교도소 이전 부지에도 전시, 문화, 회의, 교육, 관광, 창업, 쇼핑, 숙박이 집적된 콤팩트시티를 조성하여 '혁신성장 복합 개발'을 이루어야 합니다.

앞서 언급한 '기계산업 자율제조', '항공우주 관련 첨단 연구 산업', '제로에너지 주거 시설'이 융합된 다목적 미래형 상업 시설을 조성하여 젊은 연구개발 인력을 유치하고, 마산의 새로운 도약의 발판을 마련해야 합니다.

마산의 새로운 도약 넷째
: 마산역 환승센터 건립과 마산역세권 개발

　마산역 환승센터 건립사업은 국토교통부의 미래 환승센터 시범사업으로 선정된 국가지원사업입니다.

　현재 확정된 총사업비는 약 533억 원(국비 143억 원, 지방비 390억 원)이며, 부지 면적 약 4,500㎡에 연면적 18,720㎡, 지하 1층부터 지상 4층 규모로 모빌리티 타워를 건립할 계획입니다.

　현재 구상 중인 설계안을 보면, 지하 1층은 이용객이 가장 많을 것으로 예상되는 트램, 버스, 철도 연결통로 등 대중교통 수단의 접근이 용이하도록 구성됩니다.

　지상 1층은 퍼스널 존(personal zone)으로, 광장에서 보행 접근이 가능한 공간으로 조성되며 개인형 이동수단도 배치될 예정입니다.

　2층은 자율주행 로봇주차 서비스가 가능한 공간으로 설계되고 전기차 충전시설도 설치됩니다.

3층은 마산역 대합실과 연결되며, UAM(도심항공교통) 수속을 위한 대합실이 마련됩니다.

4층은 UAM의 실질적 탑승 공간인 '에어모빌리티 존'으로 구성됩니다.

이 외에도 마산 양덕동 고속버스터미널을 마산역 환승센터로 이전하여 고속버스 환승이 가능하도록 추진 중이며, 추가 사업비 확보와 인근 부지 확보도 설계에 반영되고 있습니다.

또한 마산역의 경사 지형을 활용해 역으로 향하는 진입로를 지하화하고, 마산역 앞 광장을 전면 보행광장으로 재조성하여 시민들을 위한 휴식 및 문화 공간으로 제공할 계획입니다.

이러한 개발은 최근 발표된 마산역 뒷산 갈메산 30만 평 그린벨트(GB) 해제와 연계한 마산역세권 개발 계획과 조화를 이루며, 마산 재도약의 중심축 중 하나가 될 것이라고 확신합니다.

마산역 환승센터 조감도

마산의 새로운 도약 다섯째: 마산자유무역지역 국유지 전환사업과 봉암연립 비즈니스센터 전망대 조성

마산자유무역지역(Masan Free Trade Zone, MFTZ)은 대한민국 최초의 자유무역지역으로, 1970년대 외국인 투자 유치와 수출 진흥을 목적으로 지정·설립되었습니다.

총면적은 103만㎡(약 31만 평) 규모이며 제1공구, 제2공구, 제3공구로 구성되어 있습니다. 2020년 3월 기준 117개 기업이 입주해 있으며, 이는 전국 7개 산업단지형 자유무역지역 중 가장 큰 비중을 차지합니다. 고용인원은 약 5,400명으로, 전체 자유무역지역 고용인원의 53.5%를 점유하고 있습니다.

마산자유무역지역은 1970년 설립 이후 50년이 지나며 시설 노후화와 국유지 임대 방식으로 인해 어려움을 겪고 있습니다. 특히 민간투자 유치 및 기업 활동에 애로사항이 발생하고 있습니다. 본 사업은 이러한 문제들을 해결하고 마산자유무역지역이 제2의 전성기를 맞이하게 해줄 것입니다.

이를 위해 산업통상자원부에서 법령을 개정하여 국유재산을 민간 부지로 전환하는 용역을 추진하고 있습니다. 이 사업이 조속히 완료된다면, 마산자유무역지역은 국가산업단지로서의 위상이 강화되고 민간 투자자의 자발적인 투자를 통해 새로운 발전을 기대할 수 있을 것입니다.

또한 '창원국가산업단지 700만 평 리모델링 사업'의 일환인 봉암교 확장사업을 신속하게 추진해야 합니다. 이를 위해서는 봉암연립 재건축 정비구역을 해제해야 하며, 해제 후 도로 확장구간에 편입되는 부지를 제외한 약 6,000평의 잔여 부지에 대한 활용방안도 마련해야 합니다.

이에 따라 잔여 부지 활용방안이 2025년 상반기 중 마무리된다면, 최적의 봉암연립 부지 활용방안이 제시될 것입니다.

마산자유무역지역이 설립 50년 만에 국가산업단지로 지정되고 120여 개 기업이 입주한 점을 고려할 때, 이 부지의 활용방안은 국가산업단지 비즈니스센터 건립을 포함해야 합니다. 더불어 창원과 마산만을 조망할 수 있는 전망대 설치, 창원시 종합관광안내센터 등 복합 시설도 추진해야 합니다.

700만 평의 창원국가산업단지와 마산자유무역지역 국가산업단지를 연결하는 비즈니스센터 및 전망대 조성의 필요성은 아무리 강조해도 지나치지 않습니다.

마산자유무역지역 국가산업단지 전경

마산의 새로운 도약 여섯째
: 마산의 일반상업지역 130만 평 용도지역 재조정과 지구단위 계획을 수립을 통한 콤팩트시티 추진

경남 마산은 1970년대에 공업도시로 부상하기 시작했습니다. 1980년대에 이르러 경남의 수부도시이자 전국 7대 도시, 인구 50만 명을 넘는 도시로 발전하였습니다.

1995년 지방자치 부활로 민선시장 체제가 도입되었습니다. 1960~70년대에 조성되었던 섬유산업이 쇠퇴하자 폐업한 공장 부지가 공동주택(APT) 건설을 위해 용도 변경되었습니다.

서울 구로공단처럼 노후 산업단지를 디지털 산업단지로 전환한 게 아니라 주거용지로 전환한 것입니다. 그 결과 일자리가 줄어들었고 시민들은 일자리를 찾아 떠나야 했습니다. 그로 인해 53만여 명이던 마산의 인구가 28만여 명으로 급감하였습니다. 도시 규모가 절반으로 줄어든 것입니다. 이로 인해 전국 7대 도시 시절 활기를 띠던 상업시설들이 폐업

위기에 처해 있습니다.

그럼 어떻게 해야 할까요? 마산 전역에는 일반 상업용지 130만 평이 퍼져 있습니다. 이 땅을 활용하여 마산역세권과 마산 합성동 시외버스터미널을 연계한 콤팩트시티를 조성해야 합니다. 또한 마산합포구 월영동에 위치한 남부시외버스터미널을 합성동 터미널로 통합해야 합니다. 남부터미널 부지 및 인근 약 5,000평을 마산해양신도시 개발과 연계한 배후부지로 활용하여 콤팩트시티를 조성하고, 이를 통해 마산의 새로운 도약을 추진할 때입니다.

아울러 마산 양덕동 고속버스터미널을 마산역 환승센터로 이전해야 합니다. 이렇게 생긴 고속버스터미널 부지와 인근 슬럼화된 복지 APT 등 약 5,000평을 재개발하여 도심에 활력을 불어넣을 수 있습니다.

일본 모리빌딩: 콤팩트시티 조성

마산의 새로운 도약 일곱째
: 마산로봇랜드컨벤션센터 활용과 상설드론 스포츠센터 구축

최근 우크라이나 전쟁에서 최신 군사무기보다 무인드론이 수많은 전과를 올린 사례를 우리는 기억하고 있습니다.

국내에서는 아직 상설 드론스포츠센터를 운영하는 지자체가 없는 것으로 확인됩니다.

마산로봇랜드컨벤션센터는 2019년 준공되었으나 연간 이용률이 10% 미만입니다. 특히 컨벤션 전시실은 이용률이 2.5%로 연간 약 10일 정도만 활용되고 있습니다.

수백억 원이 투입된 시설물의 이용률이 수년간 2.5% 내외에 머물고 있다면, 용도전환이 필요하지 않을까요?

현재 창원시정연구원에서 로봇랜드컨벤션센터 활용방안 연구 용역을 수행 중입니다.

이용객이 없는 컨벤션센터

 이 시설을 전국 최초의 상설 드론스포츠센터로 전환한다면, 드론축구, 드론농구, 드론레이싱, 드론쇼 등 미래형 드론스포츠의 활성화를 이끌 수 있습니다.

 이를 통해 드론 관련 사업을 견인하고, 마산로봇랜드 활성화에도 크게 기여할 것으로 확신합니다.

마산의 새로운 도약 여덟째
: 폐점한 롯데百 마산점을 공공 복합 교육시설로 활용

폐점된 롯데백화점 마산점은 1995년 시티랜드21이라는 이름으로 준공되었습니다. 1997년 대우그룹이 건물을 인수하여 대우백화점 마산점으로 개점하였고, 2015년 7월 롯데쇼핑이 인수해 롯데백화점 마산점으로 재개장하였습니다. 그러나 2024년 6월 30일을 끝으로 영업을 종료하였지요.

롯데백화점 마산점은 30년 동안이나 대한민국 7대 도시의 상징과도 같은 존재로서 마산시민의 일상과 함께해 왔습니다. 백화점 주변 상권과 마산어시장 상권이 상생하며 지역경제를 견인해 왔고요.

그래서 2024년 6월에 백화점이 폐점하자 인근 상권이 급속도로 침체되기 시작했습니다. 1년 동안 공실로 방치된 백화점 건물은 마산시민들에게 상실감과 치안 불안감을 안겨주고 있습니다. 그 결과 주변 상권의 매출 급감, 폐업, 유동인구 감소로 인한 도심 공동화 현상이 현실화되고 있습니다.

이제는 결단이 필요합니다.

본 건물은 교통과 접근성이 뛰어나며, 부속 주차빌딩도 그대로 활용할 수 있습니다. 이를 AI 전환 시대에 맞춰 학생과 시민을 위한 문화·복지·미래 교육 수요를 충족하는 공공복합 교육시설로 전환한다면, 침체된 마산 경제에 활력을 불어넣을 수 있을 것이라 확신합니다.

경상남도와 경남도의회, 창원시와 창원시의회, 그리고 중앙정치권에서도 전국 7대 도시였던 마산의 재건을 위해 힘을 모아 결단해 주시기를 바랍니다. 이 결정이 조속히 이루어질수록 마산의 새로운 도약도 빨라질 것입니다.

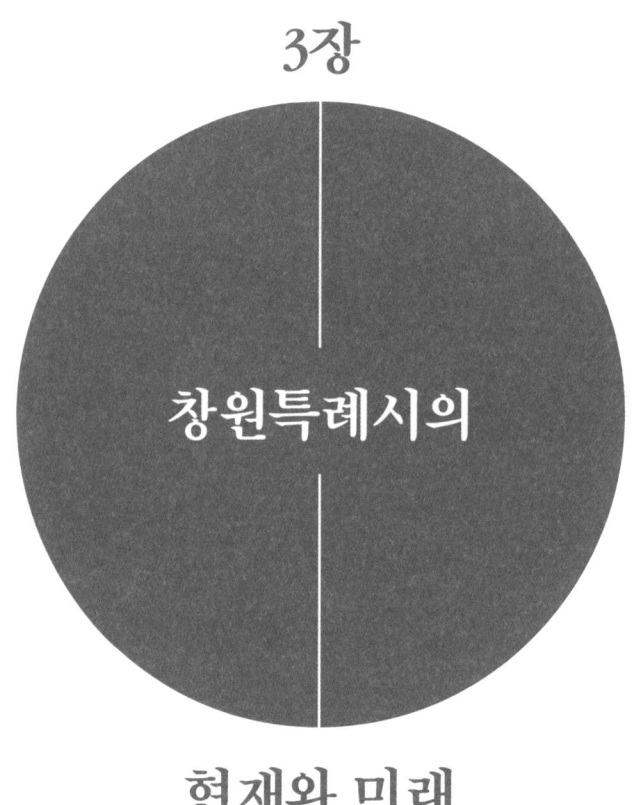

3장

창원특례시의

현재와 미래

통합창원시의 날개 없는 추락
: 민선시장 4명 중 2명 중도 사퇴

창원특례시는 2010년 7월 1일, 자율통합이라는 명목 아래 인구 108만 명의 메가시티로 출범하였습니다. 그러나 15년이 지난 지금, 그 성적표는 어떠한가요?

통합 초기에 메가시티에 대한 기대감으로 인구가 약 1만 명 증가했습니다. 하지만 졸속 통합으로 인한 마산, 창원, 진해 간 갈등은 끊이지 않았지요. 4년간 창원시의회는 난장판이 되었고, 본회의장에서의 난투극이 고소·고발로 이어져 일부 의원은 사법부의 처벌을 받기도 했습니다.

주요 쟁점은 두 가지였습니다.

첫째, 통합 당시 합의서에서 통합시 명칭을 창원시로 정하고, 통합시 청사 위치는 마산과 진해를 1순위로 병기하였습니다. 그런데 통합 창원시의회에서 청사 위치를 구 창원시로 하자고 주장하며 논란이 벌어졌습니다.

결국 장기간의 논란과 의회 파행 끝에 진해구 출신 의원들이 구(舊)창원시 측을 지지하며 일단락되었지만, 이는 또 다른 갈등의 씨앗이 되었습니다.

둘째, NC야구장 위치 선정 문제로 갈등이 재점화되었습니다. 당시 창원시장은 의회 승인 없이 NC다이노스 구단과 창원을 연고지로 하는 협약을 체결하고, 진해구 육군대학 부지를 새 야구장 부지로 발표하였습니다. 100년의 야구 역사를 가진 마산을 제치고 진해구로 결정한 이 발표는 마산시민들의 격분을 불러일으켰습니다.

시간이 흘러 통합 4년 차인 2014년 6월, 지방선거를 앞두고 혼란이 가중되었습니다. 초대 시장은 경남도지사 출마를 위해, 제2부시장은 창원시장 출마를 위해 중도 사퇴해버린 것입니다.

선거 결과 안 모 시장이 제2대 창원시장에 당선되었지만 야구장 논란은 계속되었습니다. 안 시장은 논란을 잠재우기 위해 야구장을 마산종합운동장으로 옮기는 결정을 내렸습니다. 그러나 이 과정에서 진해 출신 의원이 본회의 중 시장에게 계란을 투척하며 항의했고, 결국 해당 의원이 의원직에서 사퇴하면서 야구장 논란은 일단락되었습니다.

이러한 일련의 사건들은 통합이 졸속으로 추진되었음을 보여줍니다.

통합의 후유증은 이후에도 곳곳에서 반복되었습니다. 15년이 지난 지금까지도 마산, 창원, 진해 간 화학적 통합은 이루어지지 않았습니다. 주요 현안이 있을 때마다 지역 간 갈등이 재발하며, 심지어 다시 분리하자는 볼멘소리까지 터져 나오는 실정입니다.

이러한 상황을 감안하면 통합 창원시가 더 큰 도시로 발전할 전망은 여전히 요원하다고 생각됩니다. 참으로 씁쓸한 현실이 아닐 수 없습니다.

통합으로 인한
"불이익 배제의 원칙"은
사기였다

통합 창원시는 졸속 통합으로 인해 시정의 여러 부분에서 문제점이 노출되었습니다. 특히 통합 과정에서 발생한 갈등으로 인한 사회적 비용이 계속 증가하는 것이 큰 문제였습니다.

하지만 통합에 따른 정부의 재정적 인센티브는 거의 없었습니다. 자율통합지원금(상생발전기금) 명목으로 최초 10년간 1,466억 원, 이후 5년 연장을 통해 440억 원을 지원받아, 총 1,906억 원을 지원받은 것이 전부였습니다.

최근 창원시가 자율통합지원금 지원 기간 재연장을 정부에 건의하는 과정에서, 통합 이후 창원시가 정부로부터 충분한 지원을 받지 못했다는 사실이 명명백백히 드러나고 있습니다.

통합 당시 이러한 불이익을 예상했음에도 불구하고 왜 급하게 통합을 추진했는지, 당시 통합을 주도했던 분들에게 그 책임을 묻지 않을 수 없습니다.

통합의 대원칙인 '통합으로 인한 불이익 배제 원칙'이 있었음에도 불구하고, 행정구역 통합으로 인해 보통교부세 배분에서 불이익이 발생했습니다. 이 손실에 대해 두 가지 측면에서 말씀드리겠습니다.

첫째, 추계 방식에 따른 손실입니다.
통합 이전 3개 시(구 창원시, 마산시, 진해시)가 각각 교부받던 보통교부세를 기준으로 추산했을 때, 통합 창원시가 2011년부터 2024년까지 14년 동안 받은 보통교부세는 통합하지 않았을 경우의 추계 값보다 총 7,393억 원이 적었습니다.

둘째, 한국지방세연구원의 연구 결과입니다.
"통합 창원시 재정지원 재연장 타당성 검토 연구" 보고서에 따르면, 통합 이전 3개 시와 유사한 규모의 다른 자치단체들과 비교했을 때, 통합 창원시는 14년간 총 1조 2,907억 원의 지방교부세를 덜 받은 것으로 분석되었습니다.

문제는 이뿐만이 아닙니다.
통합시 출범 당시 정부 지원은 150억 원에 그쳤지만, 실제 소요된 비용은 263억 원이었습니다. 또한 통합으로 인해 청사를 신축하거나 증축하는 데 561억 원이 지출되었으며, 통합 시 약속되었던 '불이익 배제 원칙'을 실현하는 데 1,737억 원, 지역 간 문화 및 체육 인프라 격차를 해소하는 데 1,811억 원이 추가로 투입되었습니다. 이처럼 2010년부터 2024년까지 통합으로 인해 직간접적으로 투입된 비용을 합치면 4,771억 원에 달합니다.

향후 투입될 비용도 상당합니다. 15년간 임시 건물을 사용하고 있는 마산회원구청 신축 비용 719억 원과 농업기술센터 통합 청사 신축 비용 130억 원을 더하면, 앞으로도 통합 관련 비용으로 849억 원이 더 필요할 예정입니다.

종합해 보면 정부의 통합 지원금은 자율통합지원금 1,906억 원과 통합시 출범 지원금 150억 원을 합쳐 총 2,056억 원에 불과한 반면, 통합 이후 현재까지 투입되었거나 향후 투입될 행정 비용은 총 5,221억 원에 달합니다.

따라서 '불이익 배제 원칙'에도 불구하고, 통합 관련 행정 비용만 따져도 최소 3,200억 원 이상의 직접적인 재정적 불이익을 겪은 셈입니다. 여기에 더해, 보통교부세 손실액은 적게는 7,393억 원에서 많게는 1조 2,907억 원에 이르는 천문학적인 규모입니다.

이러한 재정적 어려움은 재정자립도 하락으로 나타났습니다. 2010년 통합 당시 47.78%였던 재정자립도는 2015년 41.5%, 2020년 27.07%로 급락했으며, 2024년 현재 29.1%로 최근 4년간 20%대에 머물고 있습니다. 이는 2024년 전국 평균 재정자립도인 43.3%에 크게 못 미치는 수준이며, 세수 감소와 국·도비 지원사업 증가 등 외부 요인에 의한 재정 수요 증가가 주요 원인입니다.

따라서 정부가 '불이익 배제 원칙'을 지키지 않은 것에 대해, 통합 창원시는 100만 시민과 함께 행정소송 제기를 포함한 강력한 대응을 고려해야 할 것입니다.

급하게 추진된 통합의 문제점은 이뿐만이 아닙니다. 창원시는 전국 기초자치단체 중 가장 넓은 개발제한구역(GB) 면적을 가지고 있습니다. 그런데도 다른 여러 지자체들이 GB를 100% 해제한 것과 달리, 전면적인 해제의 가능성이 요원합니다.

졸속 통합의 후유증은 이밖에도 많이 있습니다. 하지만 여기서는 일단 이 정도로 말씀드리고, 더 상세한 내용은 다른 기회를 통해 언급하고자 합니다.

중앙정부와 국회에 최소한의 양심이 있다면, 졸속으로 통합 입법을 추진했던 책임감을 느껴야 할 것입니다. 최근 김종양 국회의원께서 발의하신 「지방자치분권 및 지역균형발전에 관한 특별법」 일부개정법률안, 즉 '자율통합지원금' 지원 기간을 3년 연장하여 총 440억 원을 추가 지원하는 법률안을 조속히 통과시켜 주실 것을 강력히 촉구합니다.

통합 창원시의 인구는 통합 후 10%나 감소하였습니다. 2024년 말에는 끝내 100만 명 선마저 무너졌습니다.

이런 상황인데도 지난 15년간 시장이 네 번이나 바뀌었고, 두 번은 임기를 채우지 못하는 등 행정의 연속성 또한 무너졌습니다. 시장이 교체될 때마다 선임 시상이 추진하던 대형 사업들이 취소되거나 축소되는 바람에 행정에 대한 불신이 커지고 시민들의 갈등이 증폭되었습니다. 5천여 공무원과 시의회 의원들마저 갈등과 반목을 거듭하고 있어 통합 창원시가 대도시로 발전하는 길이 점점 멀어지고 있습니다.

특히 최근 창원시장께서 선거법 위반으로 당선 무효형을 선고받고 궐위됨에 따라, 향후 1년 3개월 동안 부시장 권한대행 체제로 시정이 운영될 예정입니다. 이로 인해 시민들의 상실감이 더욱 커질 수밖에 없지요.

창원시의회의 수장으로서 무거운 책임감을 느낍니다.

창원특례시의 미래를 향한 발걸음 첫째
: 스타필드창원의 조속한 준공으로 대도시로의 위상 제고

저는 창원시 의창구 중동지구에 건설 중인 대형 쇼핑몰 '스타필드창원'이 창원시의 경쟁력을 높여주고, 대도시로 발전하는 밑거름이 되어줄 거라고 누누이 말해 왔습니다.

스타필드창원은 2017년에 지하 7층에 지상 6층, 연면적 24만 8천㎡ 규모로 계획되었습니다. 그러나 코로나19 팬데믹을 거치면서 8년이란 시간이 흘렀고, 결국 설계변경을 통해 지하 4층에 지상 8층, 연 면적 21만 6천㎡로 축소되었습니다.

현재 스타필드창원은 기조공사를 진행 중입니다. 얼마 전에 시공업체가 신세계 건설로 선정되어 하반기부터 본공사가 본격적으로 추진될 예정이지요.

신세계 측은 스타필드창원의 개점 시점을 2027년 하반기로 계획하

스타필드창원 조감도

고 있습니다. 2028년 하반기에 개점하면 직접 고용과 간접 종사자를 포함하여 커다란 고용증진 효과가 있을 것으로 예상됩니다. 스타필드창원의 직접고용 직원 수만도 3~4천 명이기 때문입니다. 고용뿐만 아니라 지역 경제 문화 창달에도 새로운 활력을 불어넣을 것으로 기대되고 있습니다.

이러한 측면들을 고려할 때, 스타필드창원이 창원특례시의 경쟁력을 회복하고 대도시로 발전해 나가는 단초가 될 것이라 믿어 의심치 않습니다.

창원특례시의 미래를 향한 발걸음 둘째
: 창원 문화복합타운(창원SM타운) 정상운영

창원 문화복합타운은 2016년 창원시가 한류 문화의 중심지로 거듭나기 위해 추진한 민간투자 프로젝트입니다. 2021년 4월에 준공되었지만 아직까지 정상 개장을 못하고 있는 실정이지요.

창원시 2대 시장 시절 추진되었던 창원문화복합타운 사업은 3대 시장 시기에 여러 법적 분쟁에 휘말렸습니다. 다행히 4대 시장에 이르러 법적 다툼이 마무리되었고, 시설 활용방안과 운영 범위도 K-POP 일변도에서 벗어나 트로트, 음식, 뷰티 등 다양한 한류 콘텐츠를 아우르는 K-컬처 전반으로 확대되었습니다. 창원시는 해당 시설의 효율적인 운영을 위해 창원문화재단에 운영을 맡기기로 결정했으며, 올해 하반기 중 개관을 목표로 준비하고 있습니다.

창원문화복합타운이 성공적으로 운영되면 연령별·수준별 맞춤 교육 환경이 구축되고, 수도권에 비해 부족했던 문화와 교육의 기회가 지역민들에게 폭넓게 제공될 수 있을 것입니다. 이를 위해 연중 누구나 쉽게 시설을 이용할 수 있도록 접근성을 높일 계획입니다.

창원문화복합타운이 조속히 정상 운영되어 지역 문화의 중심지로 자리매김하고, 다양한 한류 콘텐츠를 경험할 수 있는 대표적인 공간으로 발전할 것으로 확신합니다. 이는 비수도권 시민들에게도 수준 높은 문화를 향유할 기회를 제공할 뿐만 아니라, 청소년들과 20~30대 청년들이 다시 창원으로 모여드는 계기를 마련함으로써 젊은 층의 인구 유입과 도시 발전에 크게 기여할 것으로 기대됩니다.

창원문화복합타운 전경

창원특례시의 미래를 향한 발걸음 셋째
: 창원시청 청사 신축과 창원 중앙동 오거리 콤팩트시티 조성

창원시청 청사는 1980년 7월 1일, 창원시가 인구 30만 명 규모의 계획도시로 승격되면서 신축되었습니다. 2010년 통합 창원시 출범으로 인구 100만 명 규모의 대도시로 성장했으나, 청사는 여전히 낡고 협소한 상태죠.

그동안 별관, 의회 의사당, 주차 빌딩 등이 체계적인 계획 없이 증축되었으며, 본청 소속 18개 부서가 창원 외곽, 마산, 진해 등지에 분산되어 있어 행정 비효율을 초래하고 있습니다. 이러한 상황은 100만 대도시의 위상에 걸맞지 않으며, 도시 성장을 저해하는 요인으로 작용하고 있습니다.

따라서 조속히 창원시 본청 청사와 의회 의사당을 신축하여 100만 대도시로서의 위상을 재정립해야 합니다.

광장에서 바라본 창원시청 전경

    이와 더불어, 창원광장을 중심으로 과거 창원의 핵심 상권이었으나 현재 가장 낙후되고 침체된 중앙동 오거리 상업 부지를 '콤팩트시티'로 재개발하는 사업에 창원시의 행정력을 조속히 집중해야 합니다.
    창원시가 백년 뒤를 내다보는 대도시로 도약하기 위해, 제가 제안드린 이러한 계획들이 신속하게 추진되기를 간절히 바랍니다.

창원특례시의 미래를 향한 발걸음 넷째
: 진해 육대 부지의 활력

　진해 육군대학 부지(이하 육대 부지)는 과거 육군대학이 위치했던 곳으로, 창원시가 2014년 국방부로부터 기부 대 양여 방식으로 부지를 인수하여 현재 첨단산업 연구단지로 개발 중입니다.

　부지 면적은 약 32만 5,630㎡이며, 총사업비 약 556억 원(보상비 112억 원, 공사비 292억 원, 기타 152억 원)을 투입하여 연구·생산·주거·행정 기능이 조화된 첨단산업 연구단지로 조성되고 있습니다.

　구체적인 시설 현황을 살펴보면, 우선 재료연구원의 실증센터들이 속속 준공되어 소재·부품 실용화를 위한 핵심 연구기능을 담당하고 있습니다. 또한 국방과학연구소의 첨단함정연구센터도 2022년 상반기에 착공하여 최근 준공되었습니다.

　공공임대 지식산업센터 역시 건립이 완료되어 2024년 7월 기준으로

100% 기업 입주를 마쳤습니다. 중소형 특수선박지원센터도 2024년 11월 준공 이후, 중소형 조선소와 관련 기자재 업체의 기술 개발 및 성능 평가를 활발히 지원하고 있습니다. 더불어 해양로봇 종합 실증센터 건립도 예정되어 있습니다.

이러한 연구 및 산업 시설 외에도 진해중학교, 국민건강보험공단 지사,

육대부지 조감도

여좌동 행정복지센터, 국민체육센터와 같은 다양한 공공 편의 시설도 함께 들어서고 있습니다.

창원시는 이 육대 부지를 '창원형 실리콘밸리'로 조성하여, 2028년까지 약 2,250명의 고급 연구인력과 청년 창업가들이 활동하는 첨단산업 중심지로 발전시킬 계획입니다. 현재 이 계획들이 순조롭게 진행되고 있으며, 앞으로 본격화될 진해신항 개발과 더불어 진해구의 미래 전망은 매우 밝다고 할 수 있겠습니다.

창원특례시의 미래를 향한 발걸음 다섯째
: 통합전 분산된 고속·시외버스 터미널 통합

　마·창·진 통합의 또 다른 문제점은 여러 곳에 흩어져 있는 버스터미널입니다.
　통합 전 마산, 창원, 진해에는 고속버스터미널과 시외버스터미널이 총 다섯 곳에 있었습니다. 당시 연간 이용객을 모두 합치면 800만 명에 달했지요. 하지만 15년이 지난 지금은 어떻습니까? 통합의 시너지는커녕 이용객 수가 절반으로 줄어든 상태입니다.
　대표적인 예가 마산 합성동 시외버스터미널입니다. 2013년만 해도 410만 명이 이용했지만, 지금은 200만 명을 밑돌고 있습니다. 양덕동 고속터미널이나 신마산 남부시외버스터미널 등도 마찬가지입니다.
　이렇게 된 원인은 경전선 복선화와 KTX 증편으로 인한 철도 이용객 증가입니다. 하지만 이것만이 문제는 아닙니다. 15년이 지나도록 터미널 통폐합이라는 당연한 과제를 해결하지 못한 것이 더 큰 문제입니다.

저는 통합 직후부터 기회가 있을 때마다 터미널 통폐합을 강력히 요구해 왔습니다. 도시기본계획이나 도시정비계획을 수립할 때는 물론, 시정질문 등을 통해서도 꾸준히 목소리를 내 왔지요.

제가 제안하는 방안은 다음과 같습니다.

첫째, 마산 양덕동의 고속버스터미널은 창원종합터미널로 통합하여 '고속버스 통합터미널'로 만들어야 합니다.

둘째, 창원종합터미널의 시외버스 기능과 마산 남부시외버스터미널을 마산 합성동 시외버스터미널로 통합하여, '시외버스 통합터미널'로 특화해야 합니다.

이렇게 기능을 나누어 특화해야만 특례시의 위상에 걸맞은 대도시의 면모를 갖출 수 있습니다.

또한 1980년에 지어져 45년이나 지난 합성동 시외버스터미널의 리모델링도 시급합니다.

도시의 첫인상을 좌우하는 관문인데도, 전국 어느 대도시에서도 찾아볼 수 없을 만큼 낙후되어 있기 때문입니다.

이 터미널을 인근 합성동 지하상가와 연계하여 현대적으로 재탄생시키는 것 또한 반드시 필요한 일입니다.

창원특례시의 미래를 향한 발걸음 여섯째
: 창원의 엔진 기업들

　1974년에 우리나라 최대 공업단지 중 하나인 창원국가산업단지가 조성된 후, 이곳에 입주한 중공업 업체들은 막대한 양의 화석연료 기반 전기를 사용하게 되었습니다. 물론 화석연료를 사용하는 화력발전은 전 세계적으로 보편적인 방식이었기에 창원국가산단만의 특별한 상황은 아니었습니다. 하지만 창원국가산단에서는 전 세계적으로 유례를 찾기 힘든 독특한 산업 구조가 구축되기 시작했습니다.

　그것은 바로 '엔진' 산업입니다. 창원이 수십 년간 대한민국 기계산업의 중심지라는 명성을 얻을 수 있었던 것도, 기계를 끊임없이 움직이게 하는 동력원인 엔진 생산기반이 있었기 때문입니다.

　창원에서 제작되는 엔진들의 면면을 살펴보면, 왜 창원이 세계 엔진 산업에서 독보적인 위치를 차지하는 도시인지 짐작할 수 있습니다.

두산에너빌리티

두산에너빌리티는 발전용 엔진을 전문적으로 생산합니다. 수력, 화력, 원자력, 가스 발전에 필요한 다양한 엔진을 제작하고 있습니다. 특히 해수담수화 플랜트와 풍력발전 시스템을 포함하여 총 13개의 세계 일류 상품을 보유하고 있으며, 발전용 초대형 엔진 분야에서 세계 최고 수준의 경쟁력을 갖춘 기업 중 하나입니다.

한화엔진 (구 HSD엔진)

전 세계 바다를 누비는 대형 선박 4대 중 1대가 한화엔진의 힘으로 움직일 정도로, 한화엔진은 선박용 대형 엔진 분야의 강자입니다. 세상에서 가장 큰 엔진들을 생산하며, 선박용 엔진 시장 점유율은 세계 2위를 기록하고 있습니다. 선박용 대형 저속엔진 누계 생산 1억 마력이라는 대기록을 달성하기도 했습니다.

한화엔진 공장을 방문하면 5층짜리 다가구주택 두 채를 합친 것보다 더 큰 엔진도 있어 그 엄청난 규모에 놀라게 됩니다. 한화엔진은 지난 40년간 창원 엔진 산업 발전을 이끌어 온 살아있는 역사와 같습니다.

한화에어로스페이스

한화에어로스페이스 역시 엔진 생산 기업입니다. 대한민국에서 유일하게 항공용 가스터빈 엔진을 제작하는 기업으로, 항공기 엔진 개발 및 생산에 특화되어 첨단 기계산업을 선도하고 있습니다. 1979년 가스터빈 엔진 창정비 사업으로 항공 엔진 분야에 진출한 이래, 전 세계 누적 생산량 1만 대를 돌파했습니다.

최근에는 한국 최초의 저궤도 실용위성 발사체인 '누리호' 사업에 참여하여 로켓의 비행 및 자세제어 시스템과 엔진 개발에 핵심적인 역할을 수행했으며, 차세대 누리호 발사체 프로젝트도 주도하고 있습니다.

STX엔진

STX엔진은 창원국가산단 조성 초기인 1976년에 엔진 전문 생산업체로 출발하여, 우리나라 조선 및 기계산업 발전에 중추적인 역할을 해온 엔진 산업의 산증인과 같은 기업입니다. 현재는 선박용 엔진뿐만 아니라 육상용 플랜트 엔진 부문에서도 세계적인 경쟁력을 보유하고 있습니다. 또한 육군의 전차, 자주포, 장갑차와 해군의 구축함, 호위함, 고속함, 그리고 해양경찰 경비함정에 탑재되는 디젤엔진을 생산하며 방위산업에도 기여하고 있습니다. 과거 중소형 선박용 엔진 분야에서 세계 2위까지 기록한 바 있습니다.

한국GM 창원공장

한국GM 창원공장에서는 완성차와 더불어 자동차용 엔진도 생산하고 있습니다. 1991년 대우국민차 '티코' 생산을 시작할 당시에는 일본 스즈키 엔진을 수입하여 장착했습니다. 이때 많은 젊은 직원들이 일본에서 연수를 받으며 엔진조립 기술을 습득했다고 합니다.

이후 티코에 사용된 엔진(헬리오스)을 자체적으로 개량하여 '마티즈' 모델부터는 창원에서 생산된 엔진을 장착했으며, 이 엔진은 현재까지 500만 대 이상 판매되었습니다.

하지만 최근 창원공장에서 생산되던 경차 모델들이 단종되면서 엔진 생산은 우즈베키스탄 등 수출용으로만 제한적으로 이루어지고 있습니다. 더욱이 2023년부터 생산 중인 CUV 신차에는 창원 엔진이 아닌 멕시코 GM 공장에서 생산된 엔진을 전량 수입하여 장착하고 있어, 지역 엔진 산업에 대한 우려가 제기되고 있습니다.

쌍용자동차 창원공장

이곳에서는 쌍용자동차(현 KG Mobility)에 사용되는 엔진 전량을 생산하고 있습니다. 1994년에 엔진공장으로 처음 문을 열었을 때는 메르세데스-벤츠의 지휘 아래 설립되었으며, 완공 후 쌍용자동차가 운영을 맡게 되었습니다. 창원 엔진공장은 연간 30만 대 규모의 엔진 생산능력을 보유하고 있습니다.

변화하는 창원의
엔진과 미래

    그렇다면 엔진 도시 창원은 앞으로 무엇을 해야 할까요? 그 해답은 바로 디지털 기반의 친환경 최첨단 엔진을 만드는 것입니다.

    그래서 창원시는 기존의 화력발전용 엔진을 친환경 가스터빈 엔진으로 빠르게 전환할 수 있도록 노력하고 있습니다. 가스터빈 발전소는 국내에서만 2030년까지 40기가 건설될 예정인데요, 이는 총사업비 15조 원에 달하는 대규모 시장입니다.

    미국과 영국 등 선진국들이 준비하는 소형 모듈 원자로(SMR) 사업에 대한 정책적 지원도 강화해야 할 것입니다. 또한 발전용 엔진이 필요없는 수소연료전지 발전 사업도 대대적으로 준비하고 있습니다.

    창원의 주요 엔진 기업들도 친환경 첨단엔진 개발에 박차를 가하고 있습니다.

두산에너빌리티는 가스터빈, 풍력, 수소연료전지, SMR 등 신재생 에너지 분야로 사업 구조를 적극적으로 전환하고 있습니다. 가스터빈은 이미 개발을 완료하여 현재 1기가 실제 가동 중이며, 소형 모듈 원자로(SMR) 기술 역시 전 세계적으로 거의 유일하게 두산에너빌리티가 확보하고 있는 것으로 알려져 있습니다.

한화엔진은 국제해사기구(IMO)가 2020년부터 선박의 배기가스 배출 제한(질소산화물, 황산화물, 이산화탄소 등)을 강화하기에 앞서, 이미 2013년에 세계 최초로 독자적인 저온탈질설비(SCR)를 개발하는 등 친환경 선박 엔진 개발에 투자를 아끼지 않고 있습니다.

한화에어로스페이스는 전 세계의 항공기 엔진 업체 중 최고 수준의 스마트 제조라인을 구축하여 항공기 엔진의 첨단화를 선도하고 있습니다.

STX엔진은 2020년 국내 최초로 미세먼지 배출이 없는 친환경 엔진을 개발하는 성과를 거두었습니다.

KG Mobility (구 쌍용자동차)도 현재 여러 어려움을 겪고 있지만, 친환경 전기차로의 전환을 시도하고 있는 것으로 알려져 있습니다.

지난 50년간 대한민국 산업을 이끌었던 화석연료 기반의 창원 엔진은 이제 디지털, 친환경, 최첨단 엔진으로 진화하고 있습니다. 과거 50년의 자랑스러운 역사를 써 내려온 두산에너빌리티, 한화엔진, 한화에어로스페이스 등 창원의 대표 엔진 기업들이 미래 50년에도 대한민국의 산업을 이끄는 주역이 되기를 기대합니다.

1977년에 발사된 우주 탐사선 보이저 1호는 48년이 지난 지금도 엔진 고장 없이 머나먼 심우주를 항해하며 NASA와 교신하고 있다고 합니다. 보이저 2호와 함께 칠흑 같은 우주 공간을 계속 나아가고 있다는 사실은, 세계 과학 기술의 위대한 성과이기도 하지만 동시에 50여 년이나 작동할 정도로 견고한 엔진 기술의 승리라고도 할 수 있을 것입니다.

언젠가 미래에는, 창원의 두산에너빌리티에서 제작한 초소형 원자로(SMR)를 탑재하고 한화에어로스페이스에서 제작한 우주 발사체가 깊은 우주에서 보이저호와 조우하는 감격적인 날이 오기를 기대해 봅니다.

4장

기초의원의

정당공천을 폐지하라

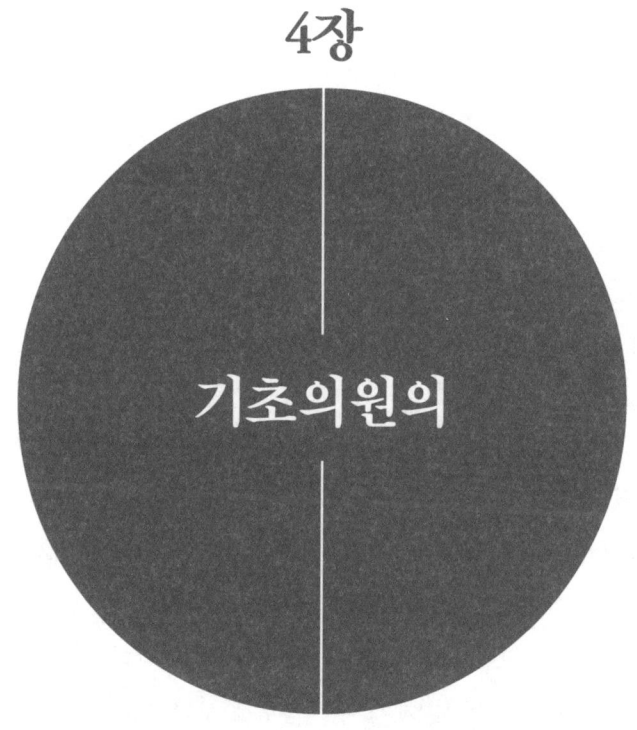

빚좋은 개살구가 되어버린 대한민국 지방자치

　대한민국 정부 수립 이후, 1952년 4월 25일에 지방의원 선거가 처음 실시되었습니다. 6.25 전쟁 중인데도 지방선거를 실시한 것입니다.

　하지만 1961년 5월 16일, 군사 정변으로 인해 지방자치제가 중단되었습니다. 꽃이 피기도 전에 뿌리가 뽑혀나간 셈입니다.

　그로부터 30년이 지난 1991년 3월 26일 기초의회의원 선거가 다시 실시되었습니다. 지방자치제가 부분적으로 부활한 것입니다. 4년 뒤인 1995년 6월 27일이 되어서야 지방자치제가 완전히 부활했는데, 시장, 군수, 구청장 등의 지방자치단체장을 주민이 직접 선출하기 시작했기 때문입니다.

　1991년에 지방자치가 부활한 지도 35년이 지났습니다. 35년 동안 많은 변화가 있었지만 아직도 갈 길이 멀어 보입니다.

근본적인 문제는 말만 지방'자치'일 뿐, 실제로는 중앙정부와 국회의 권력을 나눠받은 지방'분권'에 그치고 있다는 점입니다. 이런 점은 정치 선진국들과 비교해보면 더욱 두드러집니다.

한 마디로 지방의회가 중앙정부 및 국회 권력에 예속되어 있어 자치가 충분히 구현되고 있지 못하다고 말씀드릴 수 있습니다.

이밖에도 여러 요인들이 지방자치 발전에 걸림돌이 되어 왔습니다. 급격한 산업화와 도시화로 거주지에 대한 애착이 줄어든 점, '뭉치면 살고 흩어지면 죽는다.'라는 집단적 기억이 내재화되었다는 점 등이 있지만 그중에서도 가장 큰 원인은 '기초의원 공천제'입니다.

2006년부터 실시된 기초의원 공천제도는 풀뿌리 민주주의를 심각하게 훼손시켰습니다. 구의원, 군의원, 시의원 등의 기초의원들을 해당 지역 국회의원이나 공천권자에게 예속시켰기 때문입니다. 또한 지역과 관계 없는 사안이나 당리당략을 지방의회에 끌어들여서 뒤죽박죽 난장판을 만들었습니다.

얼마 전에 탄핵 정국이 형성되었습니다. 중앙정계도 문제였지만 지방의회의 상황 또한 심각했습니다. 당리당략과 이념대립에 매몰되어 민생과 지방자치가 실종되었기 때문입니다.

그 결과 집행기관을 견제하고 감시하는 지방의회의 고유권한과 기능이 크게 약화되었습니다. 지자체장이 소속된 정당과 의회 다수당이 같으면 덮어놓고 찬성하고, 다르면 사사건건 '시비를 거는' 것이 일상이 되고 말았으니까요.

저는 1995년부터 현재까지, 30년 동안 일곱 번 당선되어 의정활동을 해왔습니다. 덕분에 정당공천제가 도입되기 전과 후를 모두 경험해 보았고, 이 제도에 대해 충분히 오랫동안 검토하고 고민해볼 수 있었습니다.

1995년부터 2006년까지는 기초의원 공천제도도 없었고 급여도 없었습니다. 무보수 봉사정신으로 일하다 보니 단점과 문제점도 많았지만 한 가지는 분명했습니다. 집행기관에 대한 견제와 감시만큼은 공천제 도입 이후보다 나았다는 점입니다.

그리고 생산적인 토론도 가능했습니다. 오히려 예전에 토론이 잘 됐어요. 공천 제도가 없으니까 사안이나 문제 자체에 집중할 수 있기 때문입니다. 의원들은 상식적으로 객관적인 발언을 하며 토론을 했습니다. 자연스럽게 토론 문화가 발달했지요.

하지만 지금은 다릅니다. 소속 정당의 당론이나 유불리가 진실 자체보다 더 중요합니다. 합리적인 결론을 도출해내는 것보다 '우리가', '우리 당이' 토론에서 이기는 게 목적이 되어버렸습니다. 토론이 아니라 쪽수로, 힘으로 찍어누르는 게 일상이 되고 말았죠. 조폭 패거리 문화가 지방자치를 병들게 하고 있다 해도 과언이 아닙니다.

기초의원들의 자질이나 업무 조건은 그때보다 지금이 많이 나아졌습니다. 이제는 연봉도 주고 정책지원관도 지원해 주니까요. 하지만 지방자치는 오히려 퇴보하고 있어요. 단체장 견제노 안 되고, 수민들을 위한 정치도 안 되고, 토론이나 합리적인 의사결정도 힘들어졌으니까요.

국회의원의 정치적 들러리가 되어버린 기초의원들

이렇게 된 원흉 중에 가장 큰 것이 바로 정당공천제입니다. 정당공천제 실시 전에는 국회의원이나 정당의 눈치를 볼 필요가 없었어요. 그래서 대부분의 판단이 상식선에서 이뤄졌죠. 엉뚱하거나 어리석은 판단이 내려지는 경우도 있었지만 적어도 내 지역의 이익이 판단의 기준이었고 주민들의 눈치도 많이 보았습니다. "저 기초의원이 우리 지역 일을 잘하느냐?"가 유권자의 판단 기준이었으니까요.

하지만 지금은 어떤가요? 방금 말씀드린 일들이 정확히 반대로 벌어지고 있습니다. 표를 주는 주민들보다 공천권자인 정당 유력자나 국회의원에게 잘 보이려고 애쓰고 있는 겁니다. 공천을 못 받으면 출마조차 할 수 없고, 많은 지역에서 공천이 곧 당선이라는 공식이 성립하기 때문이지요.

국회의원의 행사나 정당의 이벤트에 기초의원들이 동원되는 상황!

소속 정당의 노선이나 정견, 당론에 복종해야 하는 상황!

이런 상황에서 어떻게 내 지역구와 주민들에게 전념할 수 있겠습니까?

제 이야기가 지나친 비약이라고 생각하시나요? 정당들마다 평가의 기준이 있고 공평무사한 '시스템 공천'이 이뤄지고 있다고 믿으시나요?

안타깝게도 그 답은 "아니올시다."입니다. 예전에도 그랬고 앞으로도 그럴 겁니다. 현재의 시스템이 국회의원과 전국구 정당들의 입맛에 꼭 맞기 때문입니다.

정당의 공천이 정말로 공평무사하게 실시되고, 국회의원이나 정당 유력자들의 입김이 전혀 들어가지 않는다면, 당리당략에 관계없이 지역을 위해 일할 일꾼을 순수하게 뽑기 위해서라면, 그냥 공천제 자체를 폐기하면 됩니다. 정당에 좋은 것도 없는데 뭐하러 비판과 의심을 자초하나요?

하지만 절대로 그렇게 하지 않죠. 정당공천제가 국회의원들과 정당에 유리하기 때문입니다.

공천을 못 받으면 무소속으로 출마해야 합니다. 하지만 앞에서 말씀드렸듯이 농어촌 지역이 아닌 이상 무소속 기초의원이 당선되기는 대단히 어렵습니다. 그리고 우리나라의 도시화율은 2023년 기준으로 92퍼센트가 넘어요. 열 명 중에 아홉 명이 도시에서 살고 있다는 얘깁니다.

이런 상황에서 어떻게 공천권자를 거스를 수 있을까요?

겉으로는 시스템 공천이라고 주장하고 기준과 평가항목이 있다고 말하지만 실제로는 아닙니다. 물론 참작은 하겠지만 양궁 경기처럼 객관적인 판단은 불가능해요. 후보자에 대한 판단에는 당선 가능성, 공천권자와의 친분, 정당에 대한 충성심, (재선일 경우) 의정활동 지표 등의 수많은 지표가 있기 때문입니다. 이중에 어떤 점을 중시할지는 공천권자 마음입니다. 개인의 의향이나 선호가 들어가지 않을 수가 없지요.

이처럼 '작지만 강한' 권력은 공천을 주고 싶을 때도 발휘되지만 주기 싫을 때도 사용될 수 있습니다. 제 경험상 후자의 경우가 더 많은 것 같습니다. 자격이 안 되는 사람을 공천하는 건 어렵지만 자격이 되는 사람을 떨어뜨리는 건 그보다 쉽다는 뜻입니다.

이와 같은 현실에서는 정당의 입맛에 맞는 후보들만 공천받을 수 있습니다. 이런 기초의원이 당선 후에 소속 정당과 공천권자를 어떻게 거스를 수 있겠습니까? 다른 목소리를 내는 것 자체가 '배신'으로 낙인찍히는데요.

다음 선거 공천을 포기한 사람이 아니라면 자신의 소신을 펼 수가 없습니다. 주민의, 주민에 의한, 주민을 위한 지방자치가 되어야 하는데 정당의, 정당에 의한, 정당을 위한 지방자치가 되어버린 겁니다.

우리가 남이가?에
병들어가는 지방자치

저는 지방자치제가 온전히 부활했던 1995년 6월 27일의 지방선거에서 당선되었습니다.

그로부터 11년 뒤인 2006년 선거 전까지 무소속 3선 의원으로서 의정 활동에 최선을 다했습니다. 이 기간 동안 자유롭고 소신 있게 의사결정을 했고 집행기관을 단호하게 견제하고 감시해 왔습니다.

저뿐만이 아니었습니다. 대부분의 기초의원들은 자신의 양심과 소신에 따라 지자체와 단체장을 견제했습니다. 정당의 눈치를 볼 필요가 없었기에 가능했습니다. 의원 개개인의 부정부패나 무능, 태만 등의 문제는 있었지만 견제와 감시만큼은 소신대로 할 수 있었습니다.

하지만 이제는 아닙니다. 지자체장과 지방의원 둘 다 공천을 받고 있기 때문입니다. 극소수의 무소속 의원을 제외하면 전부 특정 정당에 소속되어버렸다 이 말입니다. 1991년부터 2006년까지, 어느 해에는 기초단체장이 공천을 안 받았고 어느 기간에는 기초의원들이 공천을 안 받았습니다. 둘 중 하나는 공천을 안 받았었는데 이제는 둘 다 공천을 받고 있어요.

그 결과 여론보다 당론이 더 중요해져 버렸고 주민의 뜻보다 당대표나 원내대표, 또는 지역구 국회의원의 뜻이 더 중요해져 버렸습니다. 실제로도 단체장이나 기초의원의 소속 정당에 따라 민의가 왜곡되거나 의정이 파행되는 경우도 있습니다.

창원특례시에도 대장동·백현동 같은 일이 있었습니다. 시민단체와 의회, 집행기관으로부터 고발되어 검찰의 수사를 받고 있는 마산해양신도시 사건, 공원일몰제 관련 사하·대상공원 사건, 액화수소플랜트 사건 등등…. 이 사건들은 무소불위의 권한을 가진 자치단체장을 지방의회에서 제대로 견제하고 감시하지 못해서 일어난 일들입니다.

저는 30여 년간 7선 의원을 지내며 도시계획심의위원을 세 차례 했습니다. 연수로 치면 6년 정도네요. 2022년 8월 부동산학 박사학위를 취득했을 정도로 도시계획 분야와 도시재생분야에 정통하기 때문입니다. 이론뿐만 아니라 실무 경험도 많고, 'S 아파트 지하수 사건' 때처럼 공학적 전문성도 갖고 있습니다.

이렇게 전문성을 갖고 있기 때문에 자신있게 말씀드릴 수 있습니다. 성남시의 대장동·백현동 사건과 창원특례시의 마산해양신도시 사업, 공원일몰제 관련 사화·대상공원 사건 등이 왜 일어났는지를요. 그 이유는 도시계획심의 등 각종 심의 과정에서 지방의회가 제대로 견제하고 감시하지 못했기 때문입니다. 지자체장의 입김이 심의 기구에까지 영향을 미치는 바람에 올바른 의사결정이 이루어지지 못한 채, 지자체장이 원하고 의도했던 방향으로 결정이 이루어지는 것, 이것이 수많은 비리와 사업실패의 원인입니다.

이러한 현상의 배경은 지방의회의 견제와 감시가 무력화될 수밖에 없는 작금의 시스템이며, 이러한 시스템이 만들어진 근본 원인은 기초의원에 대한 정당공천제도가 한몫하였다 하겠습니다.

그렇다면 거꾸로, 단체장이 소속된 정당과 지방의회의 다수당이 다르면 어떨까요? 당이 다르니까 견제와 감시가 제대로 이루어지지 않냐고요?

안타깝게도 그렇지 않습니다. 건전한 견제와 건강한 감시가 아닌 발목잡기식 의정활동이 시작됩니다. 의회가 사사건건 방해하고 트집을 잡는 겁니다. 지자체장이 잘하든 잘못하든, 옳든 그르든 일단 태클부터 걸고 보는 거예요.

상대 정당에 속한 지자체장이 잘하면 못하게 만들고, 못하면 더 못하게 만들려고 혈안이 됩니다. 그래야 다음 선거 때 우리 당이 단체장이나 국회의원 자리를 '먹을' 가능성이 커지니까요.

당리당략 없이 순수하게 정책만 갖고 판단해야 하지 않냐고요? 물론입니다. 하지만 현실에서는 거의 일어나지 않는 일이에요. 정당에 의해 공천된 의원들이 어떻게 정당을 무시하나요? 이런 시스템을 만들어놓고 순수하게 정책만 갖고 판단하라는 현실이 모순의 극치 아닙니까?

이와 같이 단체장과 기초의원들의 정당이 같으면 같은 대로, 다르면 다른 대로 지방자치가 엉망이 됩니다. 제대로 돌아가질 않아요. 대화와 타협, 비판과 토론이 사라지고 진영논리만 남아서 대립 아니면 야합이 판을 치게 됩니다. 정도의 차이만이 있을 뿐이죠.

이로 인한 모든 피해는 국민들이 고스란히 떠안고 있습니다.

해결 방법은 간단합니다. 기초의원 공천제를 없애면 됩니다. 우리 동네 일꾼을 뽑는데 사상이나 정당이 무슨 필요가 있습니까?

백해무익한 기초의원 정당공천제!

이제는 끝내야 합니다.

'가' 받으면 살고
'나' 받으면 죽는다

앞서 말씀드린 것처럼 저는 같은 당이라고 해서 봐주지 않습니다. 다른 당이라고 해서 불공평하게 하지도 않고요.

시의장이 된 후에는 더 그렇지만 되기 전에도 그랬습니다.

제가 이렇게 고분고분하지 않다 보니 지역에서 힘있는 사람들이 공천을 안 주고 싶어합니다. 말도 안 듣고 시키는 대로도 안 하니까요. 실제로 공천 신청도 안 하고 무소속으로 출마한 적도 있고 다른 당으로 당적을 옮긴 일도 있었습니다. 흔히 말하는 '철새'와 제가 다른 점은 저 자신에게 충분한 경쟁력이 있다는 점입니다.

어쨌든 저는 기호 '가' 번이 아닌 '나' 또는 '다'를 받아도 당당히 살아 돌아왔죠. 게다가 일도 잘하고 경험과 전문성도 탁월해요. 아마 다음 선거에도 또 나오라고 할 것 같아요.

사실 저는 지난번 선거 때 안 한다고 했어요. "다음 선거엔 출마 안 합니다."라고 대놓고 말은 안 했지만요. 선거운동 할 때 이번이 마지막 유세라고 사람들을 많이 모았어요. 선거기간 동안 엄청 많은 분들과 만났습니다. 많은 분들이 "손태화 당신, 죽을 때까지 시의원 해야 돼! 안 그러면 예전처럼 찾으러 갈 거야?"라고 말씀하시더라고요.

그런 분들 때문에 오기가 생겼어요. 지방자치가 너무 망가졌는데 저라도 힘을 보태야겠다는 오기 말입니다. 기호 '가'번으로 공천되면 당선되고 기호 '나'번을 받으면 낙선하는 더러운 세상! 이러다 보니 국민의힘이든 민주당이든, 지역에 봉사 안 해도, 의정활동을 열심히 안해도, 소신과 철학이 없어도, '가'번 공천만 받으면 된다고 생각합니다. 실제로도 그렇고요.

결국 너도나도 '가' 받을 일만 합니다. 공천이 당선보다 중요하니까요. 결과를 내기 위해 일하는 게 아니라 일하고 있다는 걸 증명하기 위해 일하고 있어요. 시민을 위해서가 아니라 공천권자를 위해서 일하는 기막힌 상황! 이런 상황이 이미 고착화 돼 버렸어요. 이거 보통 일 아니에요. 정치와 자치가 동시에 망해가는 징조라고요.

게다가 양당제까지 고착화된 상태입니다. 예전에는 기초의원의 소속 정당이 최소 4개였어요. 정의당도 있었고, 그밖에 소수정당들도 있었죠. 하지만 지금은 2개 정당밖에 없어요. 작은 정당들은 명함도 못 내밀어요. 공천받아 나와봤자 당선은 꿈도 못 꾸고요. 무소속으로 출마하면 더 안 됩니다. 지방의회가 사실상의 양당제로 고착화돼버린 거예요.

두 거대정당이 캐스팅보트도 없이 매일 치킨 게임을 벌이는 것, 이게 현재 대한민국 (지방)정치의 현실입니다. 대한민국 전체가 이렇게 되어버렸는데 위기감이나 문제의식도 없어요. 민의(民意)가 심각하게 왜곡되어 있다는 것도, 정치 양극화와 극단의 정치가 횡행하고 있다는 것도, 그 결과 국민들이 소외되어 답답해하신다는 것도 몰라요. 아니 관심이 없죠. "왜냐하면 공천만 잘 받으면 되니까요."

기초의원 공천제도가 없을 땐 지방에서 그런 대립이 없었어요. 중앙에서 싸우고 찢겨도 지방은 그랬던 적이 없었죠. 그런데 이제는 중앙정치보다 더합니다. 견제와 감시에 전념해도 시간이 모자란데 정치판이 되어 버렸죠. 이건 지방자치의 본분을 망각한 거예요. 이러니까 지방자치 무용론이 나오는 거 아닙니까?

기초의원에게
점수를 매긴다고요?

창원특례시 기초의원 선거의 경우, 국민의힘이든 더불어민주당이든 기호 '가'번을 공천받으면 안정적으로 당선된다고 예상할 수 있습니다. 기호 '나' 또는 '다'로 공천받으면 낙선될 확률이 크게 증가하고요.

이것은 저만의 생각이 아니라 지난 세 번의 선거에서 여실히 드러난 통계입니다. 실제로 기호 '나' 또는 '다'를 받았다는 이유로 출마를 포기한 예비 후보들이 있지 않았습니까?

이렇게 기호 '가'를 받는 게 중요해지다 보니 의정활동에 충실하기보다 지역구 국회의원이나 정당의 당협위원장에게 충성하는 의원들이 많아졌습니다. 가끔이긴 하지만 공천 헌금 사건이 터지기도 하고요. 지금까지 발각된 공천헌금은 빙산의 일각일 수도 있습니다.

그런데 창원시의회 의원들의 의정활동을 분석해 보면 다른 점이 눈에 띕니다. B당 소속 의원들의 5분 발언, 시정 질문, 조례 개정 및 제정이 A당 소속 의원들보다 훨씬 많다는 점입니다. A당 의원들은 게으르고 B당 의원들은 부지런해서 그런 걸까요?

물론 그렇진 않습니다. B당은 소속 의원들의 의정활동을 평가해서 공천심사에 반영하지만 A당은 그렇지 않다는 겁니다. 의정활동을 수치화해서 평가하여 다음 공천에 반영해야 하지 않습니까?

그런데 지방의원을 평가하려면 객관적인 잣대가 필요합니다. B당은 5분 자유발언, 시정 질문 횟수, 조례 제·개정 건수, 대정부 건의안 등과 같은 정량적인 지표를 평가 기준으로 삼고 있다고 합니다.

그러다 보니 숫자만 채우려고 하거나 의욕만 넘치는 경우도 많습니다. '질보다 양'이 되어버리는 거죠. 심지어는 한 번의 회기에 서너 개의 조례를 발의하는 의원도 있습니다. 하나의 안건에 집중하기 보단 양적인 발의에 몰두하고 있다는 생각마저 듭니다.

5분 자유발언도 마찬가집니다. 통합창원시의회의 경우, 1·2대 의회 때는 임시회마다 평균 5~6명의 의원이 자유발언을 했습니다. 하지만 요즘엔 한 회기에 16명씩 자유발언을 합니다. 정해진 발언 기회가 다 차서 다음 회기로 넘어가는 경우도 많고요.

하지만 A당 의원들은 좀 느슨합니다. 아무래도 정량적인 지표로 의원을 평가하지 않기 때문이겠지요. 여기엔 장점도 있고 단점도 있습니다.

어쨌든 인원수로 보면 A당 소속 의원이 27명, B당 소속 의원 수가 18명입니다. 6대 4의 비율이죠. 그런데 5분 자유발언이나 시정 질문 조례 발의 숫자는 B당이 훨씬 많습니다.

단순히 발언 숫자가 많다고 해서, 조례의 제·개정 건수가 많다고 해서 의정활동을 잘했다고 볼 수만은 없습니다. 발언의 내용과 수준이 횟수보다 중요하기 때문입니다. 4년 임기 내내 발언이 한 건도 없는 것도 문제지만 실속 없는 발언, 인기영합적 발언, 의원 자신을 부각시키려는 발언도 문제입니다.

조례의 제·개정의 경우도 마찬가집니다. 얼마나 많은 조례를 발의했는가보다 얼마나 양질의 조례를 입안했는지 따져봐야 합니다. 해당 의원이 제·개정한 조례들이 시민의 삶에 얼마나 긍정적인 영향을 미쳤는지도 짚어봐야겠죠?

기초의원에 대한 평가는 공천권자가 아니라 유권자인 주민들이 할 수 있게 해줘야 합니다.

물론 현행 선거제도 하에서는 쉽지 않습니다. 후보들의 손발을 지나치게 묶어 놓는 선거제도, 지나치게 복잡하고 까다로운 선거법, 이현령비현령(耳懸鈴鼻懸鈴)식 선거법 해석 등등, 문제가 한두 가지가 아니니까요.

하지만 적어도 밀실에서 소수에 의해 당선자가 결정되다시피하는 상황보다는 낫습니다. 기초의원에 대한 정당공천제가 폐지되어야 하는 또 하나의 이유입니다.

누구나 참여할 수 있는
'골목 민주주의'를 위하여

　마지막으로 공천제도와 후보 난립 논란에 대해서도 한 말씀 드리겠습니다.
　흔히 정당공천제를 도입해야 후보 난립을 막을 수 있다고 주장합니다. 하지만 엄밀히 말해 공천제 자체가 후보 난립을 막는 게 아니에요. 2006년에 처음 공천제도가 도입되었을 때를 예로 들어볼까요?
　당시 저희 지역구가 중선거구제로 바뀌면서 2명을 뽑게 되었어요. 현역 시의원인 저를 포함한 3명의 의원들이 무소속으로 출사표를 던졌습니다. (저는 3선, 최동범 의원은 4선, 다른 한 분은 재선) 초대 도의회 위원장을 지낸 유력인사 한 분도 무소속으로 출마했고요. 여기에 당시 한나라당(현 국민의힘)에서 공천받은 후보 2명과 민주당 후보, 또 다른 정당 후보들까지 포함해 총 10명이 출마했습니다. 정당공천제가 도입됐는데도 이렇게 후보들이 난립했던 겁니다.

그런데 시간이 지날수록 후보 숫자가 줄어들었습니다. 공천을 받지 못하면 당선 자체가 어려워졌기 때문이지요. 실제로 경남 지역의 경우 무소속 당선자는 손에 꼽힐 정도로 적습니다. 특히 도시 지역은 아예 없답니다.

후보가 줄어든 이유는 농어촌 지역을 제외하면 무소속 후보가 당선되는 게 극도로 어려워졌기 때문입니다. 아예 출마조차 포기하는 상황이 벌어진 거예요.

군소정당의 공천을 받아도 상황은 크게 다르지 않습니다. 창원시의회 사례를 보면, 통합 이후 세 번의 선거에서 무소속이나 군소정당 출신 의원들이 몇 분 있었던 것이 사실입니다. 하지만 2022년 선거에서는 국민의힘과 더불어민주당, 이 양당 의원들로만 의회가 채워졌습니다. 이런 결과는 공천제도가 양당 독점 구조를 점점 더 강화하고 있다는 증거입니다.

능력 있는 인재가 정당 공천이라는 벽을 넘지 못해서 지방의회에 들어올 기회조차 잃게 되는 셈입니다. 만약 무소속으로 나와도 당선이 가능하다면 얼마든지 무소속으로 나올 거예요. 정당공천제가 존재하더라도 말이죠.

불가능한 일이라고 생각하시나요? 그렇지 않습니다. 정치는 생물이라서 어떻게 바뀔지 모르니까요. 특히 국민들의 정치혐오가 점점 심해지고 있지 않습니까? 거대 양당이 극단화되는 경향도 심해지고 있고 부동층도 늘어나는 추세입니다. 그러니 무소속 후보들이 약진하지 말라는 법은 없지요. 만약 그렇게 된다면 후보들의 수가 다시 늘어날 겁니다. 2006

년 선거 때처럼 말이지요.

제 말의 요지는 정당공천제를 통해 지방정치라는 '골목상권'에 전국정당이라는 '대기업 프랜차이즈'가 들어왔고, 그 결과 영세상인들이 프랜차이즈의 월급쟁이 직원이 되거나 아예 가게를 포기하게 됐다는 겁니다. 만약에 어떤 대형 프랜차이즈가 "우리가 이 지역에 들어온 덕분에 작고 보잘것없던 가게들이 정리되어 깨끗해졌다."라고 말하면 어떻게 될까요? 엄청난 비난과 불매운동에 시달리지 않을까요?

그런데 정치가들은 그게 정당공천제의 장점이라고 홍보합니다. 하지만 후보의 수가 적은 게 무조건 좋은 거고 많은 게 무조건 나쁜 걸까요? 백 번 양보해서 그렇다 쳐도 그게 정당공천제의 근거가 될 순 없습니다. "기초의원 후보의 난립을 해결하기 위해서 정당공천제를 유지해야 한다."는 말은 빈대 잡자고 초가삼간 태워먹겠다는 소리와 같으니까요.

이와 같이 기초의원 공천제가 후보 난립을 막는다는 주장은 옳지도 않고 현명하지도 않습니다. 후보의 난립이 문제라면 별도의 제도나 법령을 마련하면 됩니다.

중앙정부에서 정해주는 방식을 모든 지자체가 따를 필요도 없을 것입니다. 각 지역이 자신들에게 맞는 방식을 결정하면 됩니다. 어떤 지역에서는 주민의 다양한 의견을 반영하고 정계 진출의 기회를 높이기 위해 후보자 등록 제한을 최소화하고, 다른 지역에서는 후보자 등록 요건을 까다롭게 하는 겁니다.

이런 부분까지 지역이 직접 결정할 수 있어야 진짜 지방자치가 아닐까싶습니다.

5장

기초의원의

처우를 현실화하라

기초의원,
숫자는 적게 대우는 높게

또 한 가지 중앙정부와 국회에서 논의되어야 할 과제는 기초의원 정수 재조정입니다. 물론 의원정수를 줄이는 방향의 재조정이죠.

인구 5만 명도 안 되는 기초의회 의원 수가 7명에서 10명이나 되는 경우가 적지 않습니다. 예를 들어 전북 무안군은 인구 2만 4천 명에 의원정수 7명, 경북 군위군은 인구 2만 3천 명에 의원 정수 7명, 경남 의령군은 인구 2만 7천 명에 의원정수 10명, 전남 신안군은 인구 3만 8천 명에 의원정수 9명입니다. 농어촌의 특수성을 감안하더라도 너무 많고 형평성도 맞지 않습니다.

이러한 불균형은 대도시도 마찬가지예요. 수원특례시는 인구 125만 명에 의원정수 37명, 용인특례시는 인구 110만에 의원정수 32명, 고양특례시는 인구 107만명에 의원정수 34명, 화성특례시는 인구 104만 명에 의원정수 25명, 창원특례시는 인구 100만 명에 의원정수 45명입니다.

　보시는 바와 같이 비슷한 인구 규모의 도시 간에도 의원 정수 차이가 큽니다. 예를 들어 창원특례시는 고양특례시나 화성특례시에 비해 인구 대비 의원 수가 월등히 많기 때문에 형평성에 크게 어긋나는 것을 알 수 있지요.

　지방자치가 부활한 지도 어느덧 30년이 훌쩍 넘었습니다. 이제는 시대 변화에 맞게 지방의회의원의 숫자가 조정되어야 합니다. 그와 동시에 기초의회 의원의 처우 개선도 반드시 이루어져야 하고요.

　최근 국민권익위원회에서는 지방의원의 겸직금지 규정을 강화하고 국내외 공무출장 관리를 엄격히 하는 등, 의원 활동에 대한 규제를 강화하는 추세입니다. 하지만 의원의 활동 전반에 대한 책임은 무겁게 하면서도 그에 걸맞은 처우 개선 방향은 제시하지 않습니다. 그 이유가 무엇인지 묻지 않을 수 없습니다.

　현재 기초의원의 연봉은 군(郡) 단위 의회의 경우 약 3,900만 원, 창원특례시의회는 약 4,800만 원 수준입니다. 지방의원들이 부단체장급 예우를 받는다고 알려져 있지만 실제 급여 수준은 일반직 공무원 6~7급에도 미치지 못하는 실정입니다. 의원으로서의 품위 유지는커녕 안정적인 생활조차 유지하기 힘든 수준입니다.

　이러한 상황에서 지방의원은 법적으로 겸직까지 금지되어 있습니다. 주식 투자는 물론 다른 어떤 소득 활동도 법으로 엄격히 제한되어 있는 것입니다. 월 300만 원도 채 되지 않는 급여를 받는 기초의원들에게 이러한 현실은 참으로 가혹하기만 합니다. 급여 수준이 낮음에도 불구하고, 다른 소득 활동을 할 수 있는 겸직조차 법으로 허용되지 않는 것입니다.

현실이 이런데 어떤 유능한 인재가 지방의회에 지원하려 하겠습니까? 진정한 전문성을 가진 분들이 선뜻 나서기 어렵지 않겠습니까?

결국 술 잘 먹고 아부 잘 떠는 한량들이 지방의회로 모여들고 있습니다. 물론 모든 분이 그렇다는 것은 결코 아닙니다. 하지만 상당수가 그러한 범주에서 벗어나지 못하고 있는 것이 현실입니다.

이러한 부조리한 현실을 저라도 나서서 이야기하지 않으면 과연 누가 하겠습니까? 현재 대한민국의 수많은 기초의원 중에서, 이러한 실상을 용기 내어 공개적으로 말할 수 있는 분이 과연 몇 분이나 되겠습니까?

그래서 저는 잘못된 것은 잘못되었다고 이 책을 통해 분명히 밝혀야 한다고 생각했습니다.

제가 KBS와 같은 중앙방송에 나가서 "지방의회는 이러이러해야 합니다!"라고 문제를 제기하고 토론할 기회를 얻을 수 있겠습니까? 설령 그런 기회가 주어진다 한들, 이러한 비판적인 내용을 가감 없이 다루어 줄 방송사나 언론사가 과연 있겠습니까?

바로 그러한 이유에서 이 책을 쓰게 되었습니다. 지방자치의 가려진 현실과 문제점들을 있는 그대로 솔직하게 드러내고, 저의 진심을 담아 독자 여러분과 국민들께 직접 이야기하고 싶었기 때문입니다.

지금이라도 전문성을 갖춘 유능한 인재들을 지방의회로 유인해야 합니다. 이를 위해서는 최소한 사무관급(5급 공무원) 수준의 급여 보장이 필요하다고 생각합니다. 그래야 능력 있는 전문직 종사자들이 적극적으로 지방의원에 도전하지 않겠습니까?

　기초의원 선거구 제도 역시 반드시 개편해야 합니다. 국회의원과 광역의원 선거는 소선거구제로 운영되고 있는데, 유독 기초의원 선거만 중선거구제로 운영되고 있습니다. 이러한 중선거구제는 의원의 지역구 책임성을 약화시키는 요인이 됩니다.

　따라서 기초의원 선거도 소선거구제로 전환하고, 동시에 기초의원과 광역의원의 전체 정수를 지금보다 3분의 1가량 과감하게 줄여야 합니다. 이를 통해 의원 한 명 한 명이 자신의 지역구에 대해 더 큰 책임감을 가지고 의정활동에 임하는 '책임정치'를 실현할 수 있을 것입니다.

재미와 보람을
위해 일하다

예전에는 시의원에게 봉급이 없었습니다. 대신 회의에 참석할 때마다 7만 원의 회의 참석수당을 받았죠.

1년에 회의 일수가 80일이었습니다. 모든 회의에 100% 참석하면 연간 560만 원을 받을 수 있었죠. 출석을 안 하면 그만큼 줄어들었고요.

요즘은 지방의회의 낮은 출석률이 비판받기도 합니다. 회의 시작할 때 59명이던 재석 의원이 10분 뒤에는 39명으로 줄었다고 보도된 적이 있습니다.

현재 창원시 시의원의 급여는 연간 2,780만 원입니다. 급여 외에 의정활동비가 있는데 2006년에 처음으로 도입되었습니다. 의정활동비는 재작년까지 월 110만 원이었으며, 30년간 단 한 번도 인상되지 않았습니다. 그러다가 2024년에 40만 원이 인상되어 현재는 월 150만 원을 받습니다.

의정활동비에는 세금이 붙지 않지만 급여와 의정활동비를 더해도 연봉으로 5천만 원도 안 됩니다. 저는 27년간 의회 의원 생활을 했지만 퇴직금이나 성과급이 전혀 없습니다. 그뿐만 아니라 1년 차 지방의원과 27년 차 지방의원의 임금 수준이 똑같습니다. 선출직 공무원에게는 이런 혜택이 전혀 제공되지 않기 때문입니다. 이러한 현실은 능력 있는 전문직 인력이 의정활동에 참여하기 어렵게 만듭니다.

예를 들어 20~30대의 젊은 시의원이 다음 선거에서 낙선하면 생계유지가 어려워질 수 있습니다. 재취업이나 자영업을 하기도 쉽지 않습니다.

이처럼 의원들은 여러 제약 속에서 활동합니다. 급여가 적어 생계를 유지하기도 쉽지 않습니다. 그럼에도 제가 이 일을 계속하는 이유는 즐겁기 때문입니다. 제가 원하는 일을 할 수 있다는 점이 큰 동기입니다. 길을 내고 싶으면 길을 만들고, 공원을 조성하고 싶으면 공원을 만들 수 있으니까요. 물론 제맘대로 만드는 게 아니라 수많은 협의와 조율, 검토 과정을 거치지만 그런 과정조차도 제게는 즐거운 일이랍니다.

하지만 다른 기초의원들에게도 저처럼 하라고 강요할 순 없습니다. 저는 소문난 별종 의원이니까요. 지방자치의 양대 축을 이루는 기초의원들의 중요성과 의미를 생각하면 지금보다 대우가 훨씬 좋아져야 합니다. 국회의원 수준은 언감생심 바라지도 않지만요. 최소한 끊임없는 유혹으로부터 의연해질 수 있을 정도는 되어야 합니다.

이제와서 제 호주머니를 채워보려고 이런 말씀을 드리는 게 아닙니다. 전문지식을 겸비한 유능한 인재를 지방의원에 지원시키기 위해서입니다. 급여와 대우가 좋아져야 기초의원에 전문 지식인이 지원하지 않겠습니까?

정책지원관 제도의 문제점과 대책

    정책지원관 제도는 2022년부터 도입되었습니다. 현행법상 지방의회 의원 정수의 1/2까지 정책지원관을 둘 수 있다고 되어 있습니다.

    정책지원관의 현원은 시장 또는 군수와 협의해서 정하도록 되어 있습니다. 단체장이 협조해주지 않으면 조직 구성이나 개편이 어렵다는 뜻입니다. 특히 창원시의회는 정책지원관의 법적 정원이 22명이지만 20% 부족한 18명으로 구성되어 있습니다.

    국회의원들은 자신의 보좌관과 비서관을 스스로 추천할 수 있습니다. 임명은 국회사무처가 하고 있지만요.

    하지만 지방의회는 정책지원관의 정원을 스스로 결정할 수 없습니다. 단체장과 반드시 협의해야 하기 때문입니다. 이러한 불합리성은 조속히 개선되어야 하지 않을까요?

정책지원관의 채용 조건도 개선되어야 합니다. 현재는 일반직 공무원에 준하는 7급 이하로 채용이 가능하고, 최초 2년의 임기로 채용하여 최대 5년간 근무할 수 있도록 되어 있어요.

그 결과 임기제 채용으로 인한 고용 불안정 문제, 일반직 공무원과의 임금 격차 문제 등이 발생하게 되어 있습니다. 따라서 임금체계, 고용 기간 등이 바람직한 방향으로 재검토되어야 합니다.

또한 지방의원 본인이 해야 할 업무와 정책지원관의 지원업무 범위가 명확히 규정되어 있지 않은 측면이 있습니다. 그러다 보니 많은 지방의원들이 국회의원 비서관 또는 보좌관처럼 정책지원관을 활용하고 있는 실정이지요. 정책지원관 제도의 의의를 살리고 효율적인 업무가 가능하도록 명확한 규정을 정할 필요가 있습니다. 윤리적인 측면에서도 깊이 고민하고 개선해 나가야 하고요.

저는 2022년 제20대 대선 당시 〈대통령 지방 공약개발단〉에 참여했어요. 많은 공약 아이디어를 내고 건의했었는데, 그중 정책지원관 제도에 대해서는 이렇게 제안하였습니다.

"지방의회 정책지원관 대신 국회의원 인턴 제도처럼 지방의원 한 명당 청년인턴 한 명을 둡시다! 인턴 기간은 2년에서 5년 정도로 하고요.

전국 지방의원 수가 3천 8백여 명이니까 3천 8백 개의 청년 일자리 창출 효과가 발생합니다. 이들은 지방에서 일하므로 수도권 집중 현상도 완화할 수 있지요.

이 청년인턴들이 지방의회의 훌륭한 인적 자원으로 성장할 겁니다.

지방의회 사무국 공무원 채용 시 가점을 주는 방안도 고려해 볼 수 있겠죠. 그렇게 되면 청년실업 문제도 완화하고 지방의회의 수준을 높여줄 풍부한 인적 자원도 키워나갈 수 있습니다.

이처럼 '지방의회 청년인턴 제도'는 두 마리 토끼를 잡는 정책이 될 것입니다. 적극 검토해 주시길 바랍니다!" 이렇게 대통령 지방 공약에 요구하기도 했답니다.

그밖에도 전국 지방의회 직원들 사이의 인사교류 법령이 필요합니다. 여기서 말하는 '직원'이란 지방의회에 소속된 공무원들과 정책지원관 등을 모두 아우르는 말입니다.

아시다시피 3년여 전인 2022년에야 지방의회의 인사독립이 이루어졌습니다. 지방의회 직원의 인사권이 이제야 의회로 돌아온 것인데 그전까지는 의회 직원의 인사권이 단체장에게 있었습니다. 지방 공무원들 사이에 지방의회 기피 현상이 만연해 있었지요.

다행히 이제는 그런 현상이 줄어들고 있지만 아직도 개선할 부분이 많습니다. 특히 지방의회 소속 공무원 간에 인사교류 시스템이 마련되어야 한다고 생각합니다.

한편 정책지원관 제도 때문에 지방의원 개인의 능력을 제대로 평가하기 어려워진 측면이 있습니다. 5분 자유발언이나 시정 질문, 조례의 제정 및 개정, 대정부 건의안 같은 중요한 의정활동들을 정책지원관에게 떠넘기는 경우가 비일비재합니다.

하지만 이런 일들은 기초의원의 기본 업무입니다. 의원 스스로 고민하고 작성하면서 역량을 보여주는 기회이기도 했죠. 하지만 이제는 아닙니다. 정책지원관이 자료를 준비하고 초안을 만들어주다 보니 의원 본연의 실력이 잘 드러나지 않게 된 거죠. 심지어 어떤 의원은 정책지원관이 작성한 원고를 그대로 읽기만 하는 경우도 있어요. 이쯤 되면 누가 진짜 기초의원인지 헷갈릴 지경이지요.

디지털 혁신과
ESG 실천

　　창원특례시의회는 본회의장 회의가 실시간으로 인터넷을 통해 방송되고 있어요. 그러나 그동안 상임위원회나 특별위원회 회의는 중계되지 않아 시민들이 시의회의 모든 활동을 자세히 살펴보기 어려웠습니다. 그래서 저는 의장으로 취임한 직후인 2024년 7월 1일부터 모든 공식 회의를 인터넷으로 실시간 중계할 수 있도록 준비했어요. 이를 위해 필요한 예산을 2025년 당초 예산에 100% 반영했고, 계획대로라면 2025년 9~10월쯤부터는 상임위원회와 특별위원회 회의까지 포함한 모든 회의가 실시간으로 방송될 예정입니다.

　　또한, 2025년 1월부터 창원특례시의회 소속 의원 45명 전원에게 태블릿 PC를 지급했습니다. 이로써 회의자료의 90% 이상을 전자문서로 대체할 수 있게 되었어요. 그동안 2년마다 발간하던 의정백서도 2024년부터 전자문서로 전환했습니다. 덕분에 책자 발간 비용을 무려 75%나 절감할 수 있었고, 동시에 2050 탄소중립 실천에도 한 걸음 더 가까워졌죠.

특히 저는 후반기 의장으로 취임하면서 지방의회 최초로 ESG 경영 실천을 공식 선포했어요. 그리고 2025년을 ESG 경영 원년으로 삼아 실제로 실행할 수 있도록 철저히 준비하고 있습니다. 각종 회의자료뿐 아니라 다양한 인쇄물도 2025년 내에는 약 90%까지 전자문서화 시스템으로 전환할 예정이에요.

이러한 적극적인 전자문서화 추진과 ESG 경영 실천은 2050 탄소중립 목표를 향한 창원특례시의회의 굳은 의지를 나타내는 것입니다. 창원특례시의회는 앞으로도 전국 지방의회 가운데 가장 강도 높고 철저하게 탄소중립 실천에 앞장설 계획입니다.

그뿐이 아닙니다. 본회의장과 상임위원회 속기사 제도를 디지털 시스템으로 전환하는 것도 검토 중입니다. 2026년 시행을 목표로 추진 중인데요, 100% 시행되면 속기사 인력을 다른 직무에 전환 배치할 수도 있습니다.

이와 같이 시스템을 디지털로 전환하고, 유휴 인력을 재배치하여 의회 운용의 효율을 극대화하려고 합니다.

지방의회 연수 혁신의 필요성

지방분권에 대한 여러 이야기가 나오고 있습니다. 그러나 학자나 관료가 아닌 지방의원들에게 가장 중요한 것은 거대 담론이 아니라고 생각해요. 의회 내에서 어떻게 효율적으로 의정 활동을 펼치느냐, 이게 가장 중요하지 않을까요?

올해 초, 지방의회 의원 연수를 담당하는 연수원 원장님과 연찬회 관계자분들이 찾아오셨어요. 저는 대부분의 연찬회에 꼬박꼬박 참석해 왔고 참석할 때마다 맨 앞자리에 앉아서 강의를 들었는데요, 솔직히 말씀드리면 매번 내용이 똑같습니다. A 의회든 B 의회든, 자치 의회 이름만 바뀌고 숫자나 팩트만 조금씩 달라질 뿐, 핵심 내용은 늘 똑같더라고요. 새로운 의지나 깊이를 찾아보기 어렵다는 점이 늘 아쉬웠습니다.

제가 의장이 되고 나서 작년 11월에 2박 3일 연수가 있었습니다. 그때는 제가 프로그램을 완전히 바꿔버렸어요. 30년 넘게 똑같은 방식으로 진행되어 온 교육을 확 바꾼 겁니다.

창원시의회에는 의원, 간부 공무원, 하위직 공무원, 그리고 2년 전에 새로 생긴 정책지원관, 이렇게 네 부류의 구성원이 있습니다. 그런데 지금까지는 이 네 그룹을 전부 한자리에 모아놓고 똑같은 교육을 시켜왔어요. 각자 하는 일이 다른데 한 자리에 모아 놓고 교육을 시킨 거죠. 그것도 30여 년 동안이나요.

이대로는 안 된다는 생각이 들어서 연수 방식을 확 바꿨습니다. 함께해야 할 내용은 함께 진행하고, 분리해서 해야 할 부분은 4개 그룹으로 나누어서 교육을 진행한 것입니다. 외부 강사 대신 창원시의회 자체 강사님들을 활용하고, 프로그램도 각 그룹에 맞춰서 진행했습니다. 그러자 훨씬 알차고 효과적인 연수가 될 수 있었지요. 연수에 대한 참여도와 몰입도, 만족도도 올라갔고요.

그래서 연수가 끝날 때쯤 지방자치연구원 원장님께 말씀드렸습니다.

"원장님, 앞으로 이런 식으로 차별화된 프로그램이 아니면 창원시의회는 귀 연구원에서 연수를 진행하지 않겠습니다."

그래서 최근에 방문하신 연수 관련자 분들께도 말씀드렸습니다.

"전국에서 똑같은 방식으로 하는 연수 프로그램이 무슨 의미가 있습니까? 전라도에서도 쓰고 경상도에서도 쓰고, 강원도와 제주도에서도 쓰는 프로그램 돌려막기를 끝내야 합니다."

지방의회 구성원들에 대한 교육이 실시된 지 30년이 넘었습니다. 이제는 시대 변화에 맞춰 제대로 바뀌어야 합니다. 연도만 바꿔서 똑같은 강의를 반복하는 건 더 이상 안 됩니다. 그래서 제가 그분들께 제안했습니다.

"창원시의회처럼 이렇게 그룹별로 특화된 프로그램을 진행할 수 있다면 저희도 긍정적으로 검토해 보겠습니다."

변화가 절실하다는 것을 분명히 전달하고 온 셈이죠.

기초의회의 힘을
키워야 하는 이유

    지금까지는 기초의원의 자질과 역량에 대해 주로 말씀드렸습니다. 하지만 기초의원의 수준이 높아지는 것만으로는 부족해요. 기초의원이 몸담고 있는 지방의회 자체를 강화해야 합니다.

    대한민국의 지방자치 제도는 흔히 '기관대립형' 또는 '강시장 약의회'라고 불립니다. 여기서 기관대립형이란 자치단체장과 공무원들, 즉 집행기관과 지방의회가 서로 대립하고 견제하는 구조를 뜻해요. 국회가 국정감사 등을 통해 행정부를 견제하는 모습을 떠올리시면 이해하기 쉽습니다. 물론 막강한 권한을 가진 국회와 비교하면 지방의회가 너무 초라해 보이긴 합니다만.

    '강(強)시장 약(弱)의회'라는 표현은 말 그대로 시장의 권한이 너무 크고 의회의 힘이 약하다는 뜻이에요. 집행부의 힘이 너무 강하다 보니 의회가 제 기능을 다하지 못하고 견제에 어려움을 겪고 있는 현실을 보여줍니다. 그래서 지방자치에 관심 있는 분들은 지방의회의 권한과 위상을 높여야 한다고 오래전부터 이야기해왔죠.

방법은 생각보다 다양해요. 기관통합형을 채택한 프랑스처럼 지방의회가 직접 자치단체장을 선출할 수도 있고(예를 들면, 창원시의회가 창원시장을 뽑는 방식입니다), 영국이나 미국에서 실시하는 수석행정관 또는 매니저 제도를 도입할 수도 있습니다. 독일처럼 각 지역이 자신에게 가장 적합한 자치제도를 선택할 수 있도록 허용할 수도 있고요. 심지어 우리와 가까운 일본의 지방의회만 보더라도, 대한민국의 지방의회보다는 훨씬 큰 권한과 영향력을 가지고 있습니다.

지금 우리나라는 기초자치단체장에게 권한이 지나치게 집중되어 있어요. 단체장들이 근시안적인 시각으로 사업을 추진하다가 지방재정을 악화시키는 경우도 적지 않습니다.

이 때문에 지방의회가 집행부를 더 철저히 견제할 수 있도록 힘을 실어줘야 해요. 그러려면 가장 먼저 기초의원의 정당공천제를 폐지해야 합니다. 그래야 지방의회가 중앙정치로부터 독립하여, 제대로 된 견제와 감시 역할을 수행할 수 있죠.

현재는 중앙정치에서 갈등이 생기면 지방의회에서도 덩달아 갈등이 커집니다. 서울에서 여야가 다투면 지방에서도 서로를 공격하고, 시장과 의회의 소속 정당이 다르면 특별한 이유도 없이 사사건건 대립하는 모습을 자주 볼 수 있어요.

지방자치가 정당에 종속되는 이런 상황을 바꿔야만 진정한 지방자치가 이루어질 수 있습니다.

지금 대한민국의 정치는 심각하게 잘못되어 있습니다. 국민이 정치를 이용하는 게 아니라 정치가 국민들을 이용하는 꼴입니다. 국민을 위한 정치가 아니라 정치를 위한 국민인 셈이죠. 이것은 꼬리가 머리를 흔드는 격입니다.

일반 주민들께도 당부드리고 싶습니다. 이 책을 보시면 아시겠지만 어떤 기초의원을 뽑느냐에 따라 삶의 질이 달라질 수 있습니다. 정당이 아니라 사람을 보고 뽑아야 합니다. 안타까운 점은 현재의 선거제도로는 인물 됨됨이와 능력을 보고 뽑기 어렵다는 점입니다.

"정치하는 놈들은 전부 도둑놈이다!"라는 말은 사실이 아니지만 틀린 말도 아닙니다. 하지만 이것은 열심히 해보려는 깨끗한 일꾼들의 의욕과 의지를 꺾는 말입니다. 무능하고 부패한 사람들이 좋아하는 말입니다. 정치적 냉소주의와 허무주의를 극복해야 합니다.

중요한 건 더 나은 일꾼을 뽑는 것입니다. 선거 때마다 10퍼센트만 더 좋은 사람을 뽑는다면 30년이 되기 전에 우리나라 정치는 완전히 바뀌어 있을 것입니다. 기초의원의 처우와 여건을 개선하여 더 나은 인재들이 의정활동에 전념할 수 있게 해줘야 합니다. 중앙에 집중된 권한과 권리를 지방에 나누어줘야 하고 지방의회의 권한을 강화해야 합니다.

6장

초선의원을 위한

의정활동 가이드

피가 되고 살이 되는 의정활동 노하우

이번 장에서는 지방의원의 효과적인 의정수행을 위한 전략과 팁을 드리겠습니다. 요즘 젊은 친구들 말로 하면 "7선의원 손태화가 의정활동 꿀통 푼다!"가 될 테고, 홈쇼핑 광고로 하면 이렇게 될 겁니다.

"7선 시의원이자 시의장인 손태화 의원이! 30여년 동안 쌓아온 의정활동 노하우를! 지금 바로!! 공개합니다!!!"

도시 지역인지 농어촌 지역인지, 지역구의 특징이 어떠한지 등에 따라 세부적인 내용은 달라질 수 있습니다. 그리고 이 장만이 아니라 책 전반에 걸쳐 의정활동 노하우들이 녹아 있습니다. 하지만 기본적인 부분은 대부분 비슷할 거예요. 읽어보시고 필요한 부분만 벤치마킹하시면 의정활동에 도움이 되실 거라고 확신합니다.

의정활동의 주제와 과제를 찾는 방법

    5분 자유발언이나 시정 질문, 조례 제·개정 등 의정활동에서 주제나 과제를 찾는 법부터 말씀드리겠습니다.

    우선 5분 자유발언과 시정 질문은 크게 두 가지 방향으로 접근합니다. 하나는 시정(市政)의 문제점을 지적하고 시정(是正)을 요구하는 것이고, 다른 하나는 정책적 대안을 제시하는 겁니다. 둘 중 어느 방향으로 갈지 명확히 잡고 출발해야 합니다.

    콘셉트를 잡고 나면 철저한 자료 준비와 조사가 선행되어야 합니다. 서면 질문과 자료제출 요구권을 적극적으로 활용하여 데이터를 충분히 확보하고, 그 데이터를 바탕으로 발언 수위나 내용을 정하는 거죠.

    집행기관에 요구한 자료나 서면질문에 필요한 자료를 다 확보하기 힘든 경우도 종종 발생합니다. 특히 여야 대립이 첨예할수록 자료제출이 부실해질 확률이 높아지지요.

이런 경우 집요하게 관련 법령 등을 들이밀며 계속해서 요구해야 합니다. 그러면 특별한 경우를 제외하면 대부분 자료를 받아볼 수 있습니다. 될 때까지 끈기 있게, 자료를 제출받을 때까지 노력하는 자세가 필요합니다.

지역구 활동에서 주제를 찾는 것도 좋습니다. 지역을 순회하면서 주민들의 민원을 듣거나 불편사항을 정리해서 주제를 만들고, 가끔은 다른 지자체의 언론 보도 내용도 미리 스크랩해 두었다가 참고하기도 합니다. 그렇게 하면 좋은 발언이 나오죠.

5분 자유발언의
달인이 되는 법

    2022년부터 지방의회에 정책지원관 제도가 도입되면서 의원들의 의정활동이 상당히 편리해졌습니다. 혼자 북 치고 장구 치던 시절보다야 훨씬 낫죠.

    사실 모든 기초의원이 국회의원처럼 보좌관과 비서관을 두면 좋겠지만, 아직은 요원한 일이라 아쉽습니다. 그래도 우보천리(牛步千里)라고 하지 않습니까? 느리지만 꾸준히 나아가다 보면 언젠가는 도달하게 될 겁니다.

    창원특례시의회의 경우, 2022년 정책지원관 제도 도입 이전까지는 한 번의 임시회에서 5~6명 정도만 5분 자유발언을 했습니다. 그런데 지금은 매 회기마다 16명씩 꽉 차서 발언을 합니다. 그래서 추첨을 해서 발언자를 선정하고, 탈락한 의원에게는 다음 회기에 우선권을 줍니다.

이전에는 대부분 의원들이 직접 발언 원고를 썼지만, 지금은 정책지원관들이 대신 써주는 경우가 많습니다. 하지만 저는 25년 넘게 혼자서 자료 수집부터 원고 작성까지 직접 했습니다.

5분 자유발언이나 시정질문을 잘하려면 철저한 자료 준비가 필수입니다. 자료 수집의 요령은 다음과 같습니다.

첫째, 감사결과 보고서를 꼼꼼히 분석하세요. 행정사무감사, 집행기관 자체 감사, 외부기관 감사자료 등에서 중요한 단서를 찾을 수 있습니다.

둘째, 각종 사업의 설계변경 사유와 내역을 면밀히 살펴보세요.

셋째, 특정 사업의 세입·세출예산 집행률, 사업 변경 또는 전용 내역, 결산서의 집행 잔액 등을 세밀히 분석해 보세요.

넷째, 각종 심의 위원회 회의록에서도 유용한 자료를 얻을 수 있습니다.

다섯째, 계약서나 용역보고서를 샅샅이 검토하면 훌륭한 5분 발언을 할 수 있고, 발언과 질문의 핵심 요지를 뽑아낼 수도 있습니다.

이런 방법들을 적극 활용하면 보다 알찬 의정활동을 펼칠 수 있습니다.

시정 질문에서 꼭 기억해야 할 점

　시정 질문은 단순히 집행부에 질문만 던지는 게 아닙니다. 시정을 견제·감시하거나 정책 대안을 제시하는 두 가지 목적 중 하나는 반드시 포함되어야 합니다.
　시정 질문을 할 때 가장 흔히 저지르는 실수가 기초적인 자료를 질문하는 겁니다. 기초 자료, 예를 들어 사업의 개요나 규모, 예산, 기간 등은 반드시 서면 질문이나 자료 요청으로 미리 자료를 확보해 놓아야 합니다. 그걸 바탕으로 문제를 지적하거나 시정을 요구하는 질문을 던져야 수준 높은 질문이 됩니다. 그뿐만 아니라 새로운 정책이나 사업을 추진하고자 하는 정책제안에 대한 질문도 마찬가지입니다.
　그리고 질문을 준비할 때는 항상 답변을 예측하셔야 합니다. 예상되는 답변에 대해 다시 반박하거나 새로운 자료를 제시해 답변자에게 원하는 답변을 받아내게 만들면 최상의 질문이 됩니다.

저는 시정 질문을 통해 많은 지역구 사업을 이끌어냈고, 시정의 난맥상을 바로잡았습니다. 그때 제안했던 많은 정책들이 이제 하나씩 결실을 맺고 있죠.

2010년 9월 16일, 저는 통합창원시 출범 이후 첫 번째 시정 질문자로 연단에 섰습니다. 그 자리에서 저는 제 지역구인 동마산권의 심각한 교통 난맥상을 지적하였고, 그 결과 해당 지역 횡단도로를 4차로로 확장해야 할 필요성을 시 당국으로부터 확인받았습니다.

이를 통해 순수 지방비 200억 원 이상이 투입되는 도로확장 사업이 추진되었으며, 마침내 2025년 연말 준공을 앞두고 있습니다.

제가 시정 질문을 통해 이 문제를 처음 제기한 이후, 15년 만에 드디어 그 결실을 보게 된 것입니다.

조례 제·개정의
노하우

 조례 제정이나 개정은 보통 다른 지자체의 사례를 벤치마킹하거나 의정활동 중 주민들 요구에 따라 시작합니다.

 조례를 만들 때 가장 먼저 할 일은 관련 상위법령과 시행규칙을 전부 출력해서 꼼꼼하게 검토하는 겁니다. 법령을 완벽하게 이해하고 있어야 조례를 탄탄하게 만들 수 있죠.

 저는 지금도 열 개 이상의 조례를 제·개정하고 있습니다. 의장으로서 꼭 필요하다고 판단되면 동료 의원들에게 대표발의를 하도록 권하고 있죠.

 여기서 중요한 점은, 집행부의 관련 부서 공무원들이 의원 발의 조례 제정에 소극적인 경우가 많다는 겁니다. 법령을 충분히 공부하지 않으면 공무원들의 반대 논리에 막히기 쉬워요. 따라서 반드시 관련 법령을 철저히 숙지하고 대응해야 합니다.

공무원 및 관계자들과의
협업 비결

　요즘 공무원들은 변화를 두려워하는 경향이 큽니다. 저는 인터넷이나 언론매체, 유튜브 등으로 전국의 새로운 정책이나 시설을 찾아보는 편입니다. 그러다 좋은 아이디어를 발견하면 자료를 받아서 창원시에 적용할 방법을 연구하죠.
　처음에는 공무원들이 받아들이지 않아서, 2~3년씩 설득해야 할 때가 많습니다. 담당 공무원들은 자주 바뀌니까, 그때마다 다시 설득해야 해요. 이렇게 세월이 흘러 3~5년쯤 지나면 결국 공무원들이 스스로 사업화를 추진하는 경우가 많습니다. 그제야 저에게 사업의 당위성을 역제안하곤 하지요.
　때로는 용역업체나 관계자들과 함께 협업하면서 더 좋은 사업을 만들어내기도 하죠. 저는 이렇게 제가 제안했던 사업이 준공될 때 가장 큰 보람을 느낍니다.

어느 젊은 공무원이 저에게 이렇게 물었습니다.

"의장님은 도대체 지치지도 않으십니까?"
"공무원들이 지치지 않으면 나도 지칠 틈이 없습니다. 계속 새로운 아이디어를 가져올 테니 힘내십시오."

이렇게 협력하면 의정활동이 즐겁고 보람도 더 커집니다.

젊은 기초의원을
위한 7계명

지방의원의 진정한 능력은 주민들이 겪고 있는 어려움을 해결하고, 삶의 질을 높이는 데서 드러납니다. 7선을 거치며 현장에서 부딪치고 깨달았던 의정활동의 핵심 원칙들을 정리해 보았습니다. 초선 의원분들께서도 이 원칙들을 잘 숙지하고 활용하신다면 지역에서 큰 신뢰와 사랑을 얻으실 거라 확신합니다.

그 핵심 원칙은 다음과 같습니다.

첫째, 지역 주민이나 공적인 회의에서 각 기관이나 단체, 개인이 제기하는 민원은 법적으로 불가능한 민원을 제외하고 철저히 해결해야 합니다.

둘째, 주민이 제기하지 않은 문제라도 나름대로 아이디어를 내서 생활 속 불편을 찾아 해결해야 합니다. 도로 개선이든, 환경 개선이든, 행정기관의 주민 친화적 사무실 개편이든, 생활 전반의 편의를 높일 수 있는 다양한 사업들을 독창적으로 추진해야 합니다.

셋째, 우리나라의 행정, 복지정책, 도시계획 등 지방자치 행정 분야 공무원들은 현실에 만족하며 변화를 꺼리는 경향이 많습니다. 수도권이나 세종시는 모든 면에서 이미 3~5년 앞서가고 있죠. 수도권과 세종시의 선진적 정책들을 벤치마킹하여 소속 지자체의 미래를 앞당길 수 있도록 정책을 제안하고 이를 사업화해야 합니다.

넷째, 시민과 밀착된 사업들을 적극 발굴하여 구체적인 대안을 제시하고 사업화해야 합니다. 그러기 위해서는 끊임없이 공부하고 전문가가 되기 위해 노력해야 합니다.

다섯째, 의원님들의 지역구 주택가 도시가스 공급 방식을 기술적인 측면에서 연구해 보세요.
저는 도시가스 공급이 어렵거나 공급 불가능 지역으로 판단된 지역에도 기술적 지원과 다양한 방법을 제시하였습니다. 덕분에 제 지역구인 6개 행정동은 가장 높은 도시가스 보급률을 가장 빠르게 달성할 수 있었습니다.

여섯째, 재개발 아파트 같은 곳에서 집단 민원이 발생하면 이를 원만하게 중재하고 해결해야 합니다. 집단 민원을 해결하려면 전문지식이 반드시 필요하고, 민원을 제기한 주민들에게 설득력 있는 대안을 제시할 수 있어야 합니다.

대부분의 집단 민원 현장은 주민들이 집회를 통해 요구를 관철하려 합니다. 중요한 것은 우선 요구사항을 문서로 받아 명확히 정리한 후 검토하는 것입니다.

예를 들어 요구사항이 10가지라면 보통 그중 5가지는 법적·행정적으로 처리가 가능하고, 2~3가지는 법적으로 불가능하다고 정중히 설명드려야 합니다.

나머지 2~3가지 사항은 협상으로 충분히 해결할 수 있는 문제가 많죠. 실제로 제가 많은 집단민원 현장에서 중재해온 방식입니다.

실제 사례를 하나 말씀드리면 다음과 같습니다.

몇 년 전, 제 지역구에 재개발을 통해 새 아파트가 들어섰습니다. 그런데 주변 주택가 주민들이 소음과 일조권 침해 등을 이유로 집단민원을 제기했습니다. 그분들은 한 달간 집회 신고를 하고 일주일 넘게 집회를 이어가고 있었어요.
그 과정에서 주민들이 제게 도움을 요청했습니다. 현장에 도착해 보니 백여 명의 주민들과 공무원들이 있었고, 주민들은 막연히 시위를 하고 있을 뿐 요구사항이 명확히 정리되어 있지 않았죠.
저는 주민들께 말씀드렸습니다.

"집회만 해서는 문제가 해결되지 않습니다. 구체적인 요구사항을 문서로 정리해 주세요."

그 결과 집회는 철회되었고, 저는 주민들이 제시한 요구사항들을 받아서 검토하기 시작했습니다.

집단민원을 해결할 땐 크게 세 가지 기준을 두고 접근해야 합니다.

첫째, 주민들의 요구사항 중 50~60% 정도는 지자체가 충분히 수용 가능한 사항입니다. 이를테면 공휴일 공사를 제한하거나 안전대책을 마련하는 것들이죠. 이런 부분은 행정적으로 충분히 요구하고 관철시킬 수 있습니다.

둘째, 약 20% 정도는 타협과 협상이 필요한 부분입니다. 예를 들어 공사로 인한 일조권 침해나 소음 등의 불편사항에 대해 인근 주민에게 보상금을 지급할 경우, 통상적인 보상금을 받는 수준에서 중재하는 것이 좋습니다. 주민과 업체가 합리적인 선에서 합의할 수 있도록 직접 나서서 중재하시기 바랍니다.

셋째, 나머지 20~30%는 법적으로 불가능한 요구입니다. 예컨대 이미 허가받은 아파트 건축을 철회해달라는 식의 무리한 요구는 애초에 안 되는 일이라는 것을 분명히 주민들께 알려드려야 합니다.

저는 이 세 가지 기준에 따라 주민들의 요구사항을 구분하고 처리 방향을 제시합니다. 막연한 분노와 집회를 구체적인 협상과 실질적인 민원 해결로 전환하는 것이 제가 지금까지 쌓아온 노하우입니다.

앞에서 말씀드린 집회의 경우도 그렇게 해결되었습니다. 해당 주민들은 더 이상 집회를 하지 않았고, 구체적인 합의안이 도출되어 문제가 원만히 해결됐습니다.
집단민원을 해결할 때는 항상 이처럼 명확하고 구체적인 접근방식이 필요합니다.

일곱째, 30~40년 전 법률과 시행령을 따라 지어진 전통시장 관련 민원이나, 40년 이상 노후된 단독주택의 옥상 비가림막 설치와 같은 집단민원은 국민권익위원회에 진정해 그 권고안을 바탕으로 해결할 수도 있습니다.

민원 현장에 직접 나가서 부딪히다 보면 저절로 경험과 식견이 쌓이기 마련입니다. 다양한 민원을 마주하면서 어떤 방식으로 접근해야 할지, 또 어떤 해결책이 현실적으로 효과가 있는지 수많은 시행착오를 통해 깨닫게 됩니다.

책상 위의 이론으로는 결코 알 수 없는 부분들이 현장에는 늘 존재하죠. 스스로 문제를 고민하고 현장에서 주민들의 목소리를 직접 듣다 보면 해결책도 구체적으로 보이게 됩니다.

결국 민원을 해결하기 위해서는 발로 뛰며 현장과 주민 사이에서 소통하고 갈등을 중재하는 과정을 지속적으로 반복해야 합니다. 이런 노력들이 꾸준히 쌓여야 식견과 노하우가 만들어진다고 생각합니다.

현장의 목소리를 들어라

　예전에는 기초의원이 소관 부서의 공무원들에게 사업의 필요성을 직접 설명하며 예산을 요청하는 경우가 종종 있었습니다. 지금도 크게 달라지진 않았는데요, 저는 엔지니어 출신으로 건축 관련 분야에 전문성이 있었고 열정이 넘쳤기 때문에 다른 의원들보다 많은 예산을 확보하곤 했습니다.

　의원마다 예산을 확보하는 능력에는 차이가 납니다. 개인적인 역량이나 노하우가 없으면 지역의 문제를 제대로 인식하지 못하고, 무엇을 해야 할지조차 모르는 경우가 많습니다. 결국 어떤 사업이 필요한지를 정확히 파악하고 예산을 확보하는 것은 의원 개인의 실력과 노력에 달려 있는 것입니다.

　저는 평상시에도 공무원들과 꾸준히 소통하면서 "이 사업은 꼭 필요하다"는 이야기를 반복적으로 전달합니다. 그렇게 하면 담당 공무원들이 사업의 필요성을 스스로 인지하고, 예산을 먼저 반영해주는 경우가 많았습니다. 저는 예산 부서나 시장에게 가서 "예산 좀 주십시오"라고 부탁하는 일이 거의 없습니다. 30여 년 전 초선의원이었을 때도 그랬고 일흔 살을 바라보는 7선 의원인 지금도 그렇습니다. 시장의 결단이 반드시 필요한 중요한 사안이 있을 땐 직접 시장을 만나 담판을 짓기도 합니다.

한 가지 팁을 드리자면 '일단 해보는 시범사업'을 해보세요. 저는 그런 아이템을 누구보다 잘 찾는 편입니다.

예를 들어 한 구청에 천만 원 정도만 배정해도 한두 군데 시범사업을 해볼 수 있습니다. 창원시에 구청이 다섯 곳 있으니, 오천만 원 정도면 열 군데에서 시범 운영이 가능하죠. 이렇게 시범사업으로 효과가 입증되면 그다음에는 2~3년 단위로 본격 확대하는 구조로 가면 됩니다. 흐름을 만드는 거지요.

최근에는 동네마다 설치돼있는 '홍보 게시판'을 전자 게시판으로 교체하는 사업을 진행했습니다. 기존 게시판은 A4 용지나 리플렛을 붙이는 방식이었는데 효율도 낮고 외관도 좋지 않을 뿐만 아니라, 관리도 제대로 안 되는 곳이 많았습니다.

저는 의원 관심 사업비 중 2천만 원을 2개 동에 절반씩 편성하여 설치 작업을 마무리했습니다. 직원들과 주

종전 게시판

전자 게시판

민들이 매우 만족해하고 있습니다.

전자게시판 설치 후 지난 4월 주민자치회 회의에 참석했는데, 여기서도 좋은 반응을 확인했습니다. 따라서 내년에도 더욱 확대하여 추진할 계획입니다.

저는 4년에 한 번씩 의정보고서를 발행해 왔습니다. 다양한 경로로 확보한 예산을 토대로 다양한 사업을 추진하고, 그 과정과 결과를 정성스럽게 정리해서 발행해온 것입니다.

물론 모든 사업을 다 담을 순 없었기에 핵심적인 성과만 선별해 담았습니다. 그만큼 제가 많은 일을 해왔다는 뜻이기도 합니다. 그리고 이 보고서는 다시 다음 선거에서의 공약으로 이어졌습니다.

지금까지 제가 제시한 공약들은 약 95% 이상 실현됐습니다. 그 이유는 단순합니다. 현장에서 주민들의 이야기를 들으며 직접 뛰었기 때문입니다.

진부한 말이지만 현장에 답이 있습니다. 이것은 예산 확보뿐만 아니라 의정활동 전부에 적용되는 말입니다.

현장의 목소리를 들어라!

기초의원에게 꼭 필요한 금언(金言)입니다.

골목길 도시가스
민원 해결 예시

골목길의 주택 밀집 지역은 도시가스 공급이 매우 어렵습니다. 골목길 지하에는 수도관, 오수관, 우수관 등이 빽빽이 들어차 있어 도시가스 배관이 들어갈 공간이 없기 때문입니다. 실제로 기초의원들에게 가장 빈번히 제기되는 민원 중 하나가 바로 이 도시가스 공급 문제예요.

보통 지자체나 도시가스 회사에서는 기술적 이유로 공급 불가 판정을 내리곤 합니다. 그래서 저는 오래 전부터 아예 접근 방식을 바꿨습니다.

방법은 간단합니다. 구청에 예산을 배정하여 오래된 골목길 포장을 전부 걷어낸 뒤, 도시가스 배관을 가장 아래쪽에 새로 설치하고 수도관, 오수관, 우수관을 다시 정비한 후 포장을 마무리하는 겁니다. 이렇게 하면 기존의 복잡한 지하 구조 문제를 한번에 해결할 수 있어요. 비용은 골목길 한 곳당 약 천만 원 정도면 가능합니다.

제가 이 방법을 적극적으로 적용하면서, 제 지역구 6개 동은 도시가스 보급률이 창원시 내에서도 가장 높아졌습니다. 그 결과, 기존에는 절대 공급이 불가능하다고 했던 지역들까지 대부분 공급이 이루어졌어요.

집단민원을 해결하는 데는 기술적 한계나 불가능하다는 행정 편의주의를 뛰어넘어 창의적이고 현실적인 대안을 제시하는 것이 가장 중요합니다.

물론 이 도시가스 건은 기능장으로서의 제 노하우가 작용하긴 했습니다. 사실 기술자가 아니거나 공학적 사고방식에 익숙하지 못하면 해결책을 고안해내기 어려울 수도 있습니다.

이렇게 도시가스 공급 사업을 3년 정도 추진했더니 주민들이 정말 고마워했어요. 나중에는 다른 의원들도 이 방식을 알게 되었는지 자기 지역에서 따라 하기 시작하더군요.

이런 식으로 민원을 해결하는 건 정말 재미있는 일이에요. 주민들 삶도 편해지고, 저도 보람을 느끼고요.

정치라는 게 결국 이렇게 재미있고 보람되게 해야 오래 할 수 있는 거 아니겠어요?

정치도 재미있게! 인생도 재미있게!

대한민국 청년들이 저처럼 좋아하는 일을 평생 하면서 행복하게 살아가길 기원합니다.

담당 공무원이
스스로 하게 만들어라!
그리고 될 때까지 하라!

팔용산 공원은 제가 직접 구상했어요. "이건 세상에 하나밖에 없는 공원이니까 이렇게 저렇게 만드세요"라고 다 설계해줬습니다. 제가 구상하고 기본 설계까지 해주니까 실무자들이 좋아하더군요.

원래는 용역을 줘야 하는데 제가 "여기는 이렇게 하고, 저기는 저렇게 하시라"고 다 잡아줬어요. 그걸 10년 동안 추진해서 국비 70%를 받아냈습니다. 저의 아이디어를 지역구 국회의원 공약사업으로 승화시켰던 것입니다.

이게 중요한 포인트예요. 시장이나 힘 있는 사람들에게 로비하는 게 아니라 실무자들이 스스로 움직이게 하는 것! 즉 공무원 스스로 필요성을 느끼게 하는 게 핵심입니다.

그런데 실무자들이 6개월, 1년 만에 바뀌잖아요? 최고 많이 바뀐 경우는 4년 동안 다섯 번이었어요. 사업을 추진하는 동안 담당 공무원이 다섯 번이나 바뀌었다는 말입니다. 사람이 바뀔 때마다 처음부터 다시 설명하다 보니 4년이 후딱 지나가더라고요.

근데 그때쯤 되니까 세상이 이미 변해 있어요. 제가 구구절절 설명하지 않아도 담당자나 동료 의원들, 단체장 등이 필요성을 알게 되는 거죠. 저는 이런 경우가 여러 번 있었습니다. 시대의 흐름을 읽으려고 하거나 예측하려 한 것도 아닌데 알아서 맞아떨어지는 거죠.

제가 일 잘하는 시의원으로 인정받아 온 이유가 여기에 있습니다. 전문성과 경험, 그리고 늘 공부하며 고민하는 습관이 들어 있기 때문이에요. 이 세 가지가 시너지 효과를 일으키면 흔히 말하는 '안목'이 생겨납니다. 안목(眼目)이 있다는 건 알아본다는 거고 알아본다는 건 본질을 파악한다는 뜻이에요. 본질을 알면 앞으로 어떻게 될지도 알 수 있죠.

어떨 때는 사업이라는 '떡밥'을 던져 놓으면 공무원들과 실무자들이 알아서 움직이는 경우도 생겨요. 본인들은 제가 시켜서가 아니라 스스로 깨닫고 자발적으로 움직인다고 생각하지요. 이 정도 경지는 말로 설명하기 어렵습니다. 너무 잘난 척하는 것 같아서 민망하지만 이런 것도 있다 정도로 이해해 주시면 좋겠습니다.

기획력이 있어야
인정받는다

　기획 마인드를 갖는 것이 정말 중요합니다. 시민들이 안전하고 편리하게 생활하고, 더 나아가 즐길 수 있는 환경을 만들기 위해서는 구체적인 기획과 자료 준비가 필수적입니다. 제가 추진했던 사업의 상당 부분은 철저한 기획에서 출발했습니다. 기획을 통해 어떤 사업을 해야 하는지, 그 사업을 어떻게 구상하고 예산을 어떻게 확보하며 실제 사업화까지 어떤 과정을 거쳤는지를 명확하게 정리해 두면 좋습니다. 몇 가지 사례만 소개해도 주민들이 "아, 이렇게 하는구나" 하면서 지방의원의 역할을 더 잘 이해할 수 있습니다.

　요즘 대다수의 지방의원들은 1~2억 원 규모의 작은 사업은 잘 하지만, 5억 원 이상의 사업만 되더라도 스스로 감당하기 어렵다고 생각하는 경향이 있습니다. 그러나 저는 수백억 규모의 사업이라도 충분히 제안할 수 있다고 생각합니다. 큰 예산이 들어가는 사업이라도 아이디어가 명확하고 타당성이 있으면 자신있게 제안해도 됩니다. 이렇게 제안한 사업이 실제로 사업화되고 성과가 나면, 그것이 곧 의원의 실적으로 남습니다.

사업을 제안하고 진행하는 과정에서 가장 중요한 것은 '기획력'입니다. 남이 준비한 사업을 받아서 도와주는 것이 아니라, 의원 스스로 직접 아이디어를 내고 사업을 만들어 내야 합니다.

보통 많은 지방의원들은 공무원들이 미리 기획한 사업을 가져오면 그때서야 지원하는 식인데, 저는 그런 방식을 좋아하지 않습니다. 시민들에게 실질적으로 도움이 될 만한 사업이 있다면 제가 직접 기획하고 제안합니다. 예컨대 "이곳에 도로 하나를 새로 만들면 시민들에게 큰 도움이 되겠다"고 판단되면 몇백억이 들어가는 사업이라도 바로 제안하는 겁니다.

사업을 제안하면 소관 부서에서는 검토해보겠다고 합니다.

하지만 단순히 검토만 해서는 안 됩니다. 기획부터 사업화, 도시계획, 예산 확보는 물론이고, 중간에 민원이 발생하면 그 민원을 어떻게 해결할지까지 전 과정을 면밀히 챙겨야 합니다. 일부 의원들은 민원이 발생하면 대부분 공무원들에게 알아서 해결하라고 합니다. 하지만 저는 다릅니다. 민원 해결에 있어서 핵심적인 행정 절차만 공무원들이 처리하도록 하고, 그 외 민원의 본질적 문제는 직접 나서서 해결합니다. 언뜻 보면 같은 방식 같지만 실제로는 큰 차이가 있습니다.

이렇게 스스로 기획하고, 직접 민원을 해결하는 모습이 다른 의원들과 차별화되는 지점입니다.

바로 이런 점이 시민들의 신뢰를 얻는 비결이라고 생각합니다.

지방의원들이여!
전문가가 됩시다

저는 지방의원에게 가장 중요한 덕목이 바로 '전문성'이라고 생각합니다. 의원이 전문성을 갖추면 주민이 무엇을 원하는지 현장에서 바로 판단할 수 있고, 문제를 신속하게 해결할 수 있습니다. 이는 제 오랜 경험에서 얻은 확신입니다.

어느 날 한 주민이 찾아와 말했습니다.

"의원님, 우리 동네 골목길이 너무 어두워서 밤에 다니기가 무섭습니다."

바로 다음 날 저는 가로등 설치를 추진했습니다. 또 다른 주민이 "차가 너무 막혀서 도로가 좁아요."라고 하자 곧바로 도로 확장을 기획했습니다. 공원이 부족하다 싶으면 직접 아이디어를 내서 공원을 만들었죠. 물론 주민과 공무원의 의견을 듣고 반영했지만 대부분은 제가 주도해서 진행했습니다. 왜냐하면 저는 부동산학 박사학위를 가진 도시계획 전문가이자, 대한민국 최초·최연소 기능장 출신으로 설계와 시공 분야까지 전문가이기 때문입니다.

실제로 팔용산 공원을 구상하고 추진할 때도 그랬습니다. 이 공원은 '요람에서 무덤까지' 모든 세대가 이용할 수 있도록 설계된 특별한 공원입니다. 제가 10년 동안 구상하고 추진한 사업이었죠. 건설회사나 용역회사가 아닌 제 머릿속에 모든 아이디어가 있었습니다. 대통령 공약과 국회의원, 시장 공약에도 반영될 정도였으니, 제가 얼마나 깊게 고민하고 준비했는지 알 수 있을 겁니다.

그런데 몇몇 사람들이 저를 두고 이렇게 말했습니다.

"저 사람이 의장이 되더니 공원 예산을 다 가져갔더라."

저는 기가 막혔습니다. 공원 사업으로 제가 개인적으로 이득 보는 건 단 십 원도 없었으니까요. 사실 저는 의장이 된 이후 예산을 추가로 요청한 적이 없었습니다. 국비가 지원된 이유도 아이디어의 우수성과 주민들에게 꼭 필요한 사업으로 인정받았기 때문이죠. 저는 최고 수준의 공원을 만들고 싶은 욕심만 있었습니다.

한번은 동료 의원이 물었습니다.

"의원님, 이렇게 큰 사업을 혼자 다 기획하고 추진하면 부담되지 않습니까?"

그래서 제가 답했습니다.

"부담이 아니라 즐거움입니다. 직접 구상한 사업이 주민들에게 도움이 되고, 전국에서도 인정받으면 이보다 즐거운 일이 어디 있겠습니까?"

전문성을 가진다는 건 이런 의미입니다. 고등학교 때부터 저는 이미 기능사 자격을 획득해 설계와 시공 분야의 전문가가 되었습니다. 이후 의정활동을 하며 도시계획과 도시재생까지 영역을 넓혔습니다. 이론과 실무를 함께 다루다 보니 자연히 시야가 넓어졌습니다.

가끔 시의 도시계획위원회에 참석하면 답답할 때가 많았습니다. 전공이 다른 대학 교수님들이 와서 현실과 동떨어진 이야기를 하곤 했으니까요. 한번은 제가 나서서 말했습니다.

"교수님들, 죄송하지만 그렇게 해서는 현장에 맞지 않습니다. 현실은 그렇게 간단하지 않아요."

그러자 몇몇 분들이 저를 이상하게 보더군요. 아마도 '지방의원이 뭘 안다고 저러나'라고 생각하신 듯했습니다. 하지만 저는 30년간 현장에서 직접 뛰어온 전문가입니다. 책상에서 이론만 다룬 사람과 실무에서 직접 부딪친 사람의 차이는 하늘과 땅만큼 큽니다.

지방의원도 마찬가지입니다. 단순히 주민들의 민원을 받아서 공무원에게 넘기는 역할만으로는 부족합니다. 스스로 전문가가 되어야 민원을 바로바로 판단하고 주민들에게 즉각 답을 줄 수 있습니다.

실제로 민원 현장에서 이런 일이 있었습니다.

"의원님, 이 민원 좀 해결해 주세요."
"이건 안 됩니다. 법적으로 불가능합니다."

그랬더니 주민들이 막 화를 내요.

"다른 의원들은 검토라도 해본다는데, 의원님은 바로 안 된다고 하면 어떡합니까?"

제가 다시 물었습니다.

"그럼 며칠 기다렸다가 안 된다고 듣는 게 낫습니까, 지금 바로 듣는 게 낫습니까?"
"그, 그건 당연히……!"
"지금 바로 듣는 게 낫지요."
"맞습니다. 안 되는 건 백날 쳐다봐도 안 됩니다. 제가 전문가라서 확실히 압니다."

처음엔 이런 일로 오해도 받고 갈등도 겪었지만, 시간이 지나면서 주민들은 결국 저를 믿게 되었습니다. 전문성이 있으면 이렇게 민원 해결도 분명하고 명쾌해집니다. 또 집단 민원이 발생했을 때도 전문가로서 중재하면 신뢰를 얻을 수 있습니다. 저는 재개발 아파트의 집단 민원을 여러 번 중재했는데, 그럴 때마다 해당 지역에서 주민들의 신뢰를 얻어 표도 많이 받았습니다.

그래서 저는 후배 지방의원들에게 늘 이렇게 강조합니다.

"전문가가 되십시오. 세상이 복잡하고 기술이 발달할수록 전문성을 갖춰야 합니다. 그래야 휘둘리지 않고 지역을 발전시킬 수 있고, 주민들의 삶을 높여줄 수 있습니다."

전문성을 갖춘 지방의원이 많아지면 우리 지역의 삶의 질도 높아지고, 지방의회에 대한 시민들의 신뢰도 더욱 커질 것입니다. 저는 이런 의회가 하루빨리 실현되길 기대합니다.

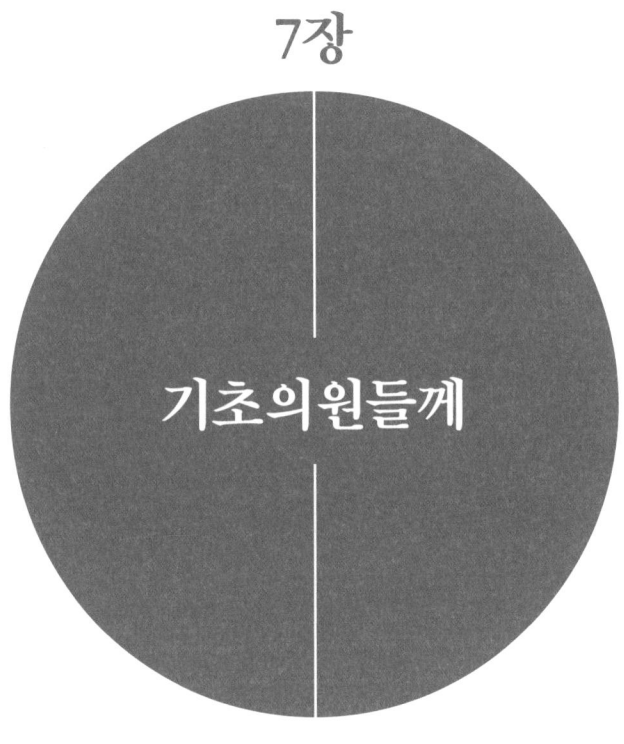

7장

기초의원들께

드리는 말씀

지방의원의
세 부류

지방의원을 지망하는 사람은 크게 세 가지 부류가 있습니다.

첫째는 정치 지망생입니다.
기초의원으로 시작해 광역의원, 시장·군수를 거쳐 국회의원 등 중앙정치 진출을 목표로 합니다. 대부분 20대부터 40대까지 젊은 정치인들이 선택하는 코스죠.

둘째는 지역에서 성공했거나 명예를 얻기 위한 사람들입니다.
경제적으로 이미 충분한 부를 이룬 분들이 마지막으로 원하는 것은 명예입니다. 지방의원은 공직이기 때문에, 한 번만 의원을 해도 지방(紙榜)이나 묘비에 "현고학생부군신위"가 아니라 "현고사무관신위"처럼 직급이 기록됩니다. 묘비에는 이렇게 기록되죠. "고 홍길동(1945~2025) 제8대 OOO시의회 의원 역임. 지역 발전에 헌신한 참 일꾼"

이러한 명예를 얻기 위해서 지방의원을 하는 분들도 많습니다. 하지만 순수한 명예욕만으로 의원이 된다면 지역사회에 전혀 도움이 되지 않습니다. 오히려 그런 분들이 지방의회를 망치는 경우도 종종 있었습니다.

셋째는 내 지역과 지역 주민들의 삶을 개선하는 것, 그 자체에 재미를 느끼는 사람들입니다. 이 부류에 속하는 지방의원이 대부분이겠지만 실제 의정활동엔 많은 편차가 있습니다. 지방의원들은 자신이 진정 주민들의 삶의 개선에 최선을 다하고 있는지, 항상 자문하고 노력해야 할 것입니다.

저 또한 이 셋째 부류에 속한다고 생각합니다. 지방의원은 본래 주민들이 진짜 필요로 하는 사업을 스스로 기획하고 실행하여 그 결실을 주민들과 함께 나눌 수 있어야 합니다. 이렇게 주민들의 행복을 직접 체감할 때의 즐거움과 보람이, 지방의원을 오래도록 지속할 수 있는 원동력이 됩니다.

저는 종종 왜 도의원에 도전하지 않느냐는 질문을 받습니다. 실제로 어느 단체장께서도 제게 도의원에 출마할 생각이 있는지 물으신 적이 있습니다. 하지만 저는 도의원을 하지 않겠다고 단호하게 말씀드렸습니다. 도의원이라는 자리는 사실상 할 수 있는 일이 많지 않기 때문입니다. 도의원은 쉽게 말해 도매상 역할입니다. 위에서 내려오는 정책과 예산을 아래에 전달하는 일에 그치죠. 반면 기초의원은 소매상과 같습니다. 주민들과 밀접하게 소통하며 현장에서 실질적인 일을 해야 합니다. 기초의원이야말로 주민의 삶에 직접적인 변화를 만들어낼 수 있는 자리죠.

실제 예를 들어보겠습니다. 현재 창원시에서 진행 중인 약 1,800억 원 규모의 대형 국책 사업이 있습니다. 이 사업은 제가 2010년부터 꾸준히 구상하고 기획하여 2021년이 되어서야 본격적으로 성과를 보게 된 것입니다.

작년 국토부 공모사업에 창원시가 신청한 다섯 가지 사업 중 세 가지가 선정됐고, 그중 제가 기획했던 사업이 3순위로 선정됐습니다. 이 과정에서 윤한홍 국회의원께서 적극적으로 지원해 주셨고, 예비타당성 조사만 올해 통과되면 국비 100%로 추진될 전망입니다. 일반적으로 국비는 30%만 확보해도 많은데, 국비 100%라면 상당히 이례적이죠.

이 사업의 시작은 작년 국회의원 선거 때 윤한홍 국회의원께서 이 지역을 방문했을 때였습니다. 국회의원께서 "이 지역은 KTX 철로와 남해고속도로 때문에 마을이 단절되어 있어 발전이 어렵습니다."라고 걱정하시기에, "산을 따라 도로를 내고, 그 아래에 아파트 단지를 조성하는 방법밖에 없다."고 제안을 드렸었죠. 의원님이 곧바로 긍정적으로 검토해보자고 하셨고, 결국 구체적인 사업으로 이어진 겁니다.

이처럼 지역밀착적인 사업을 만들어내고 기획하는 일은 광역의원인 도의원보다 기초의원인 시의원이 낫습니다. 여러 차례 말씀드렸듯이 제가 7선이나 하면서도 도의원으로 레벨업(?)하지 않는 이유가 여기에 있지요.

기초의원은 자신이 원하는 아이디어를 주민들의 세금으로 자유롭게 펼칠 수 있습니다. 자신의 직업적 안정성이나 개인적인 이익을 위해서가 아니라, 지역과 주민의 삶에 실제적인 변화를 가져오는 재미와 보람이 있다는 것이 가장 중요합니다.

지방의원 여러분께서도 이런 기획력을 가지고, 자신의 역할을 적극적으로 확장해 나가셨으면 합니다. 조금 별난 의원, 남들이 하지 않는 일에 과감히 도전하는 의원이 될 때 주민의 삶도, 본인의 삶도 한층 더 의미 있고 행복해질 수 있을 것입니다.

테마와 스토리가
살아 숨쉬는 지역 만들기

　30여 년간 의정활동을 하면서 수많은 의원들을 보아 왔습니다. 주민들의 신뢰를 받으며 오랫동안 기억되는 의원도 있었고, 임기가 끝나기도 전에 잊혀지는 의원도 있었습니다.
　저는 초선의원들이 처음부터 올바른 방향으로 나아가기를 바랍니다. 다음 세 가지 원칙을 명심하시면 분명 좋은 지방의원이 될 수 있을 거라 믿습니다.

　첫째, 불의와 타협하지 않는 분명한 소신을 가져야 합니다.
　지방의원의 가장 기본적인 덕목은 청렴함입니다. 비리나 구설수에 오르는 일이 절대로 없도록 항상 스스로를 점검하셔야 하죠. 공직자의 인사 이동에 개입하거나 특정인의 인사를 부탁하는 일이 종종 있는데,

바람직하지 않습니다. 평소에 모범적이고 능력 있는 공무원을 인사권자나 담당자에게 자연스럽게 추천하거나 칭찬하는 정도가 적당합니다. 그래야 인사권 침해 문제에서도 자유로울 수 있습니다.

둘째, 집행기관에 대한 견제와 감시를 철저히 수행해야 합니다.
행정이 제대로 이뤄지고 있는지 꼼꼼하게 점검하고 감시해야 합니다. 지방의회의 본연의 의무인 주민들의 목소리가 행정에 반영될 수 있도록 강력히 견제해야 합니다.
지방의회의 본연의 의무인 '집행기관에 대한 견제와 감시'에 충실해야 합니다.

셋째, 지역 주민들의 삶의 질 향상을 위해 끊임없이 노력하셔야 합니다.
주민들에게 필요한 정책이 무엇인지 현장에서 직접 고민하고, 창의적인 아이디어와 미래지향적 정책을 적극적으로 개발하셔야 합니다. 주민들의 불편을 현장에서 직접 확인하고 해결하려는 적극적인 자세가 중요합니다. 그래야만 지역 주민들의 신뢰를 얻을 수 있습니다.
기초의원이라서, 초선이라서 큰 사업을 못한다고 생각할 필요는 없습니다. 충분히 자신감을 갖고 대형 사업을 제안하고 추진해 볼 수 있죠.
예를 들어 지는 '요람에서 무덤까지'라는 테마로 팔용신 공원을 조성하고 있습니다. 이처럼 특색 있는 테마로 지역사회를 일신(一新)하고 주민들의 삶의 질을 높여보세요.
테마를 넘어 스토리를 부여하면 더 좋습니다. 스토리텔링이나 스토리 경영이라는 말이 보편화된 지 오래니까요. 예컨대 팔용산 공원은 '유치원생부터 70~80대 어르신까지 모든 연령층이 이용할 수 있는 공원'이라는 스토리를 지향하고 있지요.

밤골여울마당 어린이 테마공원

청년창업과 지역경제 활성화를 위한 '청년창업허브센터', 고령화 시대에 대비한 어르신 전용 '웰에이징 복합타운', 문화예술을 통한 지역 활력 증진을 위한 '지역문화예술마을' 등의 테마를 잡은 다음 스토리를 부여해 보십시오.

스토리에는 과거와 현재, 그리고 미래가 포함되는 게 좋습니다. 과거의 스토리는 곧 지역 주민들의 '기억'입니다. 공동의 기억을 '발효'시키고 '숙성'시키면 현재와 미래를 위한 비료가 되지만 '부패'하면 트라우마가 되어 분열과 패배주의, 냉소주의를 만들어냅니다. 세 가지 모두 민의의 대표자들이 목숨 걸고 막아야 하는 악(惡)이지요.

그밖에 마을 주민들이 직접 참여해 사계절 축제를 여는 '사계절 축제거리', 지역 전통요리를 배우고 체험할 수 있는 '향토음식 아카데미 타운', 가상현실(VR)로 지역의 역사를 생생히 체험하는 '역사 체험형 VR센터', 드론 비행과 로봇 체험을 결합한 '드론 로봇 체험센터', 지역 특산물을 활용해 독특한 음료와 디저트를 개발하는 '특산물 카페거리', 클라이밍, 파쿠르 등 신세대가 즐기는 익스트림 스포츠 시설을 갖춘 '도심형 익스트림 스포츠파크' 같은 참신한 테마도 가능합니다.

이렇게 테마를 명확하게 잡아서 제안하면 국비와 지방비를 확보하여 100억 원 이상의 대규모 사업으로 추진할 수도 있습니다. 규모가 큰 사업은 국회의원이나 단체장만 가능하고 기초의원은 가로등 교체 같은 것밖에 못한다는 편견을 버리셔야 합니다. 제가 바로 산 증인입니다.

물론 이런 큰 사업을 추진할 때는 기획부터 설계, 예산 확보, 현장 공사와 감리까지 직접 챙기서야 합니다. 쉽지 않은 과정이지만, 그만큼 큰 보람과 즐거움을 느끼실 수 있을 것입니다.

이렇게 남들보다 더 적극적이고 열정적으로, 때로는 '살짝 미쳤다'고 생각될 만큼 열심히 뛰어야 합니다. 이때 주의할 점이 있습니다. 모든 기획과 행동은 '주민 행복'을 위한 것이 되어야 한다는 점입니다. 사업을 위한 사업이 되어서도 안 되고 내 이름을 알리기 위한 사업, 재선이나 공천을 위한 사업이 되어서도 안 됩니다. 사람들은 그 차이를 민감하게 알아채기 때문입니다.

도심 지방의원이
다선(多選)하기 힘든 이유

지방의원 선거는 도심과 농촌이 완전히 다릅니다. 농촌 지역의 경우, 예를 들어 경상북도의 작은 시골 마을 같은 데는 지역구 주민 수가 몇천 명 정도밖에 안 됩니다. 이런 곳은 사실 다선 의원이 되기가 쉽죠. 그 동네의 주민 구성원이 거의 변하지 않기 때문입니다.

한번은 제가 동료 의원과 이런 이야기를 나눈 적이 있습니다.

"촌에서는 다선 하기가 참 쉽습니다. 왜냐하면 주민들이 이사를 잘 안 가잖아요. 그 동네 사람이 죽어서 인구가 줄어들면 줄어들었지, 외부에서 새로 들어오는 사람이 없으니까요. 집안사람들 성격부터 숟가락 개수까지 다 알지 않습니까?"

이러다 보니 인구가 몇천 명 남짓한 작은 지역구에서는 천 표만 얻어도 당선이 가능합니다. 그래서 이런 농촌 지역구에서는 다선 의원이 비교적 쉽게 나오는 거죠.

하지만 도심 지역은 상황이 전혀 다릅니다. 저는 1991년 처음 의원이 되었을 때부터 지금까지 같은 지역구에서 활동하고 있어요. 그런데 30년 이상 활동하면서 주민들이 정말 많이 바뀌었습니다. 4년에 한 번 선거 때마다 15~20%의 인구가 바뀌는 것 같아요. 처음 선거를 할 때 만났던 주민들 중 상당수가 7~80대가 되셨습니다. 돌아가신 분들도 많고요.

지금 제 지역구에서 30년 이상 살아온 토박이 주민은 전체의 20%도 안 되는 것 같습니다. 그래서 도심 지역에서는 다선 의원이 되는 게 정말 쉽지 않습니다. 제가 알기로 도심 지역에서 7선 이상 의원이 나온 경우는 서울에 한 분과 저, 두 분밖에 없는 걸로 알고 있습니다. 그만큼 도심은 어렵습니다.

예전에 열심히 활동하시던 지방의원이 한 분 계셨습니다. 그분은 민원 해결도 적극적이었고 주민들에게 정말 잘 해주셨지요. 지방의원의 모범 같은 분이셨죠.

그런데 어느 날 선거에서 낙선하셨어요. 제가 너무 이상해서 여쭤봤습니다.

"아니, 의원님! 그렇게 열심히 잘하시고 주민들 민원도 다 해결해줬는데, 왜 떨어지셨어요?"

"다 돌아가셨습니다."

"네?"
"내가 그렇게 잘해줬던 주민들이, 다 돌아가셨다고요."
"아……!"

그분은 어느 날 선거운동을 하다가 하도 답답해서 천자봉이라는 산에 올라가셨답니다. 거기가 공원묘지가 있는 곳인데, 그 무덤 앞에서 소리를 질렀다고 하시더군요.

"할매 할배들 다 나와보소! 나와서 내 좀 찍어주고 다시 들어가이소!"

처음 들었을 때는 웃었지만 다시 생각하니 참 씁쓸했습니다. "인생은 멀리서 보면 희극이지만, 가까이서 보면 비극이다."라는 말에 잘 어울리는 이야기라는 생각이 들었습니다.
인생도 선거도, 정치도 다 그런 것 아닐까요?

강단과 청렴을 겸비한
지방의원이 되자

저는 공무원들을 대할 때 원칙을 매우 분명하게 지킵니다. 잘못된 일을 발견했을 때, 담당 공무원이 솔직하게 인정하고 "잘못했습니다. 다음부터 주의하겠습니다."라고 하면 그걸로 끝입니다. 더 이상 묻지도 따지지도 문제 삼지도 않죠.

그런데 간혹 자신의 잘못을 인정하지 않고 끝까지 저와 맞서는 사람들이 있습니다. 그런 경우에는 저는 결코 그냥 넘어가지 않고 반드시 책임을 묻습니다.

과거 마산 시절에는 이런 원칙 때문에 제가 공무원들 사이에서 악명이 높았습니다. 공무원들도 힘들었겠죠. 하지만 지방의회의 기본적인 역할이 뭡니까? 집행부 견제와 감시 아닙니까?

물론 저는 무조건 징계를 요구하지는 않습니다. 잘못을 인정하고 바로잡겠다고 하면 상부에 알리지 않고 제 선에서 마무리해줍니다. 그러나 끝까지 부정하고 맞서면 책임을 끝까지 묻습니다.

이런 원칙을 지킨 대표적 사례가 앞서 말씀드린 '양덕초등학교 앞 육교 철거 후 재시공 사건'입니다.

1997년의 어느 오후였습니다. 저녁 6시에 육교 구조물이 도착한다고 해서 기다리고 있었는데, 밤 12시가 다 돼서야 도착했어요. 11월이라 날씨도 추웠고, 덜덜 떨면서 살펴보니 구조물이 완전 부실 공사였습니다. 제가 바로 현장 책임자에게 말했어요. "이거 설치하지 마세요. 철거해야 됩니다."
하지만 결국 제 말을 듣지 않고 그날 밤 설치를 강행하더군요.
다음 날 아침에 담당 감독관을 불렀습니다. 그런데 하필이면 제 아내의 초·중학교 동창이자 처갓집 이웃이더군요.
"봐라 감독관, 이거 부실시공이라고 보고서를 써서 시장 결재를 받아라. 그래야 니가 산다."
하지만 감독관은 주저하면서도 문제가 없다고 주장하더군요. 이상한 생각이 들어 서류를 자세히 살펴보니 원래 대리석 계단으로 발주된 것이 값싼 아스콘으로 바뀌어 있었어요. 비용 차이가 900만 원이나 나는 사항이었죠.
'이 친구가 뇌물을 먹었구나. 그래서 끌려다니는 거야.'
더 큰 문제는 불법 하도급이라는 점이었어요. 진주 공장에서 왔어야 할 구조물이 삼천포에서 왔으니까요. 계약은 진주 업체가 입찰되었고, 제작은 삼천포시에 소재한 업체가 제작한 것으로 파악되었습니다. 출장 복명서를 확인해 보니 불법하도급이 분명했습니다.
이번에도 감독관은 강하게 부정했어요. 하지만 이미 상황을 알고 있는 저로서는 그냥 넘어갈 수 없었죠.
결국 육교는 불합격 판정을 받고 철거 후 다시 제작되어 설치되었어요.

감독관은 이 일로 징계를 받고 승진도 몇 년 밀리게 되었습니다. 제 아내는 감독관에게 미안해서 한동안 동창회도 못 갔고요.

이 사건이 알려지면서 공무원들 사이에 이런 말이 돌기 시작했습니다.
"손태화는 피도 눈물도 없는 놈이다. 걸리면 죽는다."
"손태화한테 걸리면 잘못했다 캐라. 아니면 끝까지 싸워서 이기든지."
2006년 낙선 후 2010년 통합시의회에 재입성한 후, 견제와 감시보다 정책 대안 제시로 의정활동 방향을 바꾸겠다고 결심했습니다. 제가 너무 강성인 것 같다는 생각이 들어서였습니다. 적을 너무 많이 만드는 게 아닐까? 하는 걱정도 있었고요.
하지만 실제로는 똑같았어요. 막상 현장에 나오니까 도저히 그냥 넘어갈 수 없는 사건들이 엄청 많더라고요.

이제는 눈으로 보고 "야 이거 문제 있다!" 싶어도 웬만하면 따지지 않으려고 합니다. 하지만 도저히 못 참으면 또 난리를 치면서 꼼꼼하게 바로잡곤 하죠. 어쨌든 매번 그러지는 않으니까 예전이랑 많이 달라졌다고 하더라고요.

이런 걸 굳이 말씀드리는 이유는 일종의 노하우를 알려드리기 위해서입니다.

저처럼 잘못된 사업이나 오류를 한두 번만 확실히 바로잡아 놓으세요. 그러면 공무원들한테 소문이 돕니다. 내가 안 내도 자기들이 다 내요. 그러면 적당히 대충 넘어가지 않고 조심하게 됩니다.

사실 노하우를 떠나서 집행기관의 사업을 꼼꼼히 확인하는 건 지방의원의 당연한 권리이자 의무입니다. 지방의회의 최우선 기능은 집행기관에 대한 감시와 감독이니까요. 이걸 철저하게 해야 합니다.

성실 근면은
모든 일의 기본

지방의원에게 가장 중요한 덕목 중 하나는 바로 '솔선수범'입니다. 저는 평생 누구보다 일찍 출근하고, 가장 늦게 퇴근하는 습관을 몸에 익혀왔습니다. 의정활동을 하면서도 마찬가지입니다. 저는 의장이 아니었을 때도 오전 8시 30분경에 항상 의회에 출근했습니다.

처음 의장에 취임했을 때, 몇 번 오전 8시에 출근했더니 직원들이 당황해서 일찍 나와 있었습니다.

"의장님, 왜 이렇게 일찍 나오셨어요? 너무 일찍 오시니까 저희도 어떻게 해야 할지 모르겠습니다."

그래서 출근 시간을 조금 늦추었죠. 사실 제 차로 출근하면 30분 정도 걸리니까 집에서 8시에 나와서 8시 30분쯤 도착하는 게 자연스러웠습니다.

의원이든 의장이든, 공직자로서 정확한 시간 개념과 근무 태도가 기본이라고 생각합니다.

저는 의장에 취임한 이후 거의 매일 의회에 출근합니다. 물론 가끔 지역구 일이 있으면 나가기도 하고, 각종 공식 행사에도 참석하기도 합니다. 그러나 대부분 의회 안에 머무르며 각종 민원을 처리하고 정책 결정과 내부 결재 등을 수행합니다.

이렇게 계속했더니 사람들이 혀를 내두르더군요.

"손태화는 월화수목금금금이다. 도대체 쉬는 날이 없다."

공무원들에게 시정하라고 말로만 하는 것과 직접 행동으로 보여주는 것은 완전히 다릅니다. 제가 예전에 회사를 경영할 때도 그랬습니다. 회사에 공장이 네 개 있었는데, 회사 대표이사인 제가 제일 먼저 출근해서 직접 문을 열었습니다. 직원들이 깜짝 놀라곤 했습니다.

"어이쿠, 대표님이 왜 먼저 나오셔서 문까지 여십니까?"
"내가 가장 먼저 출근해서 솔선수범하는 모습을 보여줘야 여러분이 따라올 것 아닙니까?"

평생 이렇게 몸으로 보여줬기 때문에 직원들도 자연스럽게 따라왔습니다. 이게 습관화되었기 때문입니다.

지방의원도 마찬가지입니다. 리더가 솔선수범하지 않으면 직원들도 제대로 따라오지 않습니다.

지방의원 여러분, 솔선수범하십시오. 누군가는 먼저 나서서 행동으로 보여줘야 합니다. 그래야 주변 사람들이 나를 인정하고 따라옵니다.

성실함은 모든 일의 기본이기 때문입니다.

봉사하는 자는
즐기는 자를 이기지 못한다

지방의원에게 정말 중요한 자질 중 하나는 '실행력'입니다. 여기에 더해 반드시 필요한 것이 '열정과 끈기'죠. 저는 종종 다른 의원들이 대충 시간을 보내는 모습을 보며 답답할 때가 많았습니다. 솔직히 말해 그냥 떵가떵가 놀듯이 활동하는 의원들도 드물지 않았습니다.

저로서는 이해가 안 되는 일이었어요. 저는 시의원 하는 게 정말로 재미있었으니까요. '이 재미를 왜 모를까?'하는 생각도 들었고 '그렇게 재미가 없는데 왜 굳이 이 일을 하나?'라는 생각도 들었습니다. 물론 명예나 권세가 좋아서일 수도 있고 제가 모르는 나름의 이유가 있겠지만요.

가끔 후배 의원들이 묻곤 합니다.

"선배님은 어떻게 그렇게 오랫동안 열정적으로 하십니까? 지치지도 않으세요?"

"간단합니다. 재밌으니까 하는 거예요. 의원 일을 봉사나 희생이라고 생각하면 오래 못 갑니다. 재미있게 해서야죠."

여기에 더하여 전문성과 열정이 있었기 때문입니다. '전문성'이라는 건 결국 내가 직접 발로 뛰며 몸으로 익히는 겁니다.

저는 공사 하나를 해도 철저하게 감독합니다. 의원들 중에는 예산만 받아주고 나면 끝이라고 생각하는 분들이 많습니다. 예를 들어 마을에 조형물을 세운다고 하면, 상당수 의원들이 공무원들에게 맡겨 버려요.

"이 예산 가지고 알아서 잘 만들어 주세요." 라고요.

저는 절대 그렇게 안 합니다. 예산이 책정되면 설계부터 직접 확인하고, 공사가 제대로 진행되는지, 기능이 제대로 나오는지, 현장에 나가서 꼼꼼하게 살핍니다.

제가 현장을 자주 방문하니 공무원들이 가끔 이렇게 말합니다.

"의원님이 현장 감독까지 다 해주시니, 저희는 행정 업무만 하면 돼서 좋습니다."

진심인지 아닌지는 모르지만 사리사욕 없는 공무원이라면 확실히 편할 겁니다. 예산을 받아다 준 시의원이 안전모 딱 쓰고 공사 현장을 꼼꼼하게 체크하니 편하지 않을 리 없죠.

하지만 다른 면에서는 불편할 겁니다. 안전규정이나 설계를 지키지 않는 경우, 자재가 다른 경우, 불법 하도급을 주는 경우 절대로 그냥 넘어가지 않으니까요.

"이거 이대로 하면 안 됩니다. 다시 하세요. 제가 사진 다 찍어놨어요."

공무원들이 긴장할 수밖에 없습니다. 제게 걸리면 반드시 제대로 해야 한다는 걸 알기 때문이죠.

저는 공사 하나를 하더라도 최고의 품질로 완벽하게 하라고 요구합니다. 예산 낭비 안하는 건 기본입니다. 조그만 동네 사업 하나를 하더라도 주민들이 만족할 수 있도록 하라는 것이 제 신조입니다.

왜냐하면 저는 엔지니어 출신이고, 모든 것을 완벽하게 마무리해야 직성이 풀리는 성격이기 때문입니다. 제가 전문성을 기르라고 하는 이유도 여기에 있습니다. 전문성이 있어야 잘할 수 있고, 잘해야 문제나 민원을 해결할 수 있고, 민원을 해결해야 성취감과 희열이 생기니까요. 이 재미를 알아야 꾸준히 계속할 수 있습니다.

그러니 어떤 식으로든 재미를 붙여 보세요. 사람마다 성격이나 성향이 다르니까 일괄적으로 말할 수는 없습니다. 재미는 여러 가지이고 어떤 것에 재미를 느끼는지는 그 사람밖에 모르니까요.

자신만의 재미요소를 찾아내세요. 어떤 것도 좋습니다. 재미있어야 열정과 끈기가 생기고, 지치지 않고 오래 계속할 수 있으니까요.

3부

기능장, 사업가, 그리고 정치인
: 나의 인생 이야기

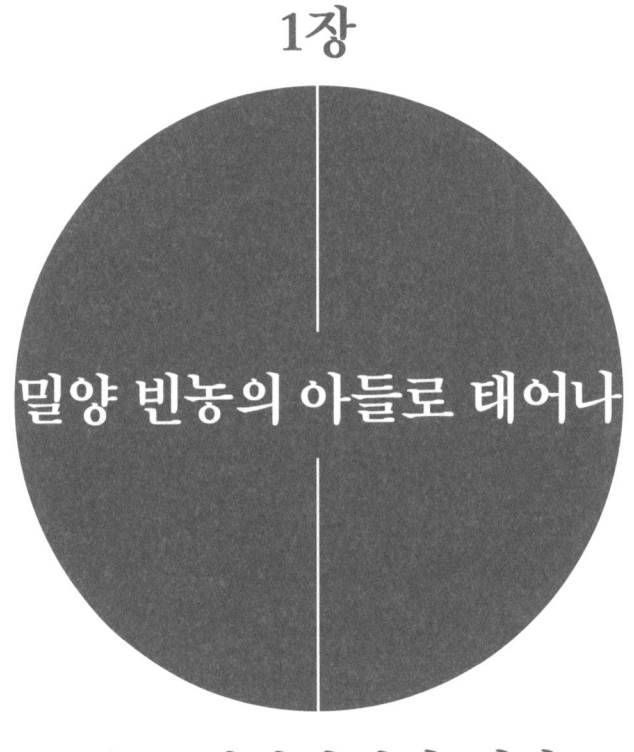

1장

밀양 빈농의 아들로 태어나

일류 엔지니어가 되다

보리 이삭 주워서 저축왕이 되다

저는 경남 밀양의 외진 시골 마을에서 가난한 농부의 셋째 아들로 태어났습니다.

초등학교 3학년까지 집이 너무 가난해서 꽁보리밥으로 만든 주먹밥을 먹고 살았어요. 그 시절은 정말 힘들었습니다.

그때까지 제가 사는 동네는 전기가 들어오지 않았습니다. 학교가 있는 이웃 동네는 3학년 때쯤 전기가 들어왔지만, 우리 동네는 워낙 외진 곳이라 제가 5학년이 되어서야 전깃불이 밝혀졌습니다. 그래서 밤마다 호롱불을 켜고 책을 읽거나 숙제를 했지요. 주먹밥을 손에 들고 공부하던 모습이 어렴풋이 떠오르네요.

농촌에서는 보리나 벼를 수확할 때 이삭을 줍는 일이 흔했습니다. 보리농사는 직파법으로 씨앗을 뿌려서 낫으로 수확하기에 이삭이 많이 떨어집니다. 하지만 보리값이 쌀의 3분의 1밖에 안 되어서 아무리 열심히 보리 이삭을 주워도 돈이 되지 않았지요. 벼는 묶어서 베니까 이삭이 많지 않았고요. 그래서 이삭을 주워서 돈을 버는 건 무척 힘들었습니다.

그런데도 저는 보리 이삭과 벼 이삭을 주워서 모은 돈으로 학교에서 저축상 1등을 받은 적이 있습니다. '국민학교' 4학년 때 일이었지요. 이처럼 저는 어렸을 때부터 또래들에 비해 부지런하고, 알뜰했던 모습이 많았습니다.

부모님께서 밤낮없이 일하셨던 모습을 항상 지켜본 저였기에 두 분의 모습에서 영향을 많이 받았다는 생각을 합니다. 특히 어머니는 콩 한 쪽도 쪼개 드실 만큼 절약하며 노력하셨지요.

그 결과 가난했던 우리 집도 조금씩 형편이 좋아지더니, 제가 5학년 무렵에는 가까운 곳에 있는 논 3천 평을 매수하게 되었어요. 그 논을 살 때 아버지 옆에서 계약서 쓰는 장면을 제가 지켜보았습니다. 그 당시 계약서에 적힌 매수 금액 '155만 원'이 지금까지 또렷이 기억나네요.

그 땅은 논농사를 짓기 힘든 천수답이었습니다. 천수답(天水畓)은 물을 댈 데가 없는 논이라는 뜻입니다. 지하수나 저수지 없이 하늘만 쳐다보며 농사를 지어야 한다는 뜻이죠. 적은 돈으로 넓은 땅을 사다 보니 어쩔 수 없었습니다. 다행히 논 전체는 아니고 3분의 1 정도가 천수답이었지요.

부모님은 농기계도 없이 손으로, 두레박에 물을 퍼서 부어 가며 벼농사를 지으셨습니다. 정말 고생을 많이 하셨어요. 저도 부산에서 고등학교 다닐 때, 주말에 종종 집에 와서 천수답에 물을 퍼 넣곤 했습니다.

성실하신 부모님 덕분에 살림살이가 점점 더 안정되어 갔습니다.

제가 중고등학교 다닐 때쯤엔 우리 면에서 제일 부자라는 소리를 들었습니다.

저에게는 형님 두 분과 누님 한 분, 여동생 한 명이 있습니다. 저를 제외한 네 분 모두 공부에 관심이 없었고, 저만 공부하겠다는 의지가 강했다고 기억합니다.

3부

기능장, 사업가, 그리고 정치인: 나의 인생 이야기

아이스케키로 선거운동 했던
정치 DNA

'국민학교' 5학년 2학기 때 학생회장 선거가 있었습니다. 동네에 전기가 막 들어오던 시절로 기억합니다. 그때는 한 반에 학생이 60명 정도였어요. 저는 늘 1등에서 3등 사이를 유지할 정도로 공부를 잘했고, 친구들에게 인기도 많았습니다.

당시 학교 근처에는 교사 사택이 있었어요. 요즘에야 선생님들이 자가용으로 출퇴근을 하지만 옛날에는 그런 것도 없었으니까요. 그러다 보니 학교랑 사택 주변 부모들 치맛바람으로 학생회장이 결정되곤 했죠.

저도 어느 정도는 그걸 알고 있었어요. 하지만 어린 마음에 학생회장이 꼭 되고 싶었죠. 제가 학교 근처에 사는 것도 아니고 부모님이 지원해주지도 않았습니다. 하지만 열정만큼은 누구보다 강했기에 당차게 도전장을 내밀었습니다.

그때 우리 학교 학생들은 대부분 여섯 마을 아이들로 구성되어 있었습니다. 저는 학생회장에 당선되고 싶은 마음에 여섯 마을을 전부 돌아다니며 아이스케키를 나눠주었습니다. 학생회장 선거 때 제게 투표해 달라고 부탁하면서요. 아이스케키는 지금의 아이스크림과 비슷하지만 다른 점도 있었습니다.

어린 나이에, 집안도 가난하던 제가 어떻게 그 많은 아이스케키를 마련했냐고요? 답은 비료 포대였습니다. 우리 집에 있는 비료 포대와 동네에 있던 비료 포대를 모아서 아이스케키 만드는 데 갖다준 거였죠.

당시 비료 포대는 두 종류였어요. 비닐이 든 것과 안 든 것, 이렇게 두 가지였죠. 비닐이 든 포대를 갖다주면 아이스케키 다섯 개, 비닐 없는 종이 포대는 세 개를 줬습니다. 그렇게 사 모은 아이스케키를 나무통에 담아서 나눠준 거예요.

키 크고 깡마른 꼬마가 나무통을 메고 다니며 아이스케키를 나눠주는 모습! 열심히 일할 테니 학생회장으로 뽑아달라고 열변을 토하는 모습! 좋게 말하면 미래의 정치 꿈나무였지만, 나쁘게 말하면 금권선거의 현장(?)이었습니다.

어린 나이에 대체 왜 그랬을까요? 누가 시킨 것도 아닌데. 학생회장 한다고 입시에 가산점 주던 시절도 아니었는데 말입니다.

그 후 고등학교 때도 학생회장 선거에 출마했고, 성인이 되어서는 기초의원 선거에 나가서 30년 이상 정치에 관여하는 것을 보면 아마도 제가 정치가의 DNA를 타고나서 그런 것 같습니다.

그뿐이 아닙니다. 앞에서 말씀드렸지만, 저는 정치하는 역할이 재밌습니다. 주민들 만나는 것도 즐겁고, 잘못된 시정을 바로잡는 것도 즐겁습니다. 지역 현안이 해결될 때마다 짜릿함과 뿌듯함을 느끼기도 하고요. 세금으로 효율적인 사업을 진행하여 주민들에게 칭찬도 많이 받습니다. 이 얼마나 행복한 일입니까? 요즘 말로 개꿀입니다, 개꿀!

어쨌든 저는 생애 최초로 선거출마를 경험했고, 학생회장에 당선됐습니다. 아이스케키 덕분이었는지 제 연설(?) 때문이었는지는 모르겠지만요. (아마 둘 다겠죠?) 표 차이는 105대 100, 딱 5표 차이였고요. 이때 재검표까지 했습니다. 알고 보니 제가 학교 역사상 최초 직접투표로 선출된 학생회장이었답니다.

초등학교 졸업 후 저는 밀양중학교에 들어갔습니다. 우리 세대는 대도시를 제외하고 중학교 입학시험을 쳐서 들어간 마지막 세대입니다. 실제로 중·고등학교 입시에 떨어져서 재수하는 경우도 많이 있었죠.

한 시간의 체육수업이 인생을 바꾸다

　중학교 1, 2학년을 무난하게 잘 보내고 3학년이 된 어느 날, 체육 선생님의 말 한 마디가 제 인생을 송두리째 바꿔 놓았습니다.
　제가 다니는 중학교는 3학년 학생만 560명이었는데 저는 늘 38등에서 41등 사이였어요. 매달 중간고사가 끝나면 교문에 학생들 등수를 붙여 놔서 또렷이 기억합니다. 그것도 딱 60등까지만요. 요새는 그러면 큰일 나지 않나요?
　성적이 상위 10% 안에 항상 들다 보니 인문계 고등학교를 거쳐서 대학교에 갈 거라고 막연히 생각하고 있었죠. 그때는 전교 65등 안에만 들면 전국 어디든 원하는 명문 고등학교에 지원할 수 있었으니까요. 실제로 560명 중 45명 정도가 일류 고등학교에 진학했습니다.
　그런데 3학년 1학기의 어느 날, 체육 선생님께서 자전거로 통학하는 학생들을 모아서 자전거 경주를 시켰습니다. 저는 체육 선생님의 의도가 뭔지도 모른 채 무조건 열심히 달려서 1등을 했지요.

중3인 제 키가 176센티가 넘었고, 반에서 제일 컸죠. 지금도 제 키가 그 정도니까 중학생 때 키가 다 큰 셈입니다. 이렇게 키가 크고 깡말라서 1등을 한 건데 사이클 선수를 하라고 권유하시더군요. 저는 얼떨결에 학교 대표선수가 되었고 어어 하는 사이에 밀양 학생 대표 선수로 뽑혔어요. 그때부터 저는 선수로서 오전 수업만 받고 하루 종일 사이클을 탔습니다. 그랬더니 성적이 118등~121등까지 곤두박질치더군요. 그리고 졸업할 때까지 회복하지 못했죠.

그렇게 성적이 뒤로 밀려나는 바람에 인문계로 가기가 어려워졌어요. 마산고(인문계)나 부산공고(공업계), 부산상고(상업계) 정도가 선택지로 주어졌죠. 전교 120등까지 원서를 써 주는 학교가 저 세 곳이었거든요.

"태화야 니 마산고등학교 갈래?"
"마산고등학교가 어뎄는데예?"
"마산에 있다."
"마산이 어덴데예?"
"밀양 옆에 있다."
"시골 아입니까? 지는 부산 갈랍니다."

지금처럼 마산에서 시의원 할 줄 알았다면 무조건 마산고등학교로 갔을 텐데! 선거 준비할 때 두고두고 땅을 쳤습니다. 기초의원 선거는 후보가 우리 동네 토박이인지, 어느 학교 나왔는지가 굉장히 중요하니까요. 하지만 그 당시에는 그런 걸 꿈에도 몰랐죠.

저는 부산상고와 부산공고 사이에서 고민하기 시작했어요. 부산상고는 노무현 전 대통령을 배출한 걸로 유명하죠. 물론 그 당시에도 나름 명문 고등학교 대접을 받았습니다. 계산기와 컴퓨터가 없던 시절이라 주판이 중요했는데, 주판 고수들은 상고에 많았으니까요.

저는 고민 끝에 부산공고를 선택했습니다. 기계과를 1지망, 전기과를 2지망으로 썼는데 다행히 기계과에 합격했습니다. 당시 경쟁률이 12.7 대 1이라서 떨어질 거라는 말을 들었지만, 운 좋게 1지망에 합격한 것입니다. 알고 보니 턱걸이로 어렵게 합격했더라고요.

처음에는 실업계로 간다는 게 아쉬웠어요. 사이클을 안 했으면 부산고나 경남고, 경기고, 경복고등학교 같은 명문 인문계 고등학교에 갔을 테니까요. 그랬다면 판검사나 고위 공직자의 길을 걸었을지도 모르죠.

저는 시의원이 된 뒤 시정 질문이나 심사, 감사 때마다 날카로운 질문으로 유명했습니다. 스스로 생각해봐도 제가 인지능력이 탁월해서 법 공부했으면 참 잘했을 것 같다는 생각을 자주 했었습니다. 어쩌면 합리적인 법조인이 되어 지금과 다른 삶을 살고 있을지도 모른다는 생각을 해보기도 합니다.

제 인생이 체육 선생님 말씀 한마디에 완전히 바뀌어버린 셈입니다. 어쩌면 내 인생의 가장 큰 변곡점이 바로 이때였는지도 모릅니다.

I shall be telling this with a sigh

Somewhere ages and ages hence:

Two roads diverged in a wood, and I—

I took the one less traveled by,
And that has made all the difference.

먼 훗날 세월이 지나
한숨 섞인 목소리로 이야기하겠지.
숲속에 두 개의 길이 있었다고.
나는 사람들이 덜 걸어간 길을 택했고,
그것이 내 인생을 바꿔 놓았다고.

(가지 않은 길, 로버트 프로스트)

사실 저는 고등학교 입학하기 전까지 공고가 뭐고, 상고가 뭔지도 몰랐어요. 그냥 내 성적으로 갈 수 있는 학교가 부산공고라서 원서를 냈고, 천만다행으로 합격한 것뿐입니다.

다행스럽게도 공고 기계과가 제 적성에 잘 맞았습니다. 처음엔 몰랐는데 시간이 지날수록 확신하게 되었지요. 덕분에 고등학교 시절부터 기술을 배울 수 있었고, 그것이 나중에 제 인생의 또 다른 기회로 이어졌습니다.

피에 젖은 팬티를 입어보지 않은 자
인생을 논하지 마라

    고등학교에 입학한 지 얼마 지나지 않은 늦은 봄날이었습니다. 실기교사 선생님께서 기능훈련 특활생을 모집한다고 하셨습니다. 저는 친구 몇 명과 함께 지원하여 선발됐습니다. 그때는 무슨 용기였는지
그냥 해보고 싶다는 마음뿐이었죠. 하지만 훈련은 정말 혹독했습니다.
    예전엔 스포츠 선수나 학교 특기생들이 훈련 중 가혹행위를 당했다는 기사가 종종 나왔습니다. 요즘엔 그런 가혹행위는 용납되지 않지만, 1990년대 초중반까지도 교사의 구타는 당연하게 여겨졌습니다. 언론에

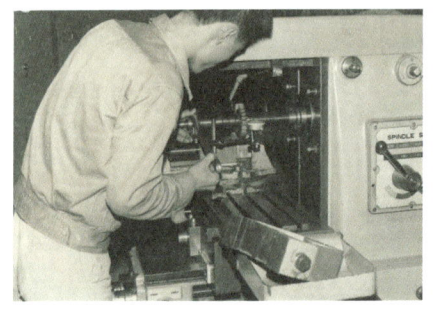

보도되기는커녕 문제 삼는 사람을 이상하게 생각할 정도였지요.

기계과 선반 특활생을 지도하시는 분은 강종구 선생님이셨습니다. 당시 실업계 고등학교는 보통 오후 3~4시에 수업을 대부분 마쳤는데요, 특활반은 학교에 남아서 매일 밤 10시가 넘도록 강도 높은 훈련을 했습니다. 처음엔 서툴렀지만 2~3개월이 지나자 실력이 많이 늘었습니다.

2학기에 접어들었을 땐 거의 매일 엉덩이에 매를 맞았습니다. 한두 대도 아니고, 적게는 15대, 많게는 30대씩 맞았어요. 기능경기대회 과제물을 만들어서 채점 후, 틀린 점수만큼 '빠따'를 맞은 겁니다. 스파르타식 강훈련이 따로 없었죠.

한번은 어머니께서 부산의 하숙집으로 오셨습니다. 세탁물을 챙기시다가 팬티에 핏자국이 있는 걸 보고는 눈물을 흘리시더라고요. 저는 명랑한 목소리로 "아무것도 아니에요. 신경 쓰지 마세요."라고 했지만 그때 어머니의 그 눈물을 아직도 잊지 못하고

정밀가공기능사 2급 자격증

있습니다.

그렇게 혹독하게 훈련받은 덕분에 2학년 초에 정밀가공기능사 2급 자격증을 취득했습니다. 그해 가을에는 부산실고생 기능경진대회에서 선반 부문 2위를 차지하는 영광도 안았습니다.

그리고 2학년 말이었던 1974년 12월 31일, 전국 최연소로 선반기능사 1급 자격을 취득하게 되었습니다.

아무리 혹독한 훈련을 했더라도 고등학생이 쉽게 딸 수 있는 자격증은 결코 아니었습니다. 돌이켜보면 정말로 제 적성에 맞았던 것 같아요.

제가 기능사 1급 취득하자 학교 전체가 흥분했습니다.

당시 실업계 고등학교에서는 기능사 2급 자격증을 따는 학생이 한 반에 한두 명에 불과했어요. 끝내 2급도 못 따고 졸업하는 경우가 수두룩했죠.

부산실고생기능경기대회 은메달 수상

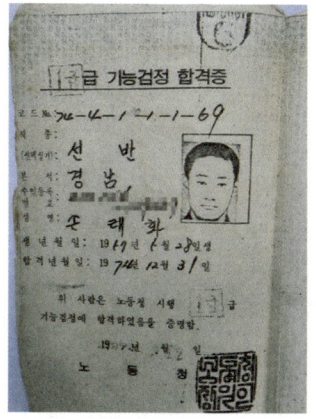

선반기능사 1급 자격증

그런데 제가 2학년 1학기 초에 2급을, 2학년 2학기 말에는 1급을 전국 최연소로 취득했으니, 학교 전체가 놀라고 환호하는 것이 당연했습니다.

'기능인의 길이 적성에 맞는 걸까?'

고등학교 입학 전까진 생각지도 못한 일이었습니다. 제가 어떤 일에 재능이 있는지 점검해 볼 기회가 없었기 때문입니다. 기계나 공작에 흥미가 있지도 않았고요.
어쨌든 저는 새로운 길에서 순조로운 출발을 시작했습니다.

학교의
전설이 되다

　2학년 2학기에 학생회장 선거가 있었습니다. 당시 기계과에서 인기가 많았던 제가 자연스럽게 후보로 추천되었죠.
　그런데 뜻밖에도 등록이 반려되었어요. 이유는 성적 때문이었습니다.
　당시 부산공업고등학교는 미국 ADI 차관사업으로 만들어진 신축 교사로 이전한 상태였습니다. 실습 기자재도 모두 최신 설비를 갖추고 있었죠. 수업은 대학교처럼 과목별 교실로 이동하는 시스템이었고, 한 반에 40명의 학생이 있었습니다.
　저는 평균적으로 40명 중 18등에서 21등 사이를 왔다 갔다 했어요. 기계과 선반 특활에 전념했기 때문이었죠.
　그런데 학교 학칙엔 '반 성적 상위 30% 이내여야 학생회장에 출마할 수 있다'는 조항이 있었습니다. 당시로선 전혀 예상하지 못했던 벽이었어요.

제가 학교에서 워낙 이름이 알려진 학생이다 보니 교무회의가 열렸습니다. 당시 교사가 120명 정도였는데, 전원이 참석한 교무회의에서 논의가 진행됐습니다. 결론은 학칙 개정 불허였지요.

결국 전교 1등 하던 같은 반 친구가 저 대신 후보로 나섰습니다. 하지만 결과는 예상 밖이었어요. 그 친구를 누르고 토목과 후보가 당선된 겁니다.

토목과는 학교 50년 역사상 한 번도 학생회장을 배출하지 못했습니다. 반이 하나뿐이었고 인원수도 40명에 불과했으니까요. 그에 비해 기계과는 3개 반에 120명 규모였지요. 인원수가 세 배나 차이 났는데도 선거 결과가 뒤집힌 거였습니다.

제 생각에 그 이유는 단순히 공부만 잘하는 학생이 후보가 되었다는 것에 대한 학생들의 저항감과 반항심이었던 것 같습니다. 단지 성적 때문에 출마조차 못한 저에 대한 아쉬움과 안타까움도 있었겠지요.

어쨌든 시간이 흘러 졸업을 했습니다. 졸업 당시 제 성적은 전교 1등이었지요.

시간이 흐른 뒤 총동창회가 열렸습니다. 거기서 저는 의외의 사실을 알게 되었어요. 개교 이래 처음으로 학생회장이 되었던 토목과 동창보다, 출마조차 못했던 제가 후배들 사이에서 더 유명했다는 사실이었습니다. 총동창회에 참석했을 때 후배들이 먼저 다가와서 "선배님이 바로 그 손태화 선배님이십니까?" "말씀 많이 들었습니다 선배님."이라고 얘기해줘서 알게 되었죠.

학생회장은 못했지만 졸업 후에도 손태화라는 이름 석 자가 학교에 전설처럼 남아 있었던 것입니다.

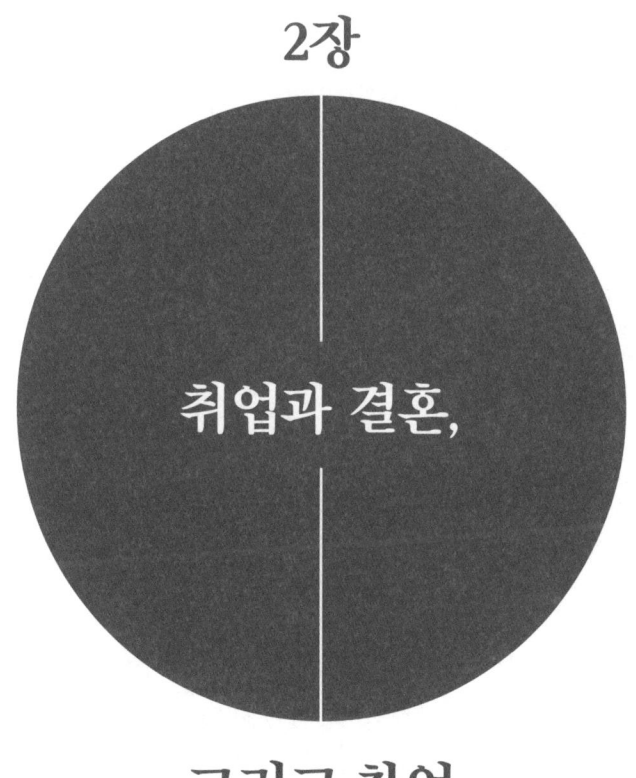

2장

취업과 결혼,

그리고 창업

고등학교를 졸업하고
제2의 고향, 마산에 오다

3학년 2학기, 졸업을 앞두고 실업계 고등학교답게 취업 시즌이 찾아왔습니다. 저는 여러 개의 기능사 자격증을 취득해둔 덕분에 갈 수 있는 회사도 많았지만, 군 복무를 면제받을 수 있는 방위산업체에 들어가고 싶었습니다.

당시 문관 5급 시험에 합격해 M16 소총을 생산하는 대우정밀에 공개채용으로 입사했습니다. 성적도 우수해서 기대가 컸지만, 배정된 보직은 현장 기능공이었습니다. 당시 월급은 3만 8천 원 정도였어요.

얼마 후, 같이 일하던 현장 선배들이 그러시더군요.

"자네 같은 인재가 여기서 5년을 보내는 건 너무 아까워. 대학에 가서 더 큰 인물이 되어보게."

그 조언이 큰 울림이 되었습니다. 결국 입사 두 달 만에 사표를 내고 서울로 올라갔어요. 그리고 한국기계연구원 부설 전문학교의 치공구 설계학과에 입학했습니다.

이 학과는 1976년에 처음 생긴 신설 학과였어요. 당시 우리나라는 '공업입국'을 외치며 산업화의 길을 막 걷기 시작하던 시기였는데, 종합대학에는 아직 이런 특화된 학과가 개설되어 있지 않았습니다. 그래서 전문학교 중심으로 실력 있는 기술인을 양성하고 있었죠.

학교 생활 중에 에피소드가 하나 있었습니다.

치공구 설계과 1학년 2학기였을 때였습니다. 저는 정밀측정사 2급 자격시험에 응시했어요.

사실 이 시험은 정밀측정과 2학년 졸업시험과정으로, 해당 학과 학생들이 2년간 준비해서 응시하는 시험이었습니다.

결과는 충격적이었습니다. 정밀측정과 2학년생들은 전부 떨어지고 저 혼자만 붙은 겁니다. 학교가 완전히 뒤집어졌어요. 교수님들은 이게 무슨 일이냐며 회의를 소집했고, 학장님은 재단에 시말서를 제출했습니다. 원래는 1년에 한 번뿐이던 정밀측정사 시험이 예외적으로 한 번 더 치러졌을 정도로 난리가 났지요.

이듬해인 1977년, 저는 졸업을 앞두고 다시 방위산업체에 취업하기 위해 준비했습니다. 12월 말 이전에 입사하면 특례보충역으로 5년간 근무하고 군 면제를 받을 수 있었기 때문입니다.

저는 학교 지도교수이자 학과장이셨던 교수님께 찾아가서 진로에 대해 조언을 구했습니다. 교수님은 흔쾌히 추천서를 써 주시고 방위산업체 대표이사님께 직접 전화를 걸어 주셨습니다.

추천서를 들고 경기도 부천에 본사가 있는 한일단조㈜라는 회사에 찾아갔습니다. 사장님이 이력서와 추천서를 보시고 교수님 전화를 받았다며 이렇게 말씀하셨습니다.

"훌륭한 인재로군요. 연고지가 경남이라면 창원공장에서 일해보는 게 어때요? 마침 창원공장이 막 신설된 상태라서."

이렇게 1977년 겨울, 창원공장에 배치되어 마산시 양덕동에 보금자리를 마련하게 됐습니다.

고향인 밀양에서는 중학교 졸업까지 15년을 살았고, 부산에서 고등학교 3년, 서울에서 전문학교 2년을 보냈습니다. 부산과 서울을 거쳐 마산에서 터를 잡고 살아온 지 벌써 48년이 되었네요.

마산은 이제 제2의 고향이 아닙니다. 제 열정을 아낌없이 바치고, 삶의 대부분을 함께한 진짜 고향이 되었습니다.

25살의 나이에
대한민국 2호 기능장이 되다

저는 기능공 자격을 갖고 특례보충역으로 군 복무를 대신하며 현장에서 근무했습니다. 취업한 지 6개월 만에 금형반 반장으로 임명되었고, 이후에는 기술개발부서, 품질관리부서, 생산관리부서 등 여러 부서에서 관리자 역할을 맡았습니다.

하지만 상황은 녹록지 않았습니다. 5년간 5~6차례나 인사이동을 당했습니다. 봉급 인상 시기나 승진이 가까워지면 어김없이 현장으로 다시 발령이 났고, 급여 인상률도 늘 낮게 책정됐습니다. 승진도 동료들보다 항상 늦었습니다.

그렇게 시간이 흘러 1980년 3월, 저는 마침내 결심했습니다.

"이대로는 안 되겠어. 공부를 더 하자."

그래서 창원기능대학(현 한국폴리텍Ⅶ대학) 기계공작학과 야간 과정에 입학했습니다.

수업이 오후 5시에 시작되었기 때문에 회사 업무를 4시 30분 이전에 마쳐야 했습니다. 다행히 회사의 허락을 받아 30분 먼저 퇴근할 수 있었습니다. 주경야독의 삶이 시작된 것입니다.

당시 제가 다니던 회사는 단조업체였습니다. 에너지 절약을 위해 점심시간이 30분밖에 없었고, 업무 시간은 오전 8시 30분부터 오후 5시까지였습니다. 하지만 실제론 거의 매일 연장근무를 해서 오후 8시 30분까지 근무하는 경우가 많았습니다.

학교 수업은 매일 오후 5시부터 밤 10시 30분까지 이어졌습니다. 자가용도 없던 시절이라 마지막 버스를 타고 집에 가는 일이 다반사였죠.

그렇게 버티다 보니 1981년 초에 생산관리계장으로 승진하게 되었습니다. 하지만 전임자는 저보다 1년 늦게 입사했음에도 과장대리로 진급했죠. 이유는 수도권 전문대학 졸업과 군 복무 이력이었습니다. 급여도, 직급도 늘 그 친구가 먼저였어요.

전임자는 매달 말이면 이틀, 삼일씩 밤을 새우며 다음 달 생산계획과 당월 실적 보고서를 작성했습니다. 하지만 저는 매일 학교에 가야 했기 때문에 밤샘 근무가 불가능했습니다.

그런데도 제가 생산관리를 맡은 이후 생산 실적이 오히려 증가했습니다. 생산 지표도 전부 향상되었죠. 그러자 회사 사람들이 수군거리기 시작했어요.

"이상하네. 밤새워 일한 사람보다, 30분 먼저 퇴근하는 사람이 실적이 더 좋다니?"

결국 회사 임원진과 사장님께서 저를 다시 보시기 시작했고, 제 역량을 인정해주셨습니다.

이듬해인 1982년 2월, 저는 창원기능대학을 우수한 성적으로 졸업했습니다. 몇 달 뒤인 6월 25일에는 기계가공 기능장 자격시험에 최연소로 합격했습니다. 스물다섯 약관의 나이에 대한민국 최고의 기능 엔지니어가 된 것입니다.

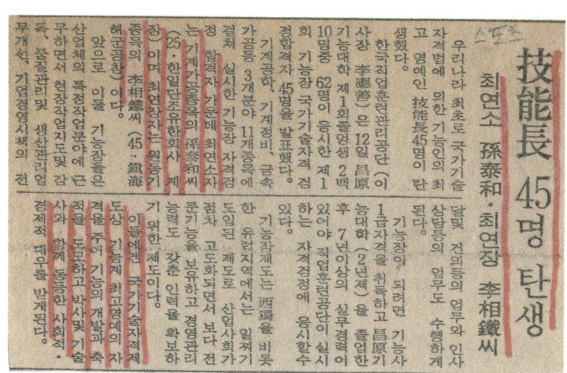

기능장 자격증 사진

그러자 고등학교 때부터 주위를 놀라게 했던 일들이 떠올랐습니다. 전공하지도 않은 분야의 자격증을 전공자들보다 빨리 땄던 일들…. 그런 일이 한 번이 아니었죠.

이쯤 되니 인정하지 않을 수 없었습니다.

"이 길이 바로 내 길이었구나!"

기술 분야에는 세 가지 정상(頂上)이 있다고들 합니다. 학문적으론 박사, 이론적으로는 기술사, 그리고 현장 기능의 최정상은 기능장입니다. 남들은 대학을 다니거나 사회생활을 시작하는 나이에 세 정상 중의 하나에 오른 것입니다. .

회사에서도 사장님께 표창장을 받았고, KBS·MBC·월간조선 등 주요 언론사에 보도가 되었으며, 지역 언론까지 대서특필 되었습니다. 심지어 당시 전두환 대통령께서 기능장 합격자 45명을 청와대로 초청하셨습니다

그리고 그곳에 모인 기능장 합격자를 향해 축사를 해 주셨습니다.

"여러분은 이 나라의 보배요, 공업입국의 선봉장입니다."

청와대 경내 투어와 함께 영빈관 만찬을 했습니다. 제 인생에서 가장 영광스럽고 뭉클한 순간 중 하나였습니다.

하지만 재직 중인 회사에서는 처우 개선이 없었습니다. 표창장은 받았지만, 직급이나 직위, 그리고 급여가 이전과 똑같았지요.

다른 기업에서는 기능장에게 1계급 특진이나 급여 인상 등의 혜택이 주어졌지만, 제가 몸담고 있던 회사에서는 특별히 우대해 주는 것이 없었던 것입니다.

저는 그 당시 설계와 제조 두 분야를 모두 할 줄 알았습니다. 고등학교와 직장에서는 제조를, 전문학교에서는 설계를 배웠기 때문입니다. 사

실 이 두 가지를 다 할 수 있는 사람은 드뭅니다. 설계를 하는 사람은 제조 현장을 잘 모르고, 제조를 하던 사람은 설계를 어려워하죠. 하지만 저는 둘 다 겸비한 문무겸전의 인재였습니다.

여기에 더해 기능장까지 됐는데도 아무런 혜택도 받지 못한 것입니다. 특례보충역 기간이 6개월이나 남았다는 이유였습니다.

저는 이를 악물며 다짐했습니다.

'6개월만 더 버티자. 그때는 자유의 몸이니까!'

3부 기능장, 사업가, 그리고 정치인 : 나의 인생 이야기

오기로 맺어진
평생의 최고 반려자

저는 고등학교 때부터 객지에서 하숙이나 자취를 하며 지냈습니다. 그래서 이성에 대해 생각할 겨를이 없었죠. 서울에서 대학을 다닐 때도 미팅 한 번 한 적이 없는 말 그대로 '쑥맥'이었습니다. 여자 친구도 사귀어 본 적이 없었고요.

1978년 마산시 양덕동에 취업한 이듬해 봄, 선친께서 제 명의로 1층 주택을 한 채 구입해 주셨습니다. 당시 집값은 1,050만 원이었습니다.

당시 집을 팔았던 분이 큰방과 거실을 전세로 살고 있었습니다. 전세금은 850만 원이었어요. 저는 문간방에 자취하며 살았죠. 집주인이 자기 집에 세 들어 사는 것 같은 모양새였지만 상관없었어요. 젊은 총각 혼자 살았으니까요.

어느 날, 큰방 아주머니께서 조심스럽게 말을 꺼내셨습니다.

"총각, 우리 집안에 예쁜 막내 여동생이 있는데 한번 만나볼래요?"

저는 못 들은 척 웃으며 넘겼습니다. 그런데 집에서 마주칠 때마다 권하시더라고요.

"그래도 한번 만나보는 게 어때요?"

그러던 어느 날, 따뜻한 4월의 봄날이었습니다. 부산에 계시던 고종사촌 형수님께서 연락을 주셨습니다.

"부산에 참한 친구 딸이 있는데 한번 만나보겠나?"

선보는 날이 정해졌습니다. 그 당시 시골에서 온 사람들은 부산에서 만날 일이 있을 때, 역 앞 지하도 건너편에 있는 호텔 1층 다방을 많이 이용했습니다. 저도 그날 그 다방에서 오후 2시에 보기로 약속을 잡았죠. 그걸 어떻게 아셨는지 몰라도 큰방 아주머니가 다시 말을 꺼내셨습니다.

"가는 김에 우리 여동생도 한번 만나봐요. 초읍동에 살고 있는데 괜찮은 아이예요."
"예? 오늘 선보는 날인데요?"
"오전에 보고 가면 되죠."

결국 오전 11시에 초읍동 어린이대공원 앞에 있는 가내공업 주택을 찾아갔습니다. 처음 맞선을 보는 자리였는데, 신부 측 부모님과 형제들도 같이 나와 계시더군요. 저는 혼자라서 꽤 난감했습니다.

선을 본 뒤 인근 식당에서 점심까지 함께하고, 여자 분과 단둘이 어린이대공원에 잠깐 들렀습니다.

공원에 들어갈 땐 날씨가 맑았는데, 밖으로 나오니 갑자기 소낙비가 쏟아졌습니다.

"이거 큰일이네, 우산도 안 가져왔는데…"

다행히 잠시 뒤, 소나기가 뚝 그쳤습니다. 저는 부산역 앞 맞선 장소로 가는 대신, 대신동에 있던 형수님 댁으로 갔습니다.

형수님께서 저를 보자마자 말씀하셨어요.

"선 보러 온 사람이 반소매 티를 입고 오믄 우짜노? 국제시장 가서 양복 하나 사 입고 가자."

하지만 저는 고개를 저었습니다.

"형수님, 사람 보러 가는 거지 옷 보러 가는 거 아니잖아요."

결국 그 차림 그대로 부산역 앞 다방에 갔습니다. 다방에는 여자분 가족이 7~8명이나 와 있었고, 저는 형수님과 단둘이 참석했어요. 상대 여성은 부산의 모 여상을 졸업하고 무역회사 지점장실 비서로 근무 중이었고, 아버님은 배정초등학교 교감 선생님이셨습니다.

그분을 보니 외모도 단정하고 말씨도 차분해서 제 마음에 쏙 들었습니다. 함께 나온 부모님과 친지들이 저에게 이것저것 많이 물어보셨습니다.

맞선이 끝나고 형수님께서 귀띔하셨습니다.

"아가씨가 마음에 들면 태종대 바닷가 드라이브라도 함께 가보자고 말해봐."

그래서 조심스럽게 물어봤습니다.

"혹시 오후에 시간 되시면 태종대라도 한 바퀴…?"

하지만 돌아온 대답은 단호했습니다.

"오늘 약속이 있어서 안 됩니다."

며칠 뒤, 형수님께서 전화를 주셨습니다.

"그 여자가 도련님이 나이가 한 살 작아서 마음이 안 내킨다더라. 미안하네."

그 말을 듣고 나니 오기가 생기더군요.

"그래? 그렇다면……!"

그날 오전에 초읍에서 먼저 만났던 아가씨가 생각났습니다. 처음엔 너무 시골스럽고 평범해 보여 별 감흥이 없었는데, 두 번째 맞선에서 거절당해서 그런지 몰라도 친근하게 느껴졌습니다.

그래서 번호를 알아내서 전화를 드렸습니다. 막상 전화를 걸려니 많은 용기가 필요하더군요.

"저, 그날 오전에 잠깐 뵀던 사람인데요. 혹시 주말에 시간 되시면 한번 뵙고 싶습니다."

그렇게 만남이 시작되었습니다. 주말마다 마산과 부산을 오가며 열 번쯤 만났지요. 어느새 정이 들고 서로에 대한 신뢰도 깊어졌습니다. 그래서 그해 8월, 제가 살던 집에서 약혼식을 치렀습니다.

신기하게도 약혼식 날에도 소낙비가 잠시 내렸다가 햇살이 비쳤습니다. 마산 광암해수욕장으로 나들이를 나섰지만 금방 돌아왔어요. 도로 포장 상태가 엉망이라 걸어다니기 힘들었거든요.

그 후에도 주말마다 만나며 사랑을 키워갔습니다. 그로부터 몇 달 뒤인 1978년 12월 10일, 마침내 결혼식을 올리게 되었습니다.

사랑히는 아내와 신혼생활은 너무나도 행복하고 달콤했습니다.

5년의 강제복무,
3년의 경영수업,
그리고 창업하다

결혼한 지 4년 뒤에 둘째 딸이 태어났습니다. 수입은 넉넉하지 않았지만 가정은 화목했습니다. 착한 아내와 귀여운 아이들과 함께하는 일상은 저에게 기쁨과 삶의 의미, 그리고 보람을 안겨주기에 충분했지요.

그 무렵 신문을 보는데 대기업 대졸 사원 공개모집 공고들이 눈에 띄었습니다.

"그래, 더 나은 대우를 받을 수 있는 곳으로 가자!"

저는 벽산그룹 공개모집에 지원했습니다. 다행히 경력사원으로 합격해 계열사인 동산물산㈜ 창원공장 생산관리과장으로 발령받았습니다.

그런데 특례보충역 만기제대 통보가 오지 않았습니다. 결국 입사 후보름 만에 원래 회사로 복귀할 수밖에 없었습니다.

얼마 뒤에야 만기제대 통보를 받을 수 있었습니다. 5년 동안의 군 복무가 그제야 끝난 거였죠. 그 순간 느꼈던 해방감은 말로 다 표현할 수 없었습니다.

'이제야 진짜 내 인생을 시작할 수 있겠구나!'

즉시 사직서를 제출했습니다. 사직서의 사유란에는 이렇게 썼습니다.

"5년 동안 불이익을 감수하며 근무한 것이 너무 억울합니다. 대우받고 인정받는 회사로 옮기기 위해 사직합니다."

며칠 후, 회사에서 연락이 왔습니다.

"며칠 뒤에 사장님이 내려오실 예정인데요, 이 사직 사유로는 결재받기 어려워요. 사유를 바꿔주셔야 될 것 같은데요?"
"어떻게 바꾸라는 말씀이십니까?"
"지금 창원기능대학 교수 모집 중이라던데요. 그걸로 하시죠. 교수 되려고 사직한다고요."

사실 저는 이미 교수 모집에 원서를 낸 상태였습니다. 결국 사직 사유를 그렇게 정정했고, 회사와도 깔끔하게 마무리할 수 있었습니다.

그렇게 5년간 다녔던 회사를 정리한 뒤, 제 이름을 걸고 〈화성정

88년 화성정밀 공장 준공식 후 직원들과 함께

밀〉이라는 기계부품개발업체를 창업했습니다. 1985년 10월, 제 나이 스물여덟 때였습니다.

    그전까지의 3년은 최소한의 경영수업이었던 셈입니다. 다양한 회사를 거치며 실무 경험을 쌓았으니까요. 구체적으로 말씀드리면 동산물산㈜에서 생산관리과장을 시작으로, 화천기계㈜에 특별 채용되어 생산관리과장을 맡았으며, 대명공업㈜, 우림기계공업㈜을 거쳐 항공기 부품 제조업체인 한국치공구㈜에서 생산관리과장을 거쳤습니다. 불과 20대 후반의 나이에 많은 회사에서 생산 관련 중책들을 역임한 셈이죠.

    이처럼 여러 회사를 거치며 어떻게 운영해야 성공하는지, 어디에서 문제가 발생하는지 몸소 배우게 되었습니다.

    창업 직후부터 매출이 가파르게 상승했습니다. 1년이 멀다 하고 공장을 확장했고, 창업 3년 차에는 봉암공업단지 내에 자가 공장을 신축하였습니다. 대기업 계열사인 LG산전㈜을 주거래처로 확보한 뒤부터는 더욱 빠르고 안정적으로 자리잡을 수 있었습니다. 요즘 말로 강소기업이 된 것입니다.

독고다이와
도전 부장을 아십니까

　지금의 양덕1동 행정복지센터 맞은편에 주차장이 하나 있었습니다. 당시에는 차가 적어서 주차장이 늘 한산했어요. '마이카 시대'가 시작되기 직전이었을까요. 차가 없으니 주차장 주인은 동네 사람들과 장기나 두면서 빈둥거렸죠.

　그분이 주차장을 반으로 잘라서 저한테 세를 줬어요. 여기다 공장 지으라고요. 그때 월세가 30만 원이었는데 주차장에서 버는 수입보다 훨씬 많았죠. 그때 30만 원은 큰돈이었거든요.

　그렇게 주차장 자리에 무허가 공장을 짓기 시작했습니다. 그때는 무허가 건물이 드물지 않았어요. 동사무소에 관련 신고가 종종 접수될 정도였죠. "여기 무허가 건물 짓고 있어요!"라고요.

　그렇게 신고를 받으면 그냥 둘 수가 없잖아요? 동사무소에서 사람이 나와서 무허가 건물을 부숴 버렸어요. 그런 일을 하는 사람을 '독고다이(또는 도꾸다이)'라고 불렀습니다.

무허가 건물의 파괴자, 독고다이! 무슨 삼류영화 제목 같지만 기세가 등등했어요. '오함마' 같은 걸 갖고 와서 진짜로 부숴 버렸으니까요. 요즘에는 상상도 할 수 없는 일인데 실제로 보면 살벌합니다.

문제는 그런 '독고다이'들이 우리 공장에도 왔다는 겁니다. 우루루 몰려와서 짓고 있던 공장을 막 부숴버려요. 그걸 보고 제가 울부짖었죠.

"아이고 다 뿌수지 말고 쪼매만 뿌수이소!"

그랬더니 조금만 부순 다음 사진을 몇 장 찍어갔어요. 그날은 그렇게 넘겼는데 며칠 있다가 또 왔습니다. 이번에도 제가 소리쳤어요.

"우리만 무허가가? 온 동네가 다 무허간데 와 내 한테만 이래쌓노!"

독고다이들한테 통사정도 하고 화도 내 보고, 결국 몇 푼 쥐여주고 돌려보냈어요. 이렇게 천신만고(?) 끝에 공장을 다 지었는데 또 다른 문제가 생겼어요. 전기가 안 들어오는 겁니다. 한전에서 전기를 안 넣어주더라고요. 무허가 건물이라고.

공장에 전기가 안 들어오는데 어떻게 일을 하겠습니까? 그래서 이러지도 못하고 저러지도 못하고 있는데, '난닝구' 입고 장기 두던 주차장 주인 아저씨가 묻더라고요.

"손 사장! 그 공장 안 돌리고 뭐 하요?"
"사장님 그기 아이라요… 무허가라꼬 전기를 안 넣어준다 아입니까?"
"머라꼬? 아니 그거를 와 이제야 이야기를 하노?"
"네? 그게 무슨…?"
"내하고 맨날 장기 뚜던 사람이 도전 부장 아이가?"
"네? 그게 진짭니까?"

알고 보니 주차장 주인 아저씨와 장기 두던 아재가 한국전력 도전 부장이었던 겁니다. 도전 부장이 뭐하는 사람이냐면 전기 도둑놈 잡는 사람이었어요. 80년대엔 도둑 전기 쓰는 사람이 엄청 많았거든요. 전봇대에 몰래 선을 이어서 전기를 끌어다 쓰는 거죠.

그러고 보니 우리나라도 예전엔 참 터프했었네요. 무허가 건물에 그 무허가 건물을 부수러 다니는 독고다이들이 있질 않나, 전기 도둑질에 그 전기 도둑놈 잡으러 다니는 도전 부장이 있지 않나…. 참 어메이징하지 않습니까?

주차장 주인 아저씨가 도전 부장을 불러서 이야기를 해줬어요.

"요 공장에 전기 쫌 넣어주소. 내 땅에다 공장을 지어놨다 아인교?"
"마 그라입시다! 삼일만 있어 보이소!"

정말로 3일 후에 전기가 들어왔습니다.
도전 부장님이 풍채도 좋았는데 정식 직위는 부장이 아니라 반장이더라고요. 이유는 모르겠는데 도전 반장이라고 안 하고 도전 부장이라고 불렀어요. 한전 소속은 아니었고 용역 직원이었죠.

이렇게 힘들게 공장을 개업한 게 1985년 10월의 어느 날, 제 나이 스물여덟 때였습니다. 그 후 1년 동안 열심히 일해서 돈 많이 벌고 공장을 옮겼습니다. 일거리가 밀려왔고 사업이 잘 돼서 더 큰 공장이 필요했거든요. 30평짜리에서 100평짜리로 옮겨갔어요.

늦둥이 아들을 위해
선거판에서 뛰어다닌 울 엄니

1부에서 말씀드렸듯이 저는 고 노태우 대통령의 6·29 선언 이후에 정계에 발을 들여놓았습니다. 6·29 선언이 발표되던 1987년 8월, 〈사단법인 한국청년지도자연합〉 전국조직에 참여하며 본격적으로 정치에 입문하게 되었지요.

사업을 시작한 지 5년쯤 되었고 회사에도 현금 여유가 좀 생겼을 때였습니다.

'부동산에 투자할까? 아니면 회사를 더 키울까?'

망설이다가 경남 함안군 법수면 강주리에 있는 공장부지 2,000평을 현금으로 매입하고 화성정공㈜을 설립했습니다. 또 하나의 강소 중소기업을 만든 것입니다.

그 해 1991년 3월, 30년 만에 지방의원 선거가 부활했습니다. 당시 저는 화성정공의 신축공장을 계획하고 있을 때였습니다.

'이대로 기업인이자 기능인의 길을 걸을 것인가? 아니면 본격적으로 정치를 시작할 것인가?'

고민하던 저는 만 33살의 젊은 나이로 마산시 의원으로 출마했습니다. 하지만 결과는 2등이었습니다. 난생 처음 지방의원선거에 뛰어들어 낙선의 고배를 마신 것입니다.

다음 선거 전략 1호는 '지역 주민 속으로 들어가자'였습니다. 제가 결혼 후 이사를 21번 했는데, 그중 절반이 선거 때문에 한 거였습니다. 그 첫 번째가 바로 이때였죠. 위장전입 같은 게 아니라 표가 있는 동네에 뛰어 들어가서 주민들을 내 편으로 만들겠다는 거였어요. 호랑이를 잡으려면 호랑이굴에 들어가야 한다는 거였죠. 그만큼 자신이 있었거든요.

저는 잘나가던 회사를 뒤로하고 지역구 활동을, 가정보다 주민을 우선하기 시작했습니다.

제 어머니는 시골에서 농사만 짓던 분이셨습니다. 그런데도 제가 선거에 나가자, 아무 연고도 없는 도시에 올라와 하루 종일 함께 선거운동을 해 주셨어요.

"야야 촌에서 평생 농사만 짓던 내가 무슨 선거운동이고? 그래도 니가 하겠다니 도와야지!"

어머니는 늦둥이 아들이 선거에 출마하자 아들을 위해 남아 있던 에너지를 한꺼번에 다 태우시고는, 선거가 끝난 지 1년도 채 되지 않아 돌아가셨습니다. 아버지께서 이미 1983년에 돌아가신 상태에서 어머니마저 돌아가시니, 저는 진짜로 고아가 된 기분, 아니 고아가 되었습니다.

제 아버지는 '기마이'가 좋은 분이셨어요. '기마이'라는 건 경상도 사투리인데 남들에게 밥도 잘 사고, 술도 잘 베푸는 넉넉한 성품을 뜻합니다. 부모님 두 분 모두 시골에서 평생 고생만 하시다 늦은 나이에 저를

보셨죠. 선친이 마흔한 살 되시던 해에 제가 태어났으니까요.

세월이 흘러 저 또한 세 아이의 아버지가 되었습니다.

우리 집은 딸 둘에 아들 하나, 삼남매입니다. 위로 딸이 둘 있고, 막내가 아들인데 다들 결혼했습니다.

장녀는 작년 겨울에 결혼하여 세종특별자치시에 살고 있어요. 장남은 8년 차 육군 중사로, 현재 경기도 의정부시에서 나라를 지키고 있습니다. 스물여덟의 나이에 두 살 아들과 갓 태어난 딸을 둔 든든한 가장이기도 합니다. 작은딸은 외손자 둘을 낳아 시부모와 친정 부모 곁에서 효부·효녀 노릇을 하고 있고요.

외손자 둘과 친손자, 친손녀를 둔 할아버지가 된 지금도 부모님이 그립습니다.

효도 한번 받아보지 못하고 왜 그렇게 일찍 가셨습니까?

목메어 불러 봅니다.

어머니! 어머니! 울 엄마 보고 싶어요.

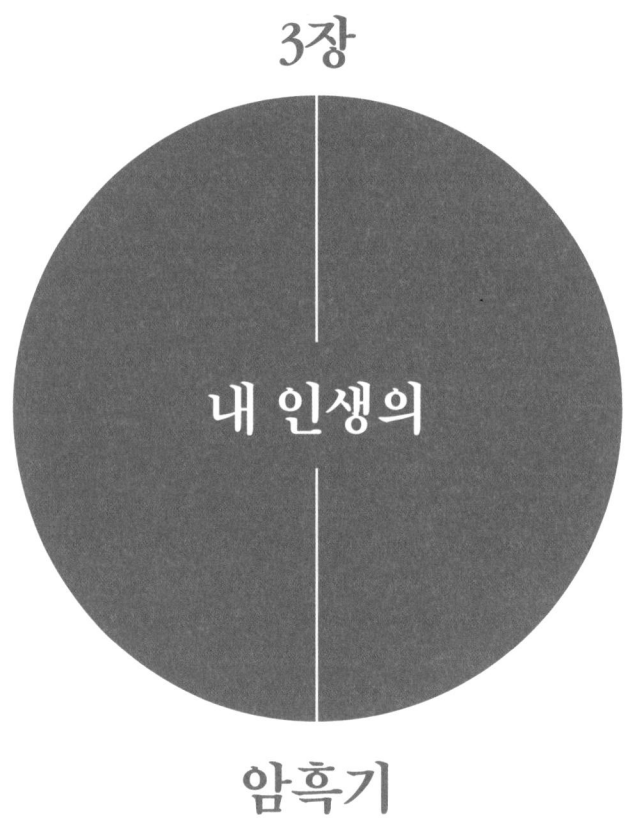

3장

내 인생의

암흑기

잘나가던
청년 사업가 시절

　이미 말씀드렸듯이 저는 스물다섯 살에 대한민국 최초·최연소로 기능장 시험에 합격했습니다. 그리고 3년 정도 세 개의 다른 회사를 다니다가 스물여덟에 980만 원 들고 창업을 했지요. 이 회사가 바로 1985년에 세운 화성정밀입니다.

　서른도 안 된 젊은 놈이 회사를 만들었는데 해마다 100%씩 성장했어요. 회사나 자영업 해본 분들은 아시겠지만 이거 대단한 겁니다. 그렇게 20년을 꾸준히 키워왔어요.

　지금도 마찬가지지만 IMF 이전에는 100대 기업 순위가 있었습니다. 기업에도 서열이 있었던 거죠. 그중에 10대 그룹 안에 드는 회사들 중에서 창원에 있는 공장 여덟 군데랑 직접 거래를 했어요. 그것도 기성품이 아니라 신규 개발품을 개발했었죠.

개발품이라는 게 만들긴 어려워도 부가가치가 엄청 높아요. 그러니까 그 8개 대기업에 들어가는 물량 자체는 크지 않아도, 그런 개발품 덕분에 제가 사업 기반을 닦을 수 있었던 거죠. 대기업 1차벤더 되는 것도 진짜 힘든데, 8군데나 뚫었단 말이에요. 삼성, 대우, 한국중공업, LG, 현대 로템, 기아, 위아…. 기아는 나중에 부도나서 현대자동차그룹에 인수되었고, 계열사였던 기아중공업이 현대위아가 되었습니다.

하여튼 이런 큰 회사 8군데에 양산품 말고 개발품을 납품할 기술이 있었다는 게 대단한 거죠. 그래서 20년 만에 법인을 3개나 만들 수 있었고요.

그중에서도 특히 LG산전㈜이 주 거래처였어요. 회사 매출의 80%가 거기서 나왔죠. 그래서 LG산전만 있으면 우리 회사는 평생 문제없을 거라고 철석같이 믿었습니다.

특히 우리가 초창기부터 개발해서 거의 독점으로 납품하던 제품이 LG산전의 주력 상품이었거든요. LG산전이 망할 리는 없다고 생각했으니까, 죽을 때까지 회사가 탄탄할 줄 알았어요.

근데 그게 완전 착각이었어요. 1997년 11월에 IMF 외환위기가 터졌잖아요. 나라가 부도날 판이었죠. 근데 웃긴 건, IMF가 터지고 나서 우리 회사 일감이 오히려 더 늘었다는 거예요. 새 제품 개발 의뢰도 막 들어오고. 매출이 한 150%는 늘었을 거예요. 근데 그게 오히려 독이 됐어요. 다른 회사들은 망해나가는데 우리는 일이 넘쳐나니까, '와, 좋다!' 하면서 막 투자를 더 해버린 거죠.

그러는 사이에 김대중 정부 들어서고 IMF를 3년 만에 졸업했잖아요? 그때 그룹마다 회사 하나씩 내놓으라고 했어요. 외국에 매각해서 외화를 벌어들여야 했으니까요. 근데 하필이면 우리 매출 80%를 책임지던 LG산전㈜가 다국적 기업인 오티스(OTS)라는 데 5천억에 팔려 넘어간 거예요. 오티스는 엘리베이터 분야 세계 1위 기업이거든요.

당시에 우리 회사가 개발해서 독점으로 납품하던 품목의 마진이 60%나 되었어요. 10억 팔면 6억이 남으니까 뭐, 자고 일어나면 돈이었죠. 그래서 괜찮을 줄 알았는데… 오티스로 팔리고 딱 3년 뒤, 그러니까 IMF 터지고 3년 뒤인 2000년 8월 31일에, 제가 가진 법인 3개랑 개인 회사 1개가 몽땅 다 날아가 버렸어요.

오티스로 넘어가고 3년 동안은 물량이 한 30~50% 늘기도 했지만, 정확히 3년 지나니까 우리가 독점으로 납품하던 걸 100% 중국 공장으로 옮겨버리더라고요. 하루아침에 매출 80%가 그냥 사라져 버린 거죠.

그게 다가 아니었어요. 하필이면 그때 제가 판단을 잘못해서 큰 실수를 몇 개 범했습니다. 그 결과 잘 나가던 회사가 망했으니 결국 사장인 제가 잘못한 거죠.

저의 첫 번째 실수는 외화 환율 변동제 대출이 뭔지도 모르고 덜컥 받은 거였어요.

1995년에 일본에서 기계를 하나 들여오는데 5억 정도 필요했거든요. 그때 국내 대출 금리가 한 8%쯤 했는데, 외화 환율 변동금리 대출로 빌리면 5%밖에 안 한다는 거예요. 5억에 3% 이자가 확 줄잖아요? 그때 직원 월급이 100만~120만 원 할 때니까, 그 이자 아끼면 직원 한 명 월급은 나오겠다 싶었죠. 그래서 덜컥 외화 대출을 받았어요. 환율 변동이 뭔지도 모르고요. 5년 동안 원금이랑 이자 나눠 갚는 조건이었는데, 그때

원/달러 환율이 870원 정도였어요.

근데 1997년에 IMF가 빵 터지니까 환율이 2,000원 가까이 뛰어버린 거예요. 3년 동안 갚아서 원금이 한 2억 남았는데, 환율이 세 배 가까이 오르니까 남은 빚이 갑자기 5억, 6억으로 불어나 버렸죠. 거기다 이자를 제때 못 내니까 연체이자가 5~6% 하던 게 25%까지 올라갔어요. 그래도 IMF 동안 일감이 많아서 그 뒤로 3년은 어떻게든 버텼는데, 결국 이게 제 발목을 잡은 큰 원인이 됐어요. 만약 그냥 8%짜리 국내 대출을 썼더라면, 어쩌면 회사를 살릴 수도 있었을지 몰라요.

두 번째 실수는 부도난 회사를 경매로 덜컥 사들인 거였어요. IMF 터지기 직전인 1997년 10월에 벌어진 일이었죠.

부도난 회사를 낙찰받고 잔금을 치르기도 전에 IMF가 터졌는데, 거래하던 은행에서 제대로 검토도 안 하고 덜컥 대출을 해줘 버린 거예요. 이 상황에서 IMF 때문에 거래처들이 줄줄이 쓰러졌고, 그로 인해 받아야 할 돈을 한 푼도 못 받게 되었어요. 결국 은행에서 거액을 대출받아서 매출이 없는 깡통 회사를 인수한 꼴이 된 겁니다.

제가 그 회사 지분 51%를 가진 대주주였기 때문에 모든 책임을 다 뒤집어쓰고 고소까지 당했습니다.

세 번째 실수는 IMF 오기 1년 전에 경남은행 공모주에 돈을 묶어둔 거였어요. 경남은행이 나중에 부도나서 부산은행이랑 합병됐잖아요? 그 은행이 IMF 오기 1년쯤 전에 주식 공모를 했어요.

그때 경남은행 임원이 제안을 하더라고요. 경남은행에서 1억 원을 신용 대출해드릴 테니 그걸로 주당 5천 원짜리 주식을 매입하시라고요. 그땐 제가 신용이 좋았거든요.

근데 또 추가로 43%를 배정해 준대요. 그래서 4,300만 원을 추가로 대출받았죠. 총 1억 4,300만 원어치 주식을 은행에 맡겨둔 셈인데, 신용 대출이다 보니 은행이 그냥 가져간 꼴이 되어버렸어요. 담보도 아닌데 말이죠. 그 상태에서 IMF 때문에 은행이 망해 버렸고, 1억 4,300만 원이 싹 묶여버리고 말았어요. 이번에도 제게 남은 건 거액의 빚뿐이었죠.

주변 사람들이 다 그래요. 그때 그 주식 투자만 안 했어도, 지금쯤 번듯한 중견기업 사장이 되어 있을 거라고요.

뭐, 그것도 제 팔자겠지요.

마지막으로 제가 정치에 발을 들인 것도 문제였어요. 그때가 97년이니까 제가 한 마흔 살쯤 됐을 땐데, 사업도 잘되고 시의원 선거 나가서 덜컥 당선되고 재선까지 되니까, 뭐 세상이 다 내 것 같더라고요. 그래서 '공장은 이제 알아서 잘 돌아가겠지' 하고 시의원 일에 확 빠져버렸어요.

기업 하는 사람은 기업에만 집중해야지, 저처럼 양다리 걸치면 안 된다는 걸 그때 깨달았어요. 사람들이 다 그래요. 손태화가 시의원만 안 했어도 지금쯤 진짜 괜찮은 강소기업 사장 하고 있을 거라고. 뭐, 기업이 안정적이라고 제가 판단을 잘못한 거죠. IMF만 안 터졌으면 괜찮았을지도 모르지만요.

하여튼 저는 하나에 빠지면 확 몰두하는 스타일이라, 시의원 일이 너무 재밌어서 회사 일은 뒷전이 되어버린 거예요. 그러다 보니 이런저런 문제들을 제대로 못 챙긴 거죠.

그래서 사업하시는 분들한테 꼭 말해주고 싶어요. 사업 좀 잘된다고 정치판을 기웃거리거나, 다른 데 한눈팔면 절대 안 된다고요.

결국 이런 것들이 다 겹친 거예요. 은행 도와주려다 돈 묶인 거, 환율 변동 대출이 뭔지도 모르고 받은 거, 괜히 비싼 기계 산 거, 부실 회사 인수한 거, 그리고 정치한다고 회사에 소홀했던 거… 이런 제 잘못된 판단들 때문에 20년 넘게 키운 회사가 하루아침에 그냥 사라져 버린 거죠.

그렇게 쫄딱 망하고 나서는 한 3~4년 동안 시의원도 떨어지고, 정말 먹을 게 없어서 일주일에 2~3일씩 굶고… 그런 시절도 있었어요. 진짜 뼈아픈 경험이었죠.

"정치하다 회사 부도 낸 놈은 사람 취급도 안 한다"

　IMF 터지고 3년 만인 2000년 8월 31일에 회사가 최종 부도 처리됐고, 2006년 6월 지방선거에서도 떨어지고 나니… 20년 넘게 피땀 흘려 일군 사업체는 경매로 넘어가고, 살던 집까지 경매로 날아가 버렸어요. 다섯 식구가 보증금도 없는 달셋방을 전전해야 하는 신세가 된 거죠.
　IMF로 인해 수많은 기업들이 망하던 그때, 어떤 사장들은 미리 계획을 세워서 회삿돈을 빼돌렸다는 말이 나돌았습니다. 하지만 저는 정말 단 한 푼도 손대지 않았어요. 오히려 직원들이 피해를 입지 않도록 최선을 다했죠. 직원들이 월급과 퇴직금을 100% 다 받아 갈 수 있도록 모든 조치를 완료하고 나온 겁니다.
　왜 그렇게 했냐고요? 그때 제가 마산시의회 의원이었거든요. 회사가 2000년 8월 31일에 부도가 났는데도 제가 2002년 6월 지방선거에서 3

선으로 또 당선될 수 있었던 것은, 회사가 망하는 상황 속에서도 시민들께 피해 준 게 없었기 때문이라고 생각해요.

회사가 날아갔을 때 저는 40대 중반이었어요. 한창 일할 나이였고 기술만큼은 대한민국 최고라는 자부심도 있었죠. 그래서 어떻게든 다시 취직하려고 발버둥을 쳤습니다.

근데 면접만 봤다 하면 떨어지는 거예요. 사업 말아먹은 경험, 신용불량자 딱지, 그리고 정치인 출신이라는 꼬리표 때문에 번번이 퇴짜를 맞았죠.

그래도 저는 지금 당당하게 말할 수 있어요. 왜냐? 앞에서 말씀드린 것처럼 회사가 부도났을 때, 정말 1원 하나 손 안 대고 맨몸으로 나왔기 때문이에요. 우리 회사 규모면 마음만 먹었으면 한 3~4억은 충분히 빼돌릴 수 있었지만 그러지 않았죠. 그래서 지금 이렇게 얼굴 들고 이야기할 수 있는 거예요. 만약 그때 제가 못된 마음 먹고 돈을 빼돌렸거나, 시의원 할 때 여기저기서 몇백만 원, 천만 원씩 빌려 쓰고 안 갚았다고 생각해보세요. 지금 이렇게 사람들 앞에 나설 수 있었겠어요? 어림도 없죠.

제가 그때 부도낸 어음들…. 그거 다 막아주고 갚아줬어요. 결국 남한테 받을 돈 못 받아서 제가 망한 거지만, 그것도 후회는 안 해요. 사람 인생에는 다 전환점이라는 게 있잖아요.

그렇게 바닥을 치고 나서, 2006년에서 2007년쯤이었나? 제가 기술이 있으니까 어떻게든 취직하려고 정말 여기저기 많이 돌아다녔어요. 회사 CEO 자리도 면접 보고, 심지어 이름만 걸어놓는 '바지사장' 자리라도 있으면 하려고 알아봤다니까요. 좋은 건 아니지만 당장 집에 식구들이 먹을 쌀이 없는데 뭘 가리겠어요. 그 과정에서 정말 초라하고 서러운 일도 많이 겪었죠.

창원공단에 '환웅정공㈜'이라는 회사가 있었어요. 원래 우리 회사랑 경쟁하던 곳이었죠. 그래도 찾아갔습니다. 당장 먹고 살아야 하니까요. 회사에 들어가 보니 우리 회사에 있던 것과 같은 기종의 대형 기계들이 돌아가고 있더라고요. 그때는 그런 큰 기계를 가진 데가 환웅하고 우리 회사밖에 없었거든요.

잠시 후, 사무실에서 회장님하고 마주 앉아 입사 면접을 봤어요.

처음에는 분위기가 괜찮았어요. 그분이 저보다 나이도 훨씬 많으셨고 (지금은 돌아가셨지만), 저를 뭐 조카나 동생처럼 좋게 봐주시는 느낌이었죠. 근무 조건이랑 연봉까지 다 이야기가 끝나고, '아, 이번에는 진짜 취직이 되려나 보다' 싶어서 웃으면서 자리에서 일어섰어요. 그랬더니 회장님도 같이 일어서면서 물으시더라고요.

"아, 근데 회사 정리는 어찌 했습니까?"
"부도나서 싹 망했습니다."
"그카모 지금 신용불량자겠네?"
"예."
"에이, 그라믄 안 되긋다."

신용불량자라서 채용할 수 없다는 말이었죠. 그때 회사 문을 나서는데 정말 눈물이 핑 돌더라고요.

어느 날은 이런 일도 있었어요. 경남은행 부행장까지 지낸 분이 계셨는데, 오래전부터 친구처럼 지내는 사이였습니다.

그 친구가 그때 경남은행에서 제일 큰 지점에 지점장으로 있었어요. 원래 창원 대로변 끝에 있었는데 심산유곡 안으로 옮긴 지점이었죠.

아무튼 그 친구를 찾아가서 말했습니다.

"야, 너거 은행하고 거래하는 회사 중에 좀 괜찮은 데 없나? 내 좀 소개시켜 도. 사장 자리 아니어도 괜찮다. 관리직이라도 일 좀 하게."

그 친구가 저를 응시하며 입을 열었습니다.

"손 의원님, 제 말 잘 들으세요."
"응??"
"기업하는 사람들은요, 정치하다가 부도난 놈은 사람 취급도 안 합니다."

와…! 그 말을 듣는 순간 머리가 띵하더군요. 그날 이후로는 더 이상 이력서 들고 어디 찾아가지 않았어요.

말이 너무 심한 거 아니냐고요? 그때는 저도 그렇게 생각했죠. 근데 지금은 오히려 그 친구한테 고마워요. 그때 그렇게 직설적으로 현실을 말해주지 않았다면, 계속 여기저기 머리 숙이고 다니며 비굴하게 살았을지도 모르니까요.

생의 좌절과 새로운 도전
: 눈물 젖은 빵을 먹어본 사람!

　앞에서도 이야기했지만 저는 IMF 터지고 3년 후에 사업이 망했습니다. 2006년엔 지방선거도 떨어졌고요. 그해 가을에는 집까지 경매로 넘어가 버렸어요. 정말 빈손으로 쫓겨나다시피 이사를 해야 했죠. 사업 실패 때문에 스트레스는 있는 대로 받고, 돈이 없어서 일주일에 두세 번은 점심을 굶는 날이 허다했어요. 정말 하루하루가 절망이었죠.
　그런데 어느 순간부터 오른쪽 눈이 점점 흐릿해지기 시작하더군요. 하지만 병원 갈 돈이 없었어요. 치료받을 돈이 없으니 그냥 버틸 수밖에 없었죠.
　그렇게 한 1년쯤 지났나? 오른쪽 눈이 아예 안 보이게 됐어요. 완전히 깜깜해진 거죠. 근데 가족들한테는 차마 말을 못 하겠더라고요. 그때가 제 인생에서 가장 힘들었던 때였어요. 이러고 사느니 차라리 죽는 게 낫겠다, 그런 생각밖에 안 들더라고요. IMF 때 사업 실패해서 목숨 끊은 기업인들 소식이 막 뉴스에 나오던 때가 있었잖아요? 아, 사람이 이런 상황이 되면 진짜 죽음을 생각하는구나, 싶었어요.

제가 스물여덟에 제조업 시작해서 20년 넘게 남 부러울 것 없이 살았거든요. 지방 정치인으로 데뷔해서 3선 의원까지 하면서 명예도 얻었고요. 근데 돈 때문에 이렇게 바닥까지 떨어지니까… 절망과 좌절밖에 안 남더라고요. 그냥 내 한 목숨 끊어버리면 다 해결될까? 그런 생각에 날짜까지 잡고 죽을 준비를 했어요.

근데 디데이를 며칠 앞두고 가만히 제 삶을 돌아봤어요. 죽을 힘이 있으면 그 힘으로 다시 일어설 수도 있지 않을까? 다시 한번 해보자. 나는 할 수 있다. 그렇게 마음을 다잡았죠.

얼마 후인 2010년 봄.

제가 제2의 고향이라고 부르던 양덕동에서 아는 분 두 분이 저를 찾아오셨어요. 6월에 있을 지방선거에 꼭 출마하라고 권하시더라고요.

처음엔 당연히 거절했죠. 주머니에 땡전 한 푼 없었으니까요. 선거 치르려면 4~5천만 원은 들 텐데, 빈털터리인 제가 그걸 어떻게 마련합니까?

근데 일주일 뒤에 두 분이 다시 찾아오셨어요. 이번에는 선거구가 바뀌어서 한 선거구에서 3명이나 뽑게 됐다는 거예요. 무소속이라도 좋으니 출마만 해달라고, 출마만 하면 동네 주민들이 선거운동 다 해줄 거라고도 하셨습니다.

저는 며칠 고민한 끝에 나가기로 결심했어요.

여기까지는 1부에서 말씀드린 그대로인데요, 이번에는 가족들의 반대와 제 오른쪽 눈에 대해 말씀드리겠습니다.

민주당에 낼 공천 서류 준비할 때 가족들이 엄청 반대했어요. 특히 아내가 절대 안 된다고 하더군요. 민주당 깃발 들고 나갔다가 애들까지 동네에서 고개도 못 들고 다니게 할 거냐고 역정을 냈어요.

하는 수 없이 가족회의까지 열어서 설득했습니다. 이번에는 된다고, 마지막으로 기회를 달라고 싹싹 빌었죠.

이렇게 우여곡절 끝에 민주당 공천을 받고 선거에 나갔습니다.

이미 오른쪽 눈이 안 보인 지 1년이 훌쩍 넘은 때였어요. 그냥 가만히 있어도 불편한데, 선거운동 기간에는 수많은 사람들을 만나서 인사하고 다녀야 하잖아요? 한쪽 눈이 안 보이니까 거리감도 없고 사람 얼굴도 제대로 분간하기 힘들고… 정말 비참했죠.

몇 달 뒤인 2010년 6월 2일 선거 결과가 나왔어요. 제가 2등으로 떡하니 당선이 되었죠. 재기의 발판을 마련한 셈이었습니다. 이제 다시 살길이 열리는구나 싶었죠. 매달 20일이면 꼬박꼬박 월급이 나왔으니까요.

근데 당선되자마자 문제가 터졌어요. 빚쟁이들이 월급을 홀랑 압류해버린 거예요. 그때 월급이 한 300만 원 정도 됐는데, 거기서 180만 원 정도가 압류로 빠져나가고 실제 제 손에 들어오는 건 120만 원 남짓이었어요.

당선되거나 15% 이상 득표한 후보에게는 선거비용을 100% 돌려주거든요? 그때 선거비용 한도가 4,500만 원 정도였는데, 저는 한 절반쯤인 2,300만 원 정도 썼던 걸로 기억해요. 근데 그 돌려받을 선거비용마저 싹다 압류가 된 거예요. 선거 치르면서 빌린 돈도 있는데 갚을 길이 막막했죠. 정말 사면초가였습니다.

그래도 어쩌겠어요. 매달 120만 원이라도 꼬박꼬박 들어오니 최저 생계는 유지할 수 있었죠. 선거 끝나고 아내도 다시 직장을 구해서 살림에 보탰고요. 그렇게 한 1년쯤 지나니까, 여전히 어렵긴 했지만 그래도 밥은 굶지 않게 되더라고요.

월급 받으면서 의료보험료도 꼬박꼬박 내게 되니까, 그제야 눈 치료를 해야겠다는 생각이 들었어요. 그때까지도 제가 오른쪽 눈이 안 보인다는 사실을 아무도 몰랐어요. 결국 창원삼성병원에서 두 번, 서울삼성병원에서 세 번, 총 다섯 번의 수술을 받았죠. 1년이 훌쩍 넘는 기간 동안 수술하고 회복하고…

그때 의사 선생님한테 엄청 혼났어요. 왜 이렇게 될 때까지 병원에 안 오고 방치해서 합병증까지 오게 만들었냐고요. 제 속도 모르고 말이죠.

원래 제 시력은 양쪽 다 1.2에서 1.5로 엄청 좋았거든요. 수술받고 나서 왼쪽 눈은 1.1까지 회복됐고, 오른쪽 눈은 0.8까지 돌아왔어요. 완전히 안 보이던 눈이 다시 보이게 된 거죠! 제 인생이 정말 절망적이었는데, 시력을 되찾고 나니 새로운 삶이 시작된 것 같았어요. 다시 세상이 밝아 보였죠.

이 자리를 빌려서 다시 한번 감사 인사를 드리고 싶네요. 그때 창원삼성병원 안과에 계셨던 이은철 교수님, 그리고 삼성병원 관계자 여러분, 정말 고맙습니다.

그렇게 눈도 고치고 좀 안정이 되니까, 2012년 여름에 친구 도움을 받아서 개인회생을 신청하게 됐어요. 얼마간의 법원 조사가 끝나고 결과가 나왔습니다. 2012년 10월부터 2017년 9월까지 5년 동안, 제 월급에서 매달 160만 원 정도를 꼬박꼬박 갚으면 빚을 탕감해주겠다고 하더라고요. 개인회생이 받아들여진 거죠.

　그 후로 저는 선거에서 계속 당선이 됐고, 2017년 9월에 드디어 개인회생을 졸업했습니다! 그때부터는 월급을 100% 다 받을 수 있게 됐고, 수입의 50%를 먼저 떼어 저축을 하고 있답니다. 우리 다섯 식구가 다들 직장 다니면서 생활에 여유가 생기기 시작했거든요.

　아내는 나이가 많지만, 경제활동을 위해 지금도 여전히 직장에 다니고 있어요.

　아내에게는 늘 고맙고, 또 미안한 마음뿐입니다.

4장

소소하고 소중한

일상 이야기

새싹 정치 아카데미에 후원하세요

제가 2~3년 전에 꿈을 하나 추가했던 적이 있어요. 지금은 거의 포기 상태에 있지만요.

그래도 포기하지 않을 겁니다. "꿈은 이루어진다!" 라는 게 제 믿음이니까요.

제 꿈이 뭐냐고요?

"장학재단을 만들자!"

이게 제 새로운 꿈이에요. 이름은 '새싹 정치 아카데미 장학회'입니다. 정관까지 다 만들어놨어요.

방법은 간단합니다. 1년에 20만 원씩 낼 수 있는 사람 100명만 모으면 끝!

　100명 곱하기 20만 원 하면 얼마예요? 2천만 원이죠. 이 2천만 원으로 장학사업을 하는 겁니다. 1년에 20만 원이면 한 달에 2만 원도 안 돼요. 사람들이 그 정도는 낼 수 있잖아요? 여유 있는 사람들은 장학회 회원이나 이사로 임명해서 100만 원씩 내도록 하고, 그밖에도 독지가들이 몇천만 원, 몇억 원씩 낼 수도 있죠.

　보통 장학금은 공부 잘하는 아이나 가정 형편이 어려운 아이들한테 줍니다. 근데 저희 새싹 정치 아카데미 장학회는 달라요. 초등학교 회장한테 50만 원, 100만 원씩 주고, 중학교 학생회장한테도 그렇게 주려고 합니다.

　우리 선거구에 초등학교가 6개, 중학교 5개, 고등학교 4개, 대학교 1개가 있거든요. 2천만 원이면 초등학교에 50만 원, 중·고등학교에 100만 원, 대학생은 200만 원 줄 수 있어요.

　왜 이렇게 하냐고요?

　'정치 DNA'를 가진 아이들을 키우기 위해서예요. 정치 DNA를 가진 학생들은 성장 후에 어떤 식으로든 리더가 되거나 정치에 투신하게 되거든요. 저 자신이 그랬으니 잘 알죠. 누가 시킨 것도 아닌데 아이스케키 통 둘러메고 "내 쫌 찍어도!"하며 선거운동하고 돌아다녔던 어린 시절의 저처럼요.

　그랬던 저처럼 정치 DNA를 가진 아이들에게 장학금을 줘서 격려하고 북돋아주고 싶습니다. 이를 위해 '후원자 100명 명단'을 실제로 만들기도 했어요. 80여 명까지는 짜놨는데 다른 일이 생겨서 일시중지한 상태입니다. 정관까지 만들어서 장학법인으로 준비하고 있긴 한데 쉽지 않네요. 은퇴하고 나서 제대로 시도해 볼까 싶어요.

선진국 아이들은 10대부터 정치 수업을 받는 경우가 흔해요. 10대 중후반부터 정치를 배우면 20대 중후반에 이미 10년차 정치인이 되죠. 정치 조기교육, 정치 영재교육인 셈입니다.

정치 선진국에서는 이게 당연한데 우리나라는 너무 열악하고 관심이 없어요. 지방정치든 중앙정치든 빨라야 30대, 보통 4~50대가 되어서야 정치를 시작하죠. 그러다 보니 경험도 짧고 정치 마인드도 부족합니다. 청년 정치인의 비율이 낮아서 연령 대표성도 떨어지고요.

청년층의 정치 효용감을 높이고 정치 참여를 독려하기 위해서라도 청년 의원의 수가 늘어나야 합니다.

목공예에 꽂혀
100개의 도마를 만들다

2020년 4월 15일은 제21대 국회의원 선거일이었어요. 선거운동 기간 전인 1월 15일부터 2월 말일까지, 유튜브를 통해 한 달 보름 동안 목공예를 공부했습니다. 낮에는 선거운동을 하고, 밤에는 인터넷을 뒤져 목공용 기계를 구매해서 작업을 계속했지요.

갑자기 목공에 도마라니, 그것도 선거운동 기간에 도마를 만들다니, 좀 뜬금없죠?

어떻게 하다 보니 제가 도마 만들기에 꽂혔어요. 그래서 재료와 장비를 마련해서 도마 만들기를 시작했죠. 기계 구입비와 공구 구입비가 한 2천만 원 정도 들었는데, 그거 마련하려고 적금 깨고 딸한테까지 손을 벌렸어요. 도마 100개 만들 나무 재료비도 한 300만 원 들었으니, 하나당 재료비만 3만 원꼴이었죠.

선거 끝나고 바로 다음 날인 4월 16일부터 딱 한 달 보름 동안, 정말 도마 만드는 데만 매달렸어요. 매일 새벽 6시에 일어나서 밤 10시까지, 밥도 한두 끼만 겨우 챙겨 먹으면서 작업했죠. 누가 가르쳐 준 사람도 없었어요. 그냥 유튜브 보면서 완전 독학으로 한 거예요. 인터넷에 있는 영상이랑 자료 찾아보면서 나무 깎고 다듬고… 근데 이게 생각보다 쉽지 않더라구요. 나무라는 게 어찌나 다루기 까다로운지, 차라리 철을 가공하는 게 더 쉽겠다는 생각이 들 정도였어요.

공방은 주택에 딸린 창고를 개조해서 만들었어요. 거기서 100개의 도마를 전부 옛날 방식으로, 핸드메이드(Hand Made)로 만들었죠. 근데 문제가 생기기 시작했어요.

첫 번째는 진동 문제였어요. 처음엔 몰랐는데, 나무 표면을 손으로 매끈하게 문지르는 작업을 계속하다 보니까 그 진동이 손을 타고 온몸으로 그대로 전달되는 거예요.

음악 하는 사람들 악기 광낼 때는 기계로 하잖아요? 근데 저는 이걸 전부 손으로 마감하려니 그 진동이 몸에 계속 쌓인 거죠. 이 문제가 심각하다는 걸 깨달은 건 한참이 지난 뒤였어요. 손가락 마디마디 관절이 아프고 감각이 이상해지는 걸 느꼈거든요.

두 번째는 먼지 문제였어요. 나무를 깎고 다듬으니 미세한 나무 먼지가 엄청나게 날릴 거 아니에요? 공방이

집이랑 좀 떨어져 있긴 했는데도, 한 달 보름쯤 지나니까 그 먼지가 집 안까지 날아 들어오는 거예요. 자주 청소하는 곳은 몰랐는데, 침대 밑이나 창틀처럼 잘 안 보이는 곳엔 먼지가 뽀얗게 쌓여 있더라고요.

결국 아내한테 딱 걸렸죠. 집에서는 창문을 다 닫아놔도 먼지가 들어온다고 난리가 난 거예요. 동네에서 민원이 들어오진 않았지만 집에서 쫓겨날 판이었지요.

그렇게 한 달 반 동안 정말 미친 듯이 도마 100개를 만들었고, 그걸 또 다 팔았어요. 사람들이 제가 만든 도마를 보더니 딱 알아보더라고요. 이 정도 품질이면 인터넷에서 한 10만 원에서 15만 원은 받을 수 있겠다고요. 근데 저는 그냥 재료비만 받고 팔았어요. 보통 5만 원에서 7만 원 정도 받았고, 좀 비싼 건 10만 원까지 받았죠.

사람들이 와서 하나씩 사 가는 게 아니라, 보통 두세 개씩 집어가더라고요. 고맙다고 초음파 세척기나 대나무 솔 같은 것도 덤으로 챙겨주고요.

가족들한테도 나눠줬죠. 군대에 있는 아들놈도 휴가 나와서 가져가고, 경찰 공무원 하는 작은딸도 선물한다고 가져갔어요. 근데 제가 그때 선출직 공무원 신분이었잖아요? 그래서 공짜로 주면 말 나올까 봐 가족들한테도 전부 재료비는 받았어요. 괜히 공짜로 줬다가 누구는 주고 누구는 안 줬네, 이런 소문나면 골치 아파지니까요. 딸이랑 아들이 와서 제일 좋은 나무로 만든 걸 골라도 딱 정가대로 받았죠.

"야, 이거 최고 좋은 건데. 10만 원 내놔라."

이러면서 딸, 아들한테도 공짜로는 안 줬어요.

그렇게 도마 100개를 팔면서 딱 한 번 클레임이 들어왔어요. 선거운동 도와줬던 분 중에 한 분이 도마를 사 가셨는데, 전화가 온 거예요. 도마에 곰팡이가 폈다고요.

확인해보니 곰팡이가 아니라 나무 자체의 색깔이었어요. 도마로 쓰는 나무 중에는 원래 푸른색, 붉은색, 황토색 같은 다양한 색깔이 섞여 있는 종류가 있거든요. 그걸 곰팡이로 오해하신 거죠. 제가 차근차근 설명해 드렸어요. 심지어 저는 작업 과정을 전부 사진이랑 영상으로 찍어뒀거든요. 핸드폰 보여주면서 이게 곰팡이가 아니라 원래 나무 색깔이라고 증명까지 해드렸죠.

결국 도마 만들기는 딱 한 달 보름만에 접어야 했어요. 만들어서 파는 것까지는 성공적이었지만, 손에 무리가 오는 진동 문제, 온 집안을 뒤덮는 먼지 때문에 아내한테 잔소리를 너무 많이 들었거든요.

더 이상 진행은 무리라고 판단하고 공방 문을 닫고, 사용했던 기계는 모두 밀양 무연마을의 <무연스테이 문화센터 목공체험장>에 기증했답니다. 무연마을이 특화사업 공모에 선정되어 목공예실이 준공된다는 소식을 듣게 되었기 때문입니다. 목공기계, 목공자재 등 500만 원 상당을 기증하자, 저에게 감사패를 만들어 주더군요.

짧지만 강렬했던 경험이었어요.

새로운 기술,
드론과 사랑에 빠지다!

제가 요즘 푹 빠진 게 바로 '드론'이에요. 이 드론 산업이라는 게 앞으로 가능성이 정말 무궁무진하거든요. 스포츠 쪽으로도 그렇고, 군사적으로도 그렇고, 산업 현장에서도 쓸 데가 정말 많아요.

흔히들 중국이 전 세계 드론 시장의 70~80%를 장악하고 있다고 알고 있는데, 제가 자료를 찾아보니까 꼭 그렇지만도 않더라고요. 물론 우리가 흔히 보는 촬영용 드론 같은 거는 중국이 많이 만들지만, 군사용 고급 무인기까지 다 따지면 미국이 훨씬 앞서요. 한 2~3년 전 자료이긴 한데, 미국이 전 세계 시장의 32%인가를 차지하고, 중국은 그 절반인 16% 정도밖에 안 돼요. 우리나라는 뭐 보이지도 않고요.

하지만 반대로 보면 우리나라 시장이 앞으로 엄청나게 커질 수 있다는 이야기도 됩니다.

제 나이가 이제 제조업을 새로 시작하긴 좀 그렇잖아요? 그래서 저는 이제 이 분야에 뛰어들고 싶어 하는 젊은 친구들을 키워서, 그 친구들이 성공하는 걸 보면서 희열을 느끼려고 해요.

저도 드론 1종 조종사 자격증을 땄어요. 이게 제일 높은 등급인데 절대 쉽게 딸 수 없어요. 우선 공인된 교육 기관에 가서 이론 강의를 20시간 수강해야 해요. 수강 완료 후 이론 시험을 보는데, 여기서 70점 이상 취득하고 비행시간 20시간을 채워야 시험 자격이 주어집니다. 혼자서 20시간 날리는 건 인정 안 해줘요.

교육기관에 가서 한 번에 20분 정도 날리면 그게 0.3시간으로 인정되는데, 그렇게 20시간을 다 채우고 공인 시험관 앞에서 1종 비행시험을 통과해야 자격증이 발급됩니다. 마치 운전면허 시험과 같은 거죠. 제가 한번 미치면 진짜 끝을 볼 때까지 하거든요. 돈이고 시간이고 다 쏟아붓는 거죠.

이제 교관(강사) 자격증까지 따려고 하는데, 100시간의 비행시간은 다 채웠고 대전에 가서 2박 3일 교육받고 이론 시험만 70점 넘기면 되거든요. 근데 제가 1년 넘게 그 2박 3일 시간을 못 내서 아직 마무리를 못하고 있네요.

그러다가 우연히 마산대학교에 드론 관련 학과가 있다는 걸 알게 됐어요. 2023년 연말쯤인가 공고 마감 며칠 전에 그 소식을 듣고 바로 원서 넣어서 지금 2학년 재학 중에 있습니다. 장학금도 엄청 많이 받아요. 제가 다자녀(다둥이) 아빠잖아요.

요즘엔 애 둘부터 다자녀 혜택 준다면서요? 저는 셋이나 된답니다. 한 학기 등록금이 258만 원 정도인데, 국가장학금도 나오고, 다자녀 장학금도 나오고 해서 부담 없이 다니고 있습니다. 대충 다니는 게 아니라 평생을 배워야 한다는 일념으로 열심히 나가고 있어요. 제 나이가 많은 건 아무 상관 없습니다.

저만 하는 게 아니라 창원시의회 동료 의원들과 의회 직원들 19명에게도 막 독려했어요. 그래서 많이들 드론 자격증을 땄죠. 자격증이 있는 시의회 직원들은 행사가 있을 때 직접 드론으로 촬영도 한답니다.

알고 보면 드론으로 할 수 있는 일이 정말 많아요. 크게 보면 세 가지 기술이 필요한데, 첫째는 드론을 설계하는 기술, 둘째는 실제로 만드는 제작 기술, 셋째는 드론이 알아서 날아다니면서 쇼도 하고 임무도 수행하게 하는 코딩 기술이에요. 이 세 가지가 합쳐져야 진짜 드론 산업이 발전하는 거죠.

특히 저는 산업 현장에서의 드론 활용 가능성을 높게 봐요. 예를 들어 고속도로 교량 같은 거 안전 진단할 때, 예전에는 사람들이 직접 올라가서 눈으로 확인해야 했잖아요? 이게 엄청 위험하고 번거롭죠.

근데 이제는 드론 띄워서 정밀 촬영하고 그 영상을 분석하면 훨씬 안전하고 정확하게 할 수 있어요. 아파트 외벽 균열 같은 것도 마찬가지고요.

이런 구조물 정밀 촬영 및 안전 진단 분야는 앞으로 전 세계적으로 수요가 엄청날 거예요. 일본만 해도 기반 시설이 다 낡았는데 사람이 일일이 점검하기는 힘들잖아요? 우리나라도 곧 그런 시기가 올 거고요.

그러면 이런 안전 진단 컨설팅 회사를 차린다고 생각해 보세요. 뭐가 필요할까요? 첫째, 드론으로 정밀하게 촬영하는 기술이 있어야겠죠? 둘째, 촬영한 영상을 보고 문제를 분석할 줄 알아야 하고요. 셋째, 그런

드론 비행 전 점검 모습

    정밀 촬영에 맞는 특수 드론을 직접 만들거나 개조할 수도 있어야겠죠. 넷째, 이런 과정을 자동화하거나 분석을 돕는 코딩 기술까지 있으면 금상첨화고요. 이 네 가지를 다 갖춘 회사가 앞으로 각광받을 거라고 봐요.

    제가 실제로 서른 살짜리 청년 두 명을 컨설팅 해줘서 이런 쪽으로 법인을 창업하도록 도와줬어요. 제가 나중에 의원을 그만두더라도 그 회사 고문이나 컨설턴트로 계속 활동할 수 있겠죠. 하하, 제가 원래 기계 쪽은 또 전문가잖아요? 고등학교 때부터 기계 기술 자격증 따기 시작해서 대한민국 최고 수준까지 올라갔으니까요.

    하여튼 드론! 이거 정말 물건입니다. 앞으로 이 분야에서 젊은 친구들이 마음껏 꿈을 펼칠 수 있도록 제가 가진 경험과 지식으로 열심히 돕고 싶어요.

사랑하는
내 아들 딸에게

요즘 애들 키우는 거 보면 좀 안타까울 때가 많아요. 부모들이 너무 공부, 공부하니까 사교육비는 사교육비대로 깨지고, 애들은 애들대로 삐뚤어지는 경우도 많은 것 같고요. 제 생각은 그래요.

우리 애들 이야길 좀 해볼게요. 제가 우리 둘째 딸을 엔지니어로 만들고 싶었어요. 딸이 마산여고를 졸업했는데, 성적이 꽤 좋아서 서울에 있는 명문대를 갈 실력이 됐었거든요.

하지만 저는 부산에 있는 부경대학교 정보통신공학부에 가라고 했어요. 휴대폰 만드는 거 전공하라고요. 그게 제 인생의 큰 실수 중 하나예요. 지금도 딸한테 "아빠가 그때 정말 미안했다"고 이야기하곤 해요.

사실 딸아이는 선생님이 되고 싶어 했어요. 근데 제가 억지로 공학도를 만들려고 한 거죠. 그때 제가 무슨 생각으로 그랬냐면, 우리 딸이

82년생인데, '앞으로 5년, 7년 뒤면 대한민국 전자 산업이 완전히 뒤집어질 거다. 그러니 지금 당장 좋아 보이는 거 말고 미래 유망한 걸 전공해야 한다'고 판단했던 거예요. 대학 들어갈 때 잘나가는 거 말고, 졸업할 때쯤 세상이 어떻게 변할지를 봐야 한다고 생각했죠.

그래서 선생 되겠다는 애를 설득하고 설득해서 정보통신공학부, 그것도 휴대폰 전공으로 보낸 거예요.

처음에는 성적이 좋으니까 입학할 때 50% 장학금도 받고, 2학년 때까지는 잘했어요. 근데 3학년 돼서 전공 심화 과정에 들어가니까 문제가 생긴 거예요. 정보통신이나 전자공학은 결국 수학 싸움이잖아요. 근데 제가 몰랐던 거예요. 우리 딸이 생각보다 수학에 약하다는 것을!

알고 보니 여자애들이 상대적으로 수학을 힘들어 하더라고요. 저는 그것도 모르고 있었어요. 1, 2학년 때는 교양과목 위주니까 괜찮았는데, 전공 들어가면서 성적이 뚝뚝 떨어지기 시작한 거죠.

결국 졸업할 때쯤 되니까 성적이 애매해져서 삼성전자 같은 좋은 회사엔 원서 내밀기도 힘들어졌어요. 한전에 가려고 해도 잘 안 됐고…. 결국 번번이 취직에 실패했죠. 하필 그때 저희 집안 형편이 바닥을 치던 때라, 딸애를 제대로 챙겨주지도 못했어요. 제가 쫄딱 망해서 앞가림도 못하고 있는데 자식이라고 어떻게 챙길 방법이 없잖아요.

딸애는 맨날 밖에 나갔다가 밤늦게 들어오고…. 뭐 하고 다니는지 제대로 물어볼 마음의 여유조차 없었어요.

나중에 알고 보니 어디 가서 가정교사 아르바이트 같은 걸 하고 있더라고요. 그러다 제가 정말 월세 낼 돈도 없을 정도로 형편이 어려워졌을 때, 염치 불구하고 딸한테 부탁을 했어요.

"지영아… 너 요즘 뭐 하니? 아빠가 정말 힘든데… 혹시 돈 좀….."

그때 제 심정이 어땠겠어요? 아비 체면이 정말 말이 아니었죠.

우리 집사람도 마찬가지예요. 사업 망하기 전까지는 전업주부로서 내조만 하고, 경제적으로 큰 책임감 없이 무난하게 지내 왔죠. 그랬는데 하루아침에 월세방을 전전하는 신세가 됐으니… 지금 웃으면서 이야기하지만, 그때 생각하면 정말 눈물이 앞을 가립니다.

근데 또 신기한 건 우리 아들놈이에요. 그 녀석은 초등학교 3학년 때부터 집이 어려워서 스스로 라면 끓여 먹고 컸거든요? 근데 그렇게 어려운 환경에서도 엇나가지 않고 반듯하게 잘 자라줬어요. 만약 그때 부모가 옆에서 이래라저래라 간섭하거나 이상한 기대를 걸었다면 오히려 삐뚤어졌을 수도 있겠다 싶어요.

그래서 저는 이런 생각을 해요. 애들 교육비 많이 든다고 애 안 낳고 그러잖아요? 근데 제 경험으로는, 애는 그냥 낳아서 좀 어렵게 커도 괜찮은 것 같아요. 오히려 그렇게 큰 애들이 더 강하게 크고 성공하는 경우도 많더라고요. 요즘 보면 오히려 너무 풍족하게 자란 애들이 마약에 손대거나 엇나가는 경우도 많잖아요?

제가 뭐 교육 전문가는 아니지만, 부모는 그냥 애가 뭘 하고 싶어 하는지, 뭘 잘하는지, 그 적성을 찾아주는 역할만 하면 된다고 생각해요. 부모 욕심대로 이끌려고 하니까 자꾸 사교육에 의존하게 되고 돈만 많이 드는 거죠. 저는 그런 사교육은 별로 마음에 안 들어요.

그냥 애들은 믿고 좀 놔두면, 자기 앞길 알아서 잘 찾아가는 것 같아요. 그런 메시지를 좀 전하고 싶네요.

에필로그

지방자치의 새벽을 열기 위하여

저는 인생의 절반 가까이 선거를 치르며 살아왔습니다. 1991년, 서른셋 나이에 처음 지방의원에 출마해서 지금까지 아홉 번의 선거를 치렀으니까요. 올해 예순여덟인 제 나이를 생각하면 정말 반평생을 선거와 함께한 셈이죠.

그래서일까요? 저도 모르는 사이 새벽형 인간이 되었습니다. 선거 때만 되면 두세 달 전부터 새벽 4시에 일어나 샤워하고 아침밥 먹고, 5시쯤이면 등산로나 거리로 선거운동을 나가곤 했거든요. 그게 몸에 배어서 이제는 알람 없이도 새벽 4시면 저절로 눈이 떠집니다. 이렇게 된 지 20년은 된 거 같아요.

신기하게도 새벽만 되면 머리가 그렇게 맑고 총명해질 수가 없어요. 5분짜리 자유발언 원고나 20분짜리 시정질문 원고 초안도 주로 이 시간에 완성하곤 합니다. 조용히 명상하며 우리 지역을 위해 어떤 일을 더 할 수 있을까 생각하고, 생각난 걸 메모하는 시간도 바로 이때고요.

요즘 이 책을 쓰면서는 더더욱 새벽 시간을 활용하게 되었어요. 아침 두 시간 정도는 머리가 정말 맑아서, 어릴 적 기억부터 30년 넘게 해온 의정활동의 순간들이 어제 일처럼 생생하게 떠오르곤 합니다.

조 디스펜자 박사도 그랬어요. 새벽의 고요한 시간이 정신을 가장 맑게 하고, 뛰어난 아이디어를 얻게 해준다고요. 애드리엔 허버트는 아침 첫 한 시간을 '파워 아워'라고 부르며 잘 활용해야 한다고 했어요. 방해받을 일도 적고, 정신적으로 가장 맑은 상태라서 하루를 긍정적인 에너지로 시작할 수 있다고요. 네, 맞습니다. 저는 그렇게 새벽을 여는 사람이 되었습니다.

제가 시의원 일이 재미없었다면 30년 넘게 못했을 겁니다. 아예 출마조차 안 했을 거예요. 저는 한번 꽂히면 끝장을 보는 성미지만 싫은 일은 죽어도 못 하거든요.

안타깝게도 많은 분들이 지방의원이 하는 일의 진짜 '재미'를 잘 모르시는 것 같아요. 주민 여러분은 물론이고 선거에 나서는 후보들, 심지어 현직 의원들 중에도 이 즐거움을 모르는 분들이 꽤 계시죠.

제가 이 책을 쓴 이유 중에 하나가 바로 이것입니다. 지방의정 활동이 얼마나 재미있는지, 얼마나 보람찬지, 지역사회와 국가에 얼마나 보탬이 되는지를 알려드리고 싶었거든요. 누구나 자기가 하고 싶은 일을 할 때 즐겁고, 그 일이 좋은 결실을 맺었을 때 더 큰 기쁨을 느끼지 않습니까?

일흔을 바라보는 나이지만 제 가슴은 아직도 뛰고 있습니다. "신에게는 아직 열두 척의 배가 남아 있습니다.(今臣戰船 尙有十二)"라고 말했던 이순신 장군처럼요.

　요즘 제가 가장 힘 쏟고 있는 일은 제가 사는 동네 뒷산 공원을 제대로 만드는 거예요. 공원일몰제 때문에 공원부지 매입 예산은 확보했지만, 그 넓은 공간을 어떤 컨셉으로 채울지가 중요하잖아요?
　저는 7~8년 전부터 '요람에서 무덤까지'라는 컨셉을 생각해왔어요. 아이들이 뛰어놀 공간부터 청년들의 쉼터, 그리고 어르신들이 편안히 즐길 수 있는 공간까지, 모든 세대가 함께 어우러지는 공원을 만드는 거죠. 아마 전국에 이런 개념의 공원은 없을 겁니다.

　그 '요람에서 무덤까지' 공원의 마지막 퍼즐 조각은 장년들을 위한 '파크골프장'이에요. 요즘 전국적으로 파크골프가 엄청난 인기잖아요? 근데 우리 지역구에는 마땅한 파크골프장이 한 군데도 없어요. 인구가 8만 명이나 되는데도 말이죠. 딱 이 공원부지에만 제대로 만들 수 있는 공간이 있거든요.

이것만 완성되면 그야말로 '요람에서 무덤까지' 컨셉이 완성되는 겁니다. 돈도 생각보다 많이 안 들어요. 공원 전체 조성하는 데 100억 원 정도면 됩니다. 파크골프장을 제외한 대부분의 시설은 아마 올해 안에 거의 마무리될 테고요.

이렇게 큰 그림을 그리고 계획을 세우는 과정에서 큰 희열을 느껴요. 담당 공무원이나 설계 용역회사 실무자들도 제게 와서 자문을 구하고 제 아이디어를 70~80% 반영해서 설계를 완성하거든요.

제 머릿속에 있던 구상들에 예산이 투입되고, 실제 공사로 이어져서 주민들이 이용할 수 있는 공간으로 탄생하는 과정을 지켜보는 것! 이게 아무나 누릴 수 있는 즐거움은 아니죠. 일류 영화감독이나 건축가들한테나 허락된 희열입니다.

가끔 이런 제 역할을 왜곡해서 바라보는 사람들이 종종 있습니다. 하지만 저는 전혀 개의치 않습니다.

이렇게 공원 하나 제대로 만들어 놓으면, 얼마나 많은 사람들이 오랫동안 이용하고 좋아하겠어요? 그 칭찬과 감사 속에서 느끼는 보람, 이게 제가 정치를 하는 이유이고, 제 인생의 마지막 피날레라고 생각합니다.

그래서 저는 늘 이야기합니다. 돈을 쫓지 말고 진정으로 즐거운 일을 하라고요. 그렇게 사는 것이 결국 인생을 가장 충만하게 만드는 길 아니겠어요?

얼마 전에 105세 철학자 김형석 교수님의 신년 대담 방송을 봤어요. 그분께 장수 비결을 물으니 첫째가 '죽을 때까지 공부하는 것', 둘째가 '죽을 때까지 일하는 것'이라고 하시더군요.

건강 비결이라고 하면 보통 운동이나 좋은 음식을 떠올리는데, 그분 말씀이 제게는 큰 울림으로 다가왔습니다. 저도 의회 직원들에게 기회가 될 때마다 공부하라고 얘기하거든요. 학교 공부가 아니라 자기 가치를 높이는 공부, 취미든 뭐든 계속 배우고 탐구하라고요. 일이 있다는 것에 감사하라는 말도 종종 해줍니다.

어쨌든 정신적으로든 육체적으로든, 건강하게 살려면 끊임없이 배우고 움직여야 합니다.

저 역시 마찬가지입니다. 이 책을 쓰는 것도 저에게는 또 하나의 공부이자 즐거운 일이었습니다. 제 지난 삶을 돌아보고, 제가 경험하고 느꼈던 것들을 나누면서 저 스스로도 많은 것을 배울 수 있었습니다.

부디 이 책을 읽으시는 분들께서도 지방정치와 지역사회에 작은 관심을 갖게 되셨기를, 그리고 각자의 자리에서 즐겁고 보람찬 삶을 살아가시기를 진심으로 기도합니다.

끝으로,

나의 글이 세상에 나올 수 있게 도와주신 분들께 감사드립니다.

씽크스마트 출판사 김태영 대표님, 마산대신서점 이강래 대표님, 윤봉현 박사님, 윤미리 엔터 대표님….

여러분 덕분에 제 마음속에 갇혀있던 이야기들과, 직접 체험하며 느꼈던 많은 일들이 세상을 구경하게 된 것 같습니다. 진심으로 감사드립니다.

이 책을 끝까지 읽어주신 모든 분들께도 마음을 다해 감사드립니다.

2025. 7. 1.
창원특례시의회 의장 손태화 드림

살짝 미치면
시민이 즐겁다

7선 시의원 손태화의 삶,
지방자치, 그리고 창원의 미래

초판1쇄 발행	지은이
2025년 7월 31일	손태화

펴낸이	펴낸곳	주소	전화
김태영	씽크스마트 책짓는 집	경기도 고양시 덕양구 청초로 66 덕은리버워크 B-1403호	02-323-5609

출판사 등록번호	ISBN	정가	ⓒ 손태화
제395-313000025 1002001000106호	978-89-6529-459-7 (03340)	29,500원	

이 책을 만든 사람들	책임편집	편집	홈페이지
	김무영	신재혁	www.tsbook.co.kr
			인스타그램
			@thinksmart.official
			이메일
			thinksmart@kakao.com

* **씽크스마트** 더 큰 생각으로 통하는 길

'더 큰 생각으로 통하는 길' 위에서 삶의 지혜를 모아 '인문교양, 자기계발, 자녀교육, 어린이 교양·학습, 정치사회, 취미생활' 등 다양한 분야의 도서를 출간합니다. 바람직한 교육관을 세우고 나다움의 힘을 기르며, 세상에서 소외된 부분을 바라봅니다. 첫 원고부터 책의 완성까지 늘 시대를 읽는 기획으로 책을 만들어, 넓고 깊은 생각으로 세상을 살아갈 수 있는 힘을 드리고자 합니다.

* **도서출판 큐** 더 쓸모 있는 책을 만나다

도서출판 큐는 울퉁불퉁한 현실에서 만나는 다양한 질문과 고민에 답하고자 만든 실용교양 임프린트입니다. 새로운 작가와 독자를 개척하며, 변화하는 세상 속에서 책의 쓸모를 키워갑니다. 흥겹게 춤추듯 시대의 변화에 맞는 '더 쓸모 있는 책'을 만들겠습니다.

자신만의 생각이나 이야기를 펼치고 싶은 당신. 책으로 사람들에게 전하고 싶은 아이디어나 원고를 메일(thinksmart@kakao.com)로 보내주세요. 씽크스마트는 당신의 소중한 원고를 기다리고 있습니다.